学前教育基础知识

（第2版）

主　编　邹洪升　王　敏
副主编　王　燕　王延冉　王　晗
　　　　沈秀云
参　编　张在冰　朱寒梅　步同刚
　　　　胡文菲　密　媛　辛丽俊

北京理工大学出版社
BEIJING INSTITUTE OF TECHNOLOGY PRESS

版权专有 侵权必究

图书在版编目(CIP)数据

学前教育基础知识 / 邹洪升,王敏主编. -- 2版. -- 北京:北京理工大学出版社,2025.1.
ISBN 978-7-5763-4745-6

Ⅰ. G610

中国国家版本馆CIP数据核字第2025XY9823号

责任编辑:龙　微　　　**文案编辑**:邓　洁
责任校对:刘亚男　　　**责任印制**:施胜娟

出版发行 / 北京理工大学出版社有限责任公司
社　　址 / 北京市丰台区四合庄路6号
邮　　编 / 100070
电　　话 / (010)68914026(教材售后服务热线)
　　　　　　 (010)63726648(课件资源服务热线)
网　　址 / http://www.bitpress.com.cn

版 印 次 / 2025年1月第2版第1次印刷
印　　刷 / 定州启航印刷有限公司
开　　本 / 889 mm×1194 mm　1/16
印　　张 / 13
字　　数 / 358千字
定　　价 / 68.00元

图书出现印装质量问题,请拨打售后服务热线,负责调换

前言
PREFACE

党的二十大报告提出:"坚持以人民为中心发展教育,加快建设高质量教育体系。"学前教育是高质量教育体系中最基础的和起始的环节,在高质量体系建设中,不能缺席,不能掉队,要充分发挥奠基性和持续性的作用和影响。学前教育的高质量发展最核心的目标是儿童的全面和谐发展。学前教育应真正为儿童的后继学习和终身发展奠定坚实的素质基础。

学前教育基础知识,是研究学前儿童教育规律和幼儿教育机构教育工作规律的科学,是基于学前教育专业人才培养规格要求而开设的一门专业基础课程。本书是针对学前教育专业的专用教材,也可作为幼儿园教师和保教人员的培训教材。

本书立足于当前学前教育专业发展实际,结合学前教育基础知识课程标准,以习近平新时代中国特色社会主义思想为指导,全面贯彻党的教育方针,着力落实全国职业教育工作会议精神,以立德树人为根本任务,通过大量幼儿园教学案例和图片,系统而深入浅出地阐述了学前教育基础知识理论,为学前教育专业教学实践提供指导。

本书结构框架合理紧凑,专业涵盖全面系统,以学前教育基础知识和实践中需要把握的问题为主线,其结构体系如下:绪论部分围绕三个问题简要介绍了学前教育基础知识;主题1对学前教育的产生与发展进行了简要阐述,帮助学生对学前教育基础知识有一个比较全面的了解和宏观的把握;主题2~10全面详细地论述了学前教育的基本要素及实施等,使学生更加深入地理解和掌握学前教育基础知识,充实专业知识,增强专业自信。

本书语言精练严谨,知识点丰富。在每一主题中均设置了知识脉络,以案例导入主题,以问题引领学生学习和思考,通过深入浅出的阐述,学生容易理解并吸收。每一主题以拓展延伸的方式引导学生对每一类专业知识进行扩展和延伸,最后通过思考题的形式帮助学生对每一主题内容进行梳理和记忆。

本书不仅有系统的文字学习材料,而且在融媒体背景下,充分利用手机客户端学习载体,运用现代化信息技术配备了大量立体"学材",如知识拓展等,以提高学生的学习兴趣和学习效果,拓展学生对专业理论知识的认识。本书由邹洪升、王敏担任主编,王燕、王延冉、王晗、沈秀云担任副主编。本书编写分工情况如下:邹洪升负责撰写绪论和主题1部分内容,王晗负责撰写主题1部分内容和主题7,王燕负责撰写主题2，张在冰负责撰写主题3，王敏负责撰写主题4，朱寒梅负责撰写主题5，步同刚负责撰写主题6，胡文菲、辛丽俊负责撰写主题8，密媛和沈秀云负责撰写主题9和主题10。全书由邹洪升、王延冉统编定稿。书中案例素材和相关图片等资源由山东省临清市第三幼儿园沈秀云、聊城幼儿师范学校附属幼儿园密媛等提供。

  本书在编写过程中参考和借鉴了许多国内外相关的文献与资料，再次向各位作者表示衷心的感谢。对审稿老师及北京理工大学出版社一并致以诚挚的谢意。

  由于编者水平和时间所限，书中难免存在不妥之处，敬请读者和专家批评指正！

编　者

目 录 CONTENTS

绪 论 / 1

主题 1　学前教育的产生和发展 / 4

探寻 1　教育和学前教育 …………………………………………………………… 5
探寻 2　学前教育事业的产生和发展 ……………………………………………… 10

主题 2　学前教育的目标、任务和原则 / 22

探寻 1　学前教育的目标 …………………………………………………………… 23
探寻 2　学前教育的任务 …………………………………………………………… 29
探寻 3　学前教育的原则 …………………………………………………………… 33

主题 3　学前儿童全面发展教育 / 42

探寻 1　全面发展的学前教育概述 ………………………………………………… 43
探寻 2　学前儿童体育 ……………………………………………………………… 46
探寻 3　学前儿童智育 ……………………………………………………………… 49
探寻 4　学前儿童德育 ……………………………………………………………… 53
探寻 5　学前儿童美育 ……………………………………………………………… 56

主题 4　学前教育的基本要素 / 60

探寻 1　学前儿童 …………………………………………………………………… 61

探寻 2　幼儿教师 …………………………………………………………… 65
探寻 3　幼儿园环境 …………………………………………………………… 73

主题 5　幼儿园课程　/ 79

探寻 1　幼儿园课程概述 ……………………………………………………… 80
探寻 2　幼儿园课程基本要素 ………………………………………………… 83

主题 6　幼儿园教学活动　/ 96

探寻 1　幼儿园教学活动概述 ………………………………………………… 97
探寻 2　幼儿园教学活动的组织与指导 ……………………………………… 108

主题 7　幼儿园游戏　/ 121

探寻 1　幼儿游戏概述 ………………………………………………………… 122
探寻 2　幼儿游戏的组织与指导策略 ………………………………………… 130

主题 8　幼儿园其他形式的教育活动　/ 151

探寻 1　幼儿园的日常生活活动 ……………………………………………… 152
探寻 2　幼儿园的劳动活动 …………………………………………………… 158
探寻 3　幼儿园的节日及娱乐活动 …………………………………………… 164

主题 9　幼儿园与家庭、社区的合作　/ 170

探寻 1　幼儿园与家庭的合作 ………………………………………………… 171
探寻 2　幼儿园与社区的合作 ………………………………………………… 178

主题 10　幼儿园与小学的衔接　/ 183

探寻 1　幼小衔接概述 ………………………………………………………… 184
探寻 2　幼小衔接工作的内容和方法 ………………………………………… 188

参考文献　/ 198

后　记　/ 200

绪　论

"教育技巧的全部奥秘也就在于如何爱护儿童。"

——［苏联］苏霍姆林斯基

幼儿教师，一个崇高而又平凡的职业，它没有光鲜亮丽的外表，也没有富丽堂皇的修饰，有多少人在默默无闻无私奉献，又有多少人在向着这个职业理想而奋进。亲爱的同学，当你选择这个专业学习时，你可能对教育幼儿这门学问感到新鲜和好奇，幼儿教师的职责不止是"看孩子"，也不是简单的"教知识"，而是需要懂得幼儿，理解他们学习的方式，用专业能力致力于幼儿的发展。因此，需要我们深入研究和学习有关学前教育的基础知识，用专业的方法支持幼儿的发展，用温暖的爱心滋养幼儿健康成长。

一、什么是学前教育基础知识

在学前教育课程专业体系中，"学前教育基础知识"作为一门应用性科学，是最基础的课程之一，是学习其他所有专业课程的基础课程。学前教育基础知识是人们从教育幼儿的实践经验中总结提炼出来的教育理论，常常蕴含于教养幼儿的日常生活之中，通过具体的形式和现象阐述幼儿教育的相关理论，有助于我们更好地理解幼儿的成长过程和教育需求，为幼儿的发展提供更好的保教服务。

案例链接

下面是父亲看到孩子在墙壁上乱画时的两种处理方式：

小男孩在墙壁上乱涂乱画后，爸爸抢过蜡笔，大声喊道："你在做什么！回房间去，知道了吗？"小男孩被吓到，完全不知道该怎么做。后来他和同伴一起画画时，同伴在他的画纸上画了一笔，小男孩同样大吼道："住手！那是我的！"同伴被吓哭。

同样的场景，当爸爸看到小男孩在墙壁上乱涂乱画时，他蹲下身和孩子平视说："墙壁不是画纸，要好好保护墙壁，你应该擦掉这些，在画纸上画，知道了吗？"后来，小男孩和同伴一起画画时，同伴使用了他的画纸，他递过去一张画纸说："给你这张画纸，在这里画吧。"态度平和，自然与同伴建立了友谊。

虽然这两种方式都是为了让孩子改正错误，但带来的结果却差别很大，一味怒喝，不告诉孩子为什么犯错，做错后该怎么补救，他们根本无法成长。家长、老师都是孩子永远的榜样，孩子是反映教育理念的一面镜子，不同的教育方式会对幼儿产生不同的影响，进而导致不同的发展结果。所以应树立科学的教育理念，尊重幼儿的发展规律和年龄特点，关注幼儿的身心健康，为今后的学习生活和终身发展奠定坚实的基础。

学前教育阶段是人一生身心发展最快、可塑性最强的阶段，对人的身心健康、习惯养成、品德培养、创新能力和创造力的形成具有不可替代的重要影响。所以我们需要从幼儿成长的实际生活中去理解和分析学前教育问题，为幼儿健康成长和全面发展做出积极的贡献。

二、为什么要学习学前教育基础知识

学前教育作为基础教育的一部分，是十分复杂的社会实践，有它自身独特的规律性。要成为一名专业的幼儿教师，单凭良好的愿望和热情是不够的，还需要专业的理论指导。学前教育基础知识是千百万学前教育工作者实践经验的总结，它所揭示的幼儿教育规律远远超过个别人、个别地区或民族所能达到的认识水平，是对学前教育教学实践深刻、正确、完整的反映和高度的概括，对学前教育实践有重要的指导作用。

首先，学习学前教育基础知识，认识学前教育的本质和规律，能使我们在教育幼儿的实践中认清方向，在贯彻执行党的教育方针政策中增强自觉性，具有预见性。同时，也只有学习学前教育基础知识，才能正确地理解和运用教育、教学的原则与方法，提高教育教学的效率和效果，使学前教育工作过程能够真正成为一种科学的过程，用学前教育的客观规律和要求来规范我们在教育实践中的一切行动。

其次，学习学前教育基础知识，能为学习幼儿园各类教学法和幼儿教育其他学科课程打下基础。学前教育基础知识作为学前教育专业学科中的基础学科，它反映了学前教育现象中最基本、最本质的内容，对学前教育的规律做出了基本概括和总结。只有以这种基本规律作为指导，才能使我们更好地深入研究和理解学前教育专业其他学科的课程。学习学前教育基础知识，能够帮助我们在学前教育学科不断发展的形势下，用基础理论知识解决新问题，吸取新知识，掌握新方法，在从事幼儿教育工作和学习新的学科知识方面有着更大的发展潜力。

再次，学习学前教育基础知识，将使我们逐步学会对学前教育的现象和实践做出科学的分析，逐步学会把学前教育的实践经验提高到应有的理论高度，为发展适合我国国情的学前教育，从事创造性教育幼儿的工作做好必要的准备。

最后，学习学前教育基础知识，是提高幼儿教师理论水平、教育技能和从事学前教育工作的必要前提；可以使我们认识到学前教育在我国社会主义现代化建设和提高全民素质中的作用，认识到幼儿教师任务的艰巨和光荣，增强责任感，从而热爱幼儿、热爱幼儿教育工作，树立为幼儿教育事业奋斗终身的志向。

三、怎样学习学前教育基础知识

学前教育基础知识不是孤立存在和发展的，它同其他各门专业学科的知识有着密切的联系，是在不断综合其他学科的知识中发展起来的。因此，对学前教育基础知识的学习需要纵向深入和横向联合，处理好理论与实践、学习与思考之间的关系，认真学习和钻研教材，深入领会和掌握学前教育基础知识，为将来成为一名合格的幼儿教师做好充分的准备。

（一）纵向深入学习——认真钻研学前教育基础知识

学习理论的第一步就是悉心钻研教材，最好的学习方法是课前认真预习教材内容，课上认真听讲并做好重难点的标记，课后认真完成思考题并归纳整理知识框架，勇于探索新问题，提出新见解。

在学习过程中应勤思考，反复推敲每一章的内容和渗透其中的教育思想，初步了解学科的基本结构，深入理解和掌握学前教育的基本思想、基本原理，学会梳理归纳每章内容之间的联系和教材的逻辑体系，对不懂或者不清晰的问题要善于发问，独立思考，勇于交流，从而更加全面、准确地掌握学前教育基础知识。

（二）横向联合拓展——加强与相关知识的联系

1. 加强学前教育理论与实践的联系

理论联系实际是学习任何一门学科所必须遵循的指导方针、基本方法。想要学好本门课程，不能只注重对课本上理论知识的学习，还要密切联系幼儿园实际，不能只学习空洞的理论，还要注重将理论知识同具体实践相结合，用正确的理论知识指导实践，深入领会本门课程的基本知识和基础理论。在认真学习理论知识的同时，应当根据学习的需要，深入幼儿园进行见习、实习，开展调查研究和各种专业活动等，更好地将理论知识应用于实际，从而加深对理论知识的领会，有效提升从事学前教育工作的能力。

2. 加强与其他相关专业学科的联系

学前教育基础知识在不断吸收和综合其他相关理论和知识的过程中，变得日趋成熟与完善。与其相关的专业学科有很多，如幼儿卫生学、幼儿心理学、幼儿园教育活动设计与组织等，都为学前教育基础知识提供了科学的依据，丰富了学前教育的内容。加强与相关专业学科之间的联系将有利于我们从多种角度更好地理解和领会学前教育基础知识，有利于学科知识的相互配合、相互补充、相互拓展。在现今的信息化时代，知识、信息来源渠道的多样化，如大众网络媒介、报纸期刊、图书馆、电视广播等，为了解学前教育的新发展、新变革、有关社会现象、幼儿发展规律等方面开创了多种渠道，从而进一步地拓展了知识面。因此，学习学前教育基础知识必须加强与其他相关专业学科的联系，不断开阔教育幼儿的思路与视野，提升教育幼儿的实践能力。

3. 加强学习与思考的联系

"学而不思则罔，思而不学则殆。"学习要与思考相结合。在学习学前教育基础知识的过程中，一方面需认真读书，努力汲取前人已取得的幼儿教育方面的成就；另一方面要充分发挥自身的主动性和积极性，进行独立思考，把培养创造性思维、分析问题和解决问题作为学习的一项重要任务，不为传统观念和现成结论所囿，勇于探索本门学科中的各种新问题，不断提高自身的专业化水平，为即将走上工作岗位，成为一名合格的幼儿教师打下坚实基础。

主题 1
学前教育的产生和发展

"每个瞬间,你看到孩子,也就看到了自己;你教育孩子,也就是教育自己,并检验自己的人格。"

——[苏联]苏霍姆林斯基

主题导读

百年大计,教育为本。每一代人的成长与发展都离不开教育,习近平总书记曾说过:"教育是对中华民族伟大复兴具有决定性意义的事业。"孩子出生后从一个娇弱无能、无知无识的婴儿,逐渐成长为一个能适应社会生活、掌握技能技巧的社会人,这就是教育的作用和结果。可以说,孩子从一出生就意味着教育的开始,没有教育,人类社会就难以延续和发展。

学前教育是人生发展的奠基性教育,是基础教育的基础、终身教育的开端,是国民教育体系的重要组成部分,其核心目标是为幼儿后继学习和终身发展奠定良好的素质基础。本主题内容主要阐述了学前教育产生和发展的历史进程,有助于初步了解学前教育发展的轨迹和学前教育思想的发展。

学习目标

知识目标
1. 理解教育和学前教育的含义。
2. 了解学前教育及学前教育机构的产生和发展过程。
3. 理解学前教育的意义。
4. 掌握学前教育代表人物的教育思想。

能力目标
1. 能够运用理论联系实际的方法学习学前教育基础知识。
2. 能够初步运用理论知识分析学前教育实践中的问题。

主题 1　学前教育的产生和发展

素质目标
1. 萌发对幼儿和学前教育基础知识的热爱之情，提高对幼儿教师职业的认同感，热爱学前教育工作。
2. 乐于主动探索和研究学前教育相关的理论与实践。

知识脉络

学前教育的产生与发展
├─ 教育和学前教育
│　├─ 教育和学前教育的含义
│　└─ 学前教育的意义
└─ 学前教育事业的产生和发展
　　├─ 学前教育与人类社会的产生和发展
　　├─ 学前教育机构的产生和发展
　　└─ 学前教育思想的发展

探寻1　教育和学前教育

情境导入 QINGJING DAORU

"学前教育专业很好啊！"李芳正在向即将中学毕业的表妹推荐专业。表妹想学一门技能，为将来就业做准备，但又不知道学什么好。

"怎么好法？"表妹关切地问。

"现在很多家长都重视对孩子的教育，很早就把孩子送到各种早教班，并争取能上一个好的幼儿园。近几年，国家也十分重视学前教育，新办了很多幼儿园，非常需要老师。"李芳兴奋地介绍着学前教育专业的前景。

"我知道了，学习学前教育专业将来就是当一名幼儿园老师，对吗？"表妹领悟了李芳的意思。

"差不多吧。"李芳感觉表妹的理解有些不对劲，但又说不出哪里不对。

人类世世代代地繁衍生息，每一代人的成长和发展都离不开教育。教育到底是什么？或许应该是每一位教育工作者用自己一生的教育实践去解答的终极命题。学前教育作为终身教育的奠基阶段，与其他阶段的教育有什么不同？对幼儿的发展具有哪些教育价值？这些都是学前教育的基础知识，事实上，学前教育专业所涵盖的范围远比李芳表妹理解得要宽。

知识精讲 ZHISHI JINGJIANG

一、教育和学前教育的含义

（一）教育的含义

"教育"是我们生活中使用频率最高的一个词，家长养育孩子是教育，教师在学校教

"教育"的词源

学生也是教育，广播电视向社会宣传也可称为教育，还有其他的如社会教育、思想教育、职业教育、犯罪改造教育等，每个人都能从自身的经历中体会到教育的意义。为了区分这些教育的含义，学者们把教育划分为广义和狭义两种。

【教育箴言】

教育是人们灵魂的教育，而非理智知识和认识的堆积。教育的本质意味着：一棵树摇动另一棵树，一朵云推动另一朵云，一个灵魂唤醒另一个灵魂。

——卡尔·雅斯贝尔斯

1. 广义的教育

《中国大百科全书·教育》中教育的定义是：凡是增进人们的知识和技能、影响人们的思想品德的活动，都是教育。教育可视为孩子的一种社会生活经历或一种社会活动，它的任务是把自然人培养成合格的社会成员，促使个体生命实现自身的价值和意义。与此同时，这一经历也是孩子接受来自外部各方面影响的过程。在家庭中，父母长辈精心地哺育关照、言传身教；在社会上，各种环境设施、大众媒介、人际关系对其耳濡目染、潜移默化；在学校里，教师遵循国家的教育方针，对其施加影响，以将其培养为社会所需要的人。可以看出，广义的教育包括家庭教育、社会教育和学校教育。

2. 狭义的教育

狭义的教育主要指学校教育，是教育者根据一定社会的要求，有目的、有计划、有组织地对受教育者的身心施加影响，把他们培养成为一定社会所需要的人的活动，包括幼儿园、小学、中学和大学教育以及其他为了某种目的而特别组织的教育。与家庭教育和社会教育相比，在学校教育中，有专门的教师承担，教育的目的性、计划性、组织性、系统性较强，是一种专门的、规范的教育，一般来说有较高的效率和更明确的效果。学校教育的独特结构和功能，使其成为近现代以来教育活动中的核心部分，在各种教育中起着示范和主导作用。

（二）学前教育的含义

学前教育是教育的重要组成部分，是教育活动的最初阶段，是人生第一个教育阶段。人一生按年龄可分为若干阶段，包括婴儿期（0~3岁）、幼儿期（3~6岁）、儿童期（6~11、12岁）、少年期（11、12~14、15岁）、青年期、成年期、老年期等。不同年龄阶段的人有着不同的年龄特征、不同的需求。因此，要适合不同年龄阶段的人，教育必须分阶段进行，教育分类如图1-1所示。

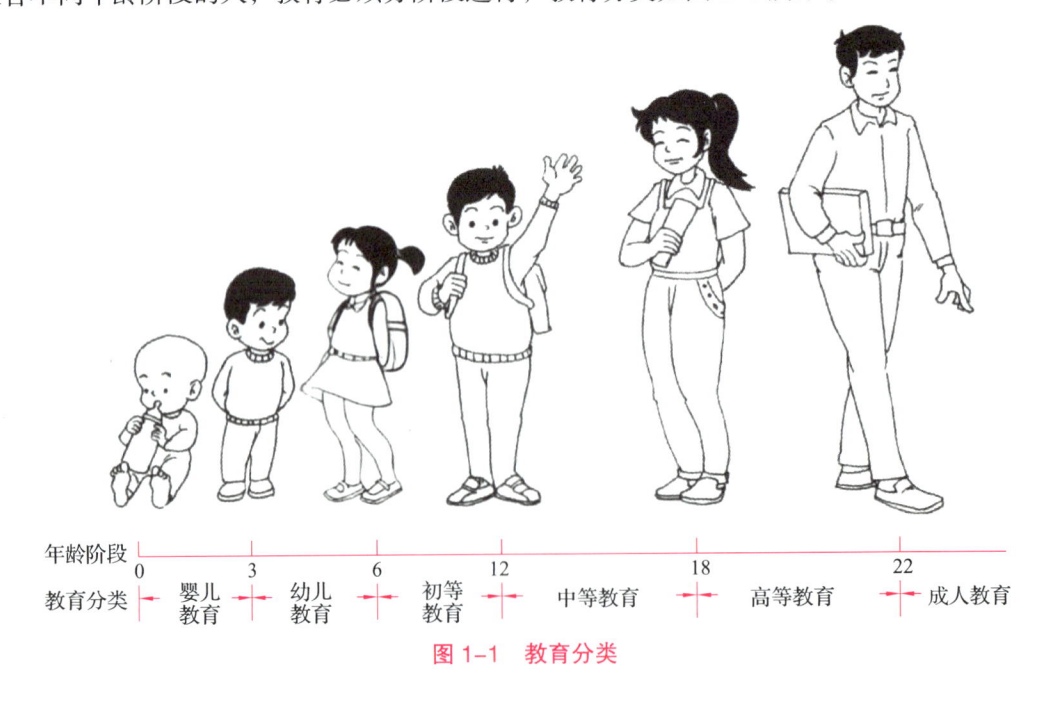

图1-1 教育分类

1. 广义的学前教育

凡是能够影响幼儿（0~6岁）身体成长和认知、情感、性格等各方面发展，为其现实的发展和未来的可持续发展奠基的所有的社会活动，如幼儿在成人的指导下看电视、做家务、参加社会活动等，都属于广义的学前教育的范畴。

2. 狭义的学前教育

狭义的学前教育特指幼儿园和其他专门开设的幼儿教育机构中对3~6岁年龄阶段的幼儿所实施的有目的、有计划、有组织的教育。幼儿园教育在我国是归属于学校教育系统的，和学校教育一样，幼儿园教育也具有家庭教育、社会教育所没有的优点，如专业性、计划性、系统性等。但是，幼儿园教育与学校教育不同的是，3~6岁这一特定年龄阶段的幼儿与学校教育对象是不同的群体，他们有特殊的需要，而满足这些需求在更大程度上需要家庭和社会的配合。因此，幼儿园教育又具有区别于学校教育的很多特点，其中，与家庭、社会的密切联系可以说是最突出的。正因为如此，从广义和狭义两方面全面地把握学前教育的含义显得尤为重要。

二、学前教育的意义

人从呱呱坠地到成长为具有良好素质的社会成员，各阶段的教育都是不可或缺的，学前教育的奠基作用是至关重要的，作为个体出生后接受的第一个阶段的教育，对每个人都会产生明显的影响，并且产生的影响会持续终生。

案例链接

雨欣和雨欢是一对双胞胎，两个女孩儿本来应该生活在一起。但是因为她们的姑姑没有孩子，雨欣1岁断奶后就被姑姑姑父接去抚养，而雨欢留在家里跟着爸爸妈妈。姑姑姑夫对雨欣非常用心，经常给她讲故事，带她出去郊游，给她选择优质的幼儿园学习，还按照雨欣的兴趣给她选择了兴趣班。由于爸爸妈妈忙工作，雨欢平时就由奶奶照看，奶奶只能保证雨欢的安全，其他的就无能为力了，后来雨欢上了一所普通的幼儿园。

每年暑假，姑姑都会带着雨欣回家团聚。雨欣和雨欢2岁时，家里人没觉得两个孩子有什么区别，甚至觉得雨欢跟着自己的爸爸妈妈，性格上更皮实一些。3岁时，周围的邻居开始对两个孩子有了不同的评价，说雨欣看起来更大方一些。4岁时，家里人和邻居都明显地感觉到雨欣的知识面比雨欢更广，而雨欢在韧性、爱心上超出雨欣。到了6岁要上小学时，奶奶忍不住这样说："雨欣将来文化课学习一定好，雨欢动手能力会很强。"

一家人开始反思双胞胎姐妹所受的教育，反思学前教育对孩子的影响。

分析：俗话说："三岁看大，七岁看老"。如在上述案例中，双胞胎姐妹接受了不同的学前教育后，已经表现出了明显的差异。学前教育对幼儿的个人成长、家庭的幸福以及国家和社会的进步都具有重要的意义。

（一）学前教育对幼儿个人发展的意义

学前教育可以促进幼儿身心全面和谐发展，对幼儿体、智、德、美各方面都具有深远的影响。

1. 促进幼儿体育的发展

学前期是人一生中生长发育最为迅速的时期，幼儿的身体形态结构没有定型，身体各器官系统尚未发育完善，因此，需要依靠成人的精心照料和科学养护来满足他们身体发育的各种需要。学前教育根据幼儿生长发育的特点，着眼于幼儿身体素质的提高，有计划地为幼儿创设一个使其身心愉快的环境；在培养幼儿良好性格的同时，合理地安排营养保健和日常生活，科学地组织体育锻炼，培养幼儿良好的卫生习惯，增强其对疾病的抵抗能力和对环境变化的适应能力等，为将来成长为一名体魄健壮的社会成员打

下坚实的基础。

2. 促进幼儿智育的发展

学前期是幼儿智力发展最基础的阶段，是发展、形成智力最快的阶段，正确、合理的学前教育对其智力及其发展有着极大的推动作用。在这一时期施以适宜的教育，将取得事半功倍的效果。如果错过了这一关键期，后续弥补起来将十分困难。如 2~3 岁是幼儿口头语言发展的关键期；5 岁是幼儿掌握数字概念的关键期。因此，幼儿教师应当不失时机地抓住幼儿的施教佳期，在了解幼儿身心发展规律的基础上，有计划、有组织地引导幼儿学习与发展，使学前教育与幼儿的智力萌发期同时开始，更好地发挥他们的智能潜力，创造最好的外力因素，为幼儿终生发展打下良好的基础。

3. 促进幼儿德育的发展

学前期是人的个性、性格和行为品质初步形成的时期，在后天环境与教育的影响下，在与周围人的相互作用过程中，婴幼儿逐渐形成和发展着最初也是最基本的对人、事、物的情感、态度，奠定着行为、性格、人格的基础。在这一时期受到的教育和影响，常常会在一生中留下印记。不少有心理、行为问题的成人，其原因常常可以追溯到其童年时代，如在冷漠，甚至虐待中长大的儿童，往往有强烈的自卑感、性格孤僻，或者性格暴躁，具有攻击性；被溺爱的儿童，往往自我中心强烈、自私、不爱劳动等。

研究表明，6 岁前是人的行为习惯、情感等基本形成的时期，是幼儿养成礼貌、友爱、谦让、合作等良好社会性行为和人格品质的重要时期，适宜的学前教育能够为幼儿营造良好的人际交往环境，增加幼儿的人际交往机会，并及时地为幼儿的社会交往提供指导。正是在这个意义上，学前教育被视为整个社会精神文明建设的重要组成部分。

4. 促进幼儿美育的发展

由于幼儿思维、情感的特点，他们喜欢用形象、声音、色彩、身体动作等来思考和表达，如他们喜欢明亮的色彩、和谐的节奏、喜欢唱歌跳舞等。从这一特点出发，学前教育以美熏陶、感染幼儿，满足其爱美的天性，萌发其美感和审美情趣，激发幼儿表现美、创造美的欲望，发展他们艺术的想象力、创造力，促进其健全人格和情感的形成。

> **拓展延伸**
>
> 1987 年 1 月，75 位诺贝尔奖获得者在巴黎集会。有人问一位白发苍苍的诺贝尔奖获得者："您在哪所大学、哪个实验室学到了您认为最重要的东西呢？"出人意料，这位老者回答说，是在幼儿园。"在幼儿园学到什么呢？"老者答曰："把自己的东西分一半给小伙伴们；不是自己的东西不要拿；东西要放整齐；吃饭前要洗手；做错了事情要表示歉意；午饭后要休息；要仔细观察周围的大自然。从根本上说，我学到的东西就是这些。"这位老者的话，代表了到会科学家们的普遍看法。

（二）学前教育对家庭、社会、教育事业发展的意义

1. 减轻家庭教养幼儿的负担

孩子能否健康地成长和发展，已成为决定家庭生活是否幸福和谐、影响家庭生活质量的一个关键性因素。从机构教育的角度来看，学前教育能够帮助家庭照看幼儿，保障父母安心工作，为家庭的稳定运行做出积极贡献。从历史的角度来看，学前教育机构的出现是为了适应妇女外出就业的状况。19 世纪初，在英国工业革命蓬勃发展的背景下，大量妇女为了生存外出就业，幼儿无人看管导致事故频发，英国教育家罗伯特·欧文开始尝试在工厂里附设儿童看护机构，并为幼儿提供简单的教育。由此可见，幼儿园不仅从时间上保障了父母的工作，更是为幼儿提供了高质量的学前教育，为家庭科学、合理地教养幼儿提供了帮助和指导。

2. 维系社会发展的稳定运行

学前教育对社会发展的意义显而易见，在保障父母工作和家庭稳定的同时，也维系了社会的稳定运

行。在相对稳定的社会中，社会的文化传统与学前教育大致保持着相对适应的状态。一方面，一定社会特有的文化传统，包括一定社会的政治指导思想、道德观念、价值取向、风俗习惯、思维方式等，蕴含在整个社会中，渗透于人们生活的各个方面，它强烈地制约着人们对幼儿的教育方式和教育内容。另一方面，这种特定的教育内容和教育方式，又使传统文化在下一代身上得以再生。学前教育在保存和传递文化、创造和更新文化的同时，能够更好地促进幼儿的文化性发展。

3. 提高教育事业的整体水平

在教育体系中，学前教育是终身学习的开端，是国民教育体系的重要组成部分，对整个教育事业的发展具有重要的影响。幼儿在幼儿园这个集体环境中学习的粗浅知识与技能，发展的基本能力，学习到的在集体中生活、与人交往的社会行为规范以及形成的学习兴趣、良好的学习习惯等，这些品质既能保证幼儿身心健康发展，又能帮助幼儿做好入学准备。联合国教科文组织在1996年发布的报告《教育：财富蕴藏其中》中指出，受过学前教育的孩子与没有受过这一教育的孩子相比，往往能更顺利地入学，过早辍学的可能性也就更少。学前教育的不足或缺乏这种教育，均会严重地影响终身教育的顺利进行。

总之，学前教育担负着保护幼儿、教育幼儿，促进其身心全面和谐发展，协助家庭、社会以及教育事业发展的多方面责任。我们要根据幼儿的身心发展规律和特点，为幼儿的终身发展提供适宜、科学的学前教育。

案例链接

班里有个叫轩轩的小男孩，他生活在一个不健全的家庭，五年前的一场车祸夺走了他父亲和母亲的生命，如今他和爷爷奶奶生活在一起，更不幸的是轩轩因为早产导致大脑发育落后，再加上不能受到良好的家庭教育，每天在幼儿园有很多活动他都赶不上。排队时他总是四处张望落队的那一个，吃饭他总是最后吃完的那一个，起床被子整理得乱七八糟，衣服脱下来从来不会折叠整齐。性格也有点孤僻，不愿意和小朋友玩，偶尔还会和小朋友闹矛盾。但我从来不会批评他，因为我知道这不是他的错，每次他想努力整理好衣服和被子却又整理不好时，我从他的眼睛里读到了他内心的焦虑和不安，我便蹲下身来耐心地一步一步教他怎么整理被子和衣服。排队时就把他牵在手里，让他当排头。吃饭时也从来不催促他，而是在一旁耐心等待。还经常抱抱他，摸摸他的头，鼓励他，和他聊天。经过我不懈的努力，他现在性格变得活泼开朗了，知道怎么和伙伴相处了，被子衣服基本可以自己整理，也不会再穿反鞋子了。现在他信任我、喜欢我，每次看到我都会露出灿烂的笑容。

分析： 爱幼儿是成为幼儿教师的前提，是打开幼儿心灵之窗的一把钥匙，应当引导幼儿们从小就有追求、有向往，使他们沿着正确的人生旅途坚定地迈出第一步。

思考与练习

一、名词解释

1. 教育。
2. 学前教育。

二、简答题

结合实际简述学前教育的意义。

探寻2　学前教育事业的产生和发展

>>> 情境导入

某幼儿园园长面向全体幼儿教师做了一场关于"幼儿教育的产生与发展"主题的报告。在做报告时，园长旁征博引，引经据典，从古代《学记》中对教育的最早记载，讲到现代陶行知"生活即教育"的学前教育理念；从孟子的"得天下英才而教育之，三乐也"，讲到斯宾塞的"教育即为人的完美生活做准备"；从福禄培尔在德国创建的第一所幼儿园讲到我国普惠性幼儿园遍地开花的发展和现状。

园长对学前教育饱含热情的讲述令在座的教师深深地陷入了沉思：学前教育的发展原来如此漫长、曲折且顽强，学前教育理论如此博大精深，教师该如何学习和借鉴呢？如何使用和指导实际的教育实践活动呢？

>>> 知识精讲

一、学前教育与人类社会的产生和发展

教育作为一种社会实践活动，一直处于不断变化、发展之中。当人类从猿进化成人的时候，原始社会产生了。为了使人类社会能够生存延续，人类必须实现自身的生产、再生产。因此，抚养后代、保证婴幼儿存活与生长的教育就随之产生了，这就是最初的学前教育。历史证明：各个不同历史阶段，由于各自的生产方式不同，因而教育的特点也各有其不同。本节对学前教育事业产生与发展的考察，按照文明时代三个历史发展阶段，侧重分析原始社会、古代社会、现代社会学前教育的发展。

（一）原始社会的学前教育

原始社会是人类社会的最初形式，也是一个漫长的历史阶段，它大约经历了百万年之久。原始社会的学前教育如图1-2所示，具有以下几个鲜明的特点：

1. 教育与生产劳动相结合

原始社会的生产力非常低，所有的青壮年都要为猎取食物整日奔波，以勉强维持全部落人的生存。社会没有多余的人力、财力专门花在教育幼儿上，因此，只能由妇女和年老体弱的成人在驻地周围的劳动和生活过程中哺育幼儿，保证幼儿的生存，并向他们传授维持生存所必需的、基本的知识经验、技能和品德。在这一时期中，学前教育是完全融合在生产劳动中的，其任务主要是保证幼儿的存活。

图1-2　原始社会的学前教育

2. 教育无阶级性

在原始社会初期，受群婚制的影响，原始人群中没有固定的家庭，孩子属于氏族内部公有，对幼儿

实行的是氏族内部的公共教育。到原始社会末期，幼儿归小家庭所有，学前教育逐渐变成了个人的事，家庭教育产生了。成人通过口口相传，让幼儿在家庭、氏族、社会的环境中，直接地吸取知识经验，这些知识经验是他们生存的基础和条件。在整个原始社会，生产力低下，生产资料公有，社会还没有划分为阶级，因此，学前教育是没有阶级性的，每个幼儿都能够接受平等的教育。

（二）古代社会的学前教育

古代社会包括奴隶社会和封建社会。随着生产力的不断提高和私有财产的出现，人类社会进入了有阶级的社会——奴隶、封建社会（如图1-3所示），教育出现了与原始社会不同的情况。

1. 教育与生产劳动相分离

随着社会生产力的发展，逐渐需要培育一批具有初步读、写、算能力的为统治阶级服务的人，开始重视对本阶段幼儿的教育，出现了专门的学校。学前教育与学校教育的分离出现

图1-3 古代社会的学前教育

了。入学前的学前教育仍然主要由家庭承担，这和封建社会一家一户的小农经济形态是相适应的。当时也有人提出了幼儿公共教育和保育的思想，如古希腊的哲学家柏拉图就主张将3~6岁幼儿集中管教，但这些主张在当时是不可能实现的，因为当时的社会既没有创办幼儿教育机构的足够物质基础，也没有相应的社会需求。

2. 教育的阶级性和等级性

社会的统治阶级为了维护自己的统治，利用手中的权力让自己的子女接受专人教育，以便把自己的子女培养成未来的统治者或官吏，而平民的子女只能跟随父母学习各种生存所需的知识和劳动技能。在古希腊时期，为了维护奴隶制统治，斯巴达人建立了以培养勇猛善战的军人为目的的教育制度；雅典教育更倾向于培养多才多艺、能言善辩的政治家和商人。学前教育便出现了阶级性和等级性。

（三）现代社会的学前教育

1640年发生在英国的第一次资产阶级革命作为现代社会的开端，由此开始了社会现代化的历史进程。

1. 教育的社会化

17世纪中叶，社会生产力的发展终于冲决了封建社会的堤坝，英国爆发了资产阶级革命，资本主义制度首先在欧洲建立起来。到19世纪初，随着近代工业革命的到来，大工业机器生产在欧洲得到迅速发展，大量小农、小手工业者被迫进入大工厂做工，妇女也被迫走出家庭进工厂，而不能在家养育孩子。于是，创办学前教育机构以收容、教养工人的孩子的社会需求产生了。由于大工业生产创造了比小农经济高得多的劳动生产率，使社会具备了创办学前教育机构所必需的物质基础。因此，生产的社会化带来了学前教育的社会化。

2. 教育的福利性

幼儿教育机构首先在欧洲诞生。其中，最值得一提的是由英国空想社会主义者欧文创办的"幼儿学校"（后改名为"性格形成学园"）。他把1~6岁的婴幼儿组织起来，进行集体保育，在当时的社会上引起了巨大的反响，受到了恩格斯的赞扬。不过，最初出现的幼儿教育机构多是由一些慈善家、工业家举办的，实质上是慈善性质的社会福利机构。

以上简单地阐释了学前教育事业在三个时期产生和发展的轨迹。从中可以看出，学前教育的产生是和社会的发展，特别是和社会生产力的发展水平紧密相连的，学前教育的发展受着经济发展与生产技术演进的强力推动。学前教育机构是近代大工业生产的产物；学前教育受制于社会的政治、经济发展水平，既与社会的发展形态、社会需求相适应，又对社会的发展与进步具有重要的反作用，影响着社会的稳定

与发展。

二、学前教育机构的产生和发展

学前教育的社会价值和教育价值开始为全社会所认识，从而使学前教育机构得到了前所未有的发展。

（一）世界学前教育机构的产生和发展

1. 世界上第一所幼儿园的建立

世界上第一所幼儿教育机构产生于欧洲。1837年，德国幼儿教育家福禄培尔在勃兰根堡开办了学前教育机构，并在1840年正式命名为"幼儿园"，因此他也被誉为"幼儿教育之父"。在他的幼儿园里，游戏是幼儿的主要活动，幼儿通过他特制的玩具——"恩物"来学习，获得体力、语言、认识、想象力、创造力等多方面的发展。福禄培尔创建的幼儿园是世界上第一所真正意义上的幼儿教育机构。之后，幼儿园的名称被全世界普遍采用，幼儿园这种模式也迅速传到欧洲其他国家和美国。至今为止，全世界主要的幼儿教育机构仍然是沿用的这一模式。

> **拓展延伸**
>
> **"幼儿园"名称的由来**
>
> 福禄培尔在布兰肯堡创办的幼教机构最早被称作"保姆养成所"。为了给保姆们提供实习的场所和对象，他把村里40名6岁以下的幼儿集中到一起进行学习和游戏，并将这个新生的机构命名为"游戏与作业教育所"。1840年5月的一天，福禄培尔在村里的山丘上散步，站在山顶上向下遥望，看到金色的夕阳和树木上油油的新绿，他突然大叫："有了！就把它叫作儿童的花园（Kindergarten）吧！在这个花园里，幼儿不会受到压抑，他们可以得到自由的成长，而保姆就是施肥的园丁。"从此以后，福禄培尔把他的幼教机构正式命名为"幼儿园"。

2. 世界学前教育机构的发展

进入20世纪以后，随着现代社会文明的飞速发展，特别是科学技术的发展，生产力大大提高，世界性的竞争加剧。各国为了多出人才，早出人才，普遍重视学前教育。世界各国的学前教育机构在各自不同的背景下，沿着各自不同的路线，各有特色的发展着。各国学前教育机构的发展呈现出共同的趋势，主要表现在以下几方面：

（1）学前教育机构数量的增加。

随着现代化生产的发展，幼儿园数量快速增加，尤其是入小学前一年的教育。如法国、日本、美国、苏联等国的幼儿园普及很快，入园率都在90%以上。不过，由于世界各国经济水平、教育政策、文化传统、生活习惯等的不同，幼儿入园率差别较大，幼儿园发展速度也不同。

（2）学前教育机构的多样化。

为适应普及学前教育、现代社会及幼儿家长的各种需要，学前教育机构越来越多样化。由私人、国家、团体等开办了各种幼托机构，它们在结构、规模、教育目的、教育方法、教育内容等方面各不相同，各有特色，相互竞争，促进了学前教育机构向着形式多样化、功能多样化、组织多样化、教育多样化的方向发展。如除了全日制、半日制的机构外，还有季节性、临时性的许多入托时间灵活机动的学前教育机构，美国的假日儿童中心、蹦蹦跳跳室，英国、新西兰的游戏小组等都是这种适应性很强的机构；办园目的也五花八门，有实验性的、示范性的、家教性的、病残儿童诊断治疗的等，各有千秋；另外，主张不同学前教育理论的教育机构也百花齐放，让家长自由选择，如既有依据福禄培尔、蒙台梭利、皮亚杰理论而举办的幼儿园，也有基于对现代社会问题的反思而举办的幼儿园，如针对环境的破坏、幼儿远离自然等问题，在欧洲、北美出现了"森林幼儿园"（图1-4）和"田野幼儿园"等。

图1-4 德国的森林幼儿园

（3）教育质量的提高。

教育质量是学前教育机构发展的重要标志。由于教师水平的提高是高质量教育的重要条件，因此师资质量就成为教育质量提高的重要标志。世界各主要发达国家都将学前教育的师资提高到了大专以上水平，并实行专门的教师资格制度。同时，教师的教育价值观的进步，使尊重幼儿，保障幼儿权利，让幼儿全面发展而不仅仅只是发展身体或智力，成为世界学前教育工作者的共识。这一切使学前教育质量的提高有了根本的保证。

（二）我国学前教育机构的产生和发展

1. 我国第一所幼儿园的诞生——湖北幼稚园

清末"洋务运动"后期，两户总督张之洞宣扬"中学为体""西学为用"，倡办新式教育。湖北巡抚端方于1903年在武昌创办湖北幼稚园（如图1-5所示），我国第一所学前教育机构正式诞生。这所机构的办园方针和方式均采用日本模式，特聘请3名日本女师范生任教。在戊戌维新运动的推动下，"效法西洋、倡办西学"成为潮流，对幼儿实行"公教公养"的主张也随之被提了出来，充分显示了半殖民地半封建教育的特点。湖北幼稚园后改为武昌蒙养院，原址现为湖北武昌幼儿师范学校附属幼儿园。

图1-5 湖北幼稚园早期影像

1904年，由张之洞、张百熙、荣庆合订的《奏定学堂章程》即"癸卯学制"，其中就包括蒙养院制度及家庭教育的专门章程。癸卯学制第一次用国家学制的形式把学前教育机构的名称定下来，把社会学前教育机构的地位固定下来，使蒙养院成为我国最早的学前教育机构。可以说，癸卯学制所定位的蒙养院，是我国幼儿教育史上具有划时代意义的重要里程碑。

2. 我国学前教育的发展

在国民政府统治地区，出现了一批具有爱国思想和民主思想的学前教育家，如陶行知、陈鹤琴、张宗麟、张雪门等，他们批判封建社会的幼儿教育，反对幼儿教育的奴隶化和贵族化，陶行知先生尖锐抨击外国病、花钱病、富贵病的幼儿教育，主张建设中国的、省钱的、平民的幼稚园，1927年在南京创办了中国第一所乡村幼稚园——南京燕子矶幼稚园。一批学前教育家积极提倡变革并躬行实践，创办为平民服务的幼儿园，如陶行知先生创办的"乡村儿童团"，张雪门先生创办的"北平香山慈幼院"，陈鹤琴先生创办的"南京鼓楼幼稚园"等，他们的教育理论和实践为我国学前教育的发展提供了宝贵的财富。

中华人民共和国成立后，学前教育以老解放区教育经验为基础，借鉴苏联经验，进行了整顿、改造和发展，在办园方针、教育思想、教育目标等方面都进行了重新规定，学前教育的性质发生了根本性的变化。教育部制定并颁发了多部教育法规性文件，如1989年颁布了《幼儿园管理条例》，这是中华人民共和国成立以来，经国务院批准颁发的第一个幼儿教育法规，标志着我国学前教育管理跨入了法制化轨道；2001年7月，教育部颁发了《幼儿园教育指导纲要（试行）》；2010年2月，国务院发布《国家中长期教育改革与发展规划纲要》公开征求意见稿。这些法规的颁布与实施，进一步推动了我国学前教育科学化、规范化的进程。

【教育箴言】

儿童需要管教和指导，这是真的，但是如果他们无时无刻和处处事事都在管教和指导之下，是不大可能学会自制和自我指导的。

——林格伦

三、学前教育思想的发展

在学前教育发展的漫长历程中，人类关于学前教育的思考和认识不断深化，形成了丰富的学前教育思想。各位学前教育家的思想在教育史上占有重要的地位，勾勒着人类幼儿教育思想发展的轨迹。下面将从国内外两个方面介绍几位著名教育家的幼儿教育思想。

（一）国外教育家的学前教育思想

1. 福禄培尔（1782—1852）

福禄培尔（如图1-6所示）是19世纪德国著名的幼儿教育家，近代学前教育理论的奠基人。19世纪中叶，他创办了世界上第一所幼儿园，而且创建了一整套幼儿教育理论和相应的教育方法、教材、玩具等。他推动了世界范围内的幼儿园运动的兴起和发展，被世人誉为"幼儿教育之父"。由于他的实践和理论建树，幼儿教育理论形成了独立的体系，幼儿园教育也成为教育中一个独立的领域，其教育思想主要集中在他的著作《人的教育》和《幼儿园教育学》中。

福禄培尔指出，幼儿的生长是一个持续不断的过程，是由不同的阶段组成，以人类某种要求和兴趣为依据，他将幼儿的发展分为三个时期，即婴儿期，主要以身体的养护为主，重视感官的发展；幼儿期，是真正的人的教育开始的时期，游戏和说话是幼儿生活的两大要素；少年期，是学习开始的时期。其幼儿教育理论主要包括以下几方面：

图1-6 福禄培尔

（1）挖掘幼儿的本能，重视幼儿的自我活动。

福禄培尔关于幼儿园教育方法的基本原理是自我活动。他认为，幼儿有四种本能，即活动的、认识的、艺术的、宗教的本能，教育的任务在于促进幼儿内在本能的发展，以培养幼儿的主动性和创造性。自我活动是一切生命的最基本的特性，也是人类生长的基本法则。人从出生起，就开始自我教育和自我发展了，其自我活动是发展的基础和动力。这种自我活动是由幼儿的个人兴趣、愿望所引起的，而不是来自外界的刺激。教育的目的在于遵循自然法则去顺应幼儿的天赋，依照幼儿的天性去培养，保育者的任务是帮助幼儿除去阻碍生命发展的障碍，让其自我得到发展。教育者和父母必须尊重幼儿的自主性，唤起幼儿的创造性活动本能，帮助他们成长为能够主动生活的人。

（2）重视游戏对幼儿的教育价值。

福禄培尔是第一个阐明并高度评价游戏教育价值的人，将其价值上升到了前所未有的高度，把游戏看作幼儿内在本质向外的自发表现，他认为幼儿是通过游戏将内在的精

恩物及其作用

【教育箴言】

游戏是儿童期最纯净也最具心灵性的活动，同时更是人类整体向外的表达方式。

——福禄培尔

神活动表现出来的。"游戏是生命的镜子",预示幼儿未来能力的发展倾向,在游戏中最能表现出幼儿的积极性、主动性和创造性。他强调游戏对幼儿人格、智慧发展有重要意义,游戏不等于幼儿的外部活动,而更多地指向幼儿的心理态度。他还认为游戏中玩具是必需的,幼儿可通过玩具"体会到不可观的世界"。他制作的玩具取名为"恩物"(如图1-7所示),是上天恩赐给幼儿用来发展各方面能力的,意为上天的恩赐物,这是福禄培尔的幼儿游戏理论在玩具设计和游戏实践方面的具体运用。为了纪念福禄培尔的贡献,人们为他建了一个纪念碑,纪念碑的造型仿照了"恩物"中的球体、圆柱体等。

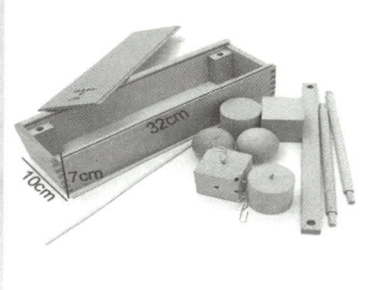

图1-7 恩物

(3)协调原理。

福禄培尔说,人不是单独一人存在的,他是家族中的一员,社会的一员,也是民族的一员,是宇宙中的一分子,与幼儿成长发展有关的,必然要与人类发展的现在、过去、未来结合。因此,我们应该让幼儿和周围的环境、社会、自然结合,协调一致,按照幼儿的本性,连续、协调地促使他们在各方面得到发展。

(4)亲子教育。

福禄培尔强调母亲在幼儿早期教育中的重要作用,创立了世界上第一个为母亲开办的"讲习会",后来还专门写了一本《母亲之歌与爱抚之歌》。他认为,要让孩子在爱中成长,父母应多给孩子爱的教育,母亲应该通过爱抚和歌声与孩子建立情感联系,同时福禄培尔也非常重视父亲在教育孩子中的作用。在福禄培尔看来,学前教育的主体是家庭教育,幼儿园只是作为家庭教育的继续和扩张,是家庭教育的"补充"而不是"代替"。

福禄培尔的幼儿教育理论是建立在其唯心主义哲学观上的,不可避免地带有神秘主义和浓厚的宗教色彩,为此受到了许多批判。但他的思想和理论在整个学前教育史上是首创,一百多年来传遍了世界各地,深刻地影响了各国学前教育的发展,其价值是不可否认的。虽然他利用恩物等玩具和材料进行教学和作业的方法过于枯燥和形式主义,但如果我们能结合幼儿实际灵活运用这套恩物和作业体系,确实可以发展幼儿的各种能力。直到今天,福禄培尔的幼儿教育理论对当前学前教育的发展仍具有重要的启发意义。

2. 蒙台梭利(1870—1952)

蒙台梭利(如图1-8所示)是20世纪享誉全球的意大利幼儿教育家,被誉为20世纪初的"幼儿园改革家",是意大利史上第一位学医的女性和第一位女医学博士。她于1907年在罗马贫民区创办了举世闻名的幼儿教育机构——幼儿之家,通过对大量幼儿的观察与发现,提出了以幼儿为中心的教育观。蒙台梭利教学法并不仅仅是一个教学方法,而是让我们学习如何帮助孩子开拓自己生命教育的方法,蒙台梭利提倡教育的目的不仅仅是传播知识,更应该是释放人的潜能,其独创的"蒙台梭利教学法"风靡整个西方世界,深刻地影响着世界各国的幼儿教育。其代表作有《蒙台梭利教学法》《童年的秘密》《有吸收力的心理》等。蒙台梭利的幼儿教育理论主要有以下几点:

图1-8 蒙台梭利

（1）幼儿自我学习的法则。

蒙台梭利在教育过程中发现幼儿具有各种未被了解的能力，具有教自己的能力，具有强烈的探索环境和周围一切的本能，具有天生的、能吸收的心理，这一特殊力量促使幼儿自发地、不知疲倦地从环境中吸收、学习并发展自我。因此，她视教育为唤醒和促进幼儿内在的神秘力量自然发展的过程，强调幼儿的自由活动和通过活动的自我学习，把"习惯性地为幼儿服务"看成一种窒息幼儿和压抑自发活动的危险行为。她反对成人中心的教育，反对传统的统一讲授。她说："几千年来，儿童真正的建设性力量，即能动性，一直被人们所忽视，而我的教学法就是要培养和保护儿童自身的学习积极性。"

【教育箴言】
儿童的进步不是取决于年龄，而是取决于能够自由地观看他周围的一切。
——蒙台梭利

（2）重视教育环境的作用。

蒙台梭利把幼儿看作发展着的个体，幼儿的发展是个体在与环境交互作用中获得经验，积累经验，产生生理和心理发展的过程。在蒙台梭利教育中，一个有准备的环境是关键。因此，应该为幼儿创造一个好的学习环境，一个有准备的环境具有以下特点：

①一个自由发展的环境，有助于幼儿创造自我和实现自我；

②一个有秩序的环境，能使幼儿在那里安静而有规律地生活；

③一个生气勃勃的环境，能使幼儿在那里充满生气、欢乐和可爱，毫不疲倦地生活，精神饱满地自由活动；

④一个愉快的环境，几乎所有的东西都是为幼儿设置的，适合幼儿的年龄特点，对幼儿有极大的吸引力。

（3）教师的角色与作用。

蒙台梭利认为，教育不是教师自上而下地传授，而是教师协助幼儿自下而上地发展。在蒙台梭利的教育体系中，教师是环境的创设者、观察者、指导者、家园合作的联络者。教师为幼儿精心设计环境、提供学习材料和必要的发展手段，才能保证幼儿更好地展开自由的学习。蒙台梭利明确指出，幼儿自由学习的质量是由教师的质量决定的，教师的任务不是讲授，而是提供环境，以适应幼儿天生的从环境中吸收一切的能力，促进幼儿自由地学习，正是教师才使幼儿的自由得以实现。

蒙台梭利的传奇人生

（4）幼儿的自由和作业的组织相结合的原则。

蒙台梭利认为，给予幼儿自由和教师对作业的组织是一个统一体的两个侧面。幼儿通过成功地掌握各项活动，配之提供的各种教具和精心设计的让幼儿主动学习的方法，便能从作业中获得各方面的发展，满足他们自我学习与发展的可能性与需求。然而，没有作业组织的自由将是毫无意义的，没有作业手段、被放任自流的幼儿也将一事无成。蒙台梭利指出，绝不能"把武断任务强加给幼儿""纪律必须通过自由而实现"，以自由工作为基础建立起来的纪律，显然不同于常规压制和命令训练出来的服从。因此，在蒙台梭利看来，在为幼儿的自发活动、自我学习和自由发展创造条件的同时，也要设置必要的纪律。

（5）重视感觉教育。

在蒙台梭利的教育理念中，感觉教育是重要内容，由能适当地刺激感觉器官的感官教具所构成。她认为3~6岁是幼儿身心迅速发展的时期，各种感觉先后处于敏感期，要引导幼儿运用视觉、听觉、嗅觉等感官来感知各种事物，以构成对事物的概念，因此必须对幼儿进行系统的和多方面的感官训练，主要是让幼儿自己依靠设计好的教具进行自我教育的过程，使他们通过与外部世界的直接接触发展敏锐的感觉和观察力，为高级的智力活动和思维发展奠定基础。因此，蒙台梭利专门设计了一套用于发展感官的教具，通过教具对幼儿产生有意识的刺激，可以将环境和感官有机地联系起来，以此推动幼儿感官和智能的发展。

蒙台梭利倡导的儿童观、教育理论以及以她的名字命名的教育方法——蒙台梭利教学法等，都在一定程度上符合幼儿心理发展和教育理论潮流，具有一定的科学性和合理性，极大地推动了现代学前教育的改革和发展。但是，蒙台梭利的教育理论也受到不少批评，存在一定的不完善之处，如夸大了幼儿本能的作用，将教师的职责局限于观察幼儿的表现和了解幼儿的需要，降低了教师在幼儿个性形成中的重要作用，其感觉教育教具脱离幼儿的实际生活等。尽管如此，蒙台梭利的教育思想对世界学前教育的巨大贡献是不可否认的，具有很强的借鉴意义，永远是世界学前教育的宝贵财富。

（二）我国教育家的学前教育思想

1. 陈鹤琴（1892—1982）

陈鹤琴先生（如图1-9所示）是我国著名的儿童教育家。他于1923年创办了我国最早的幼儿教育实验中心——南京鼓楼幼稚园，创立了"活教育"理论，一生致力于探索中国化、平民化、科学化的幼儿教育道路。他还开创了我国儿童心理的科研工作，是我国以观察实验法研究儿童心理发展最早的学者之一。抗战期间，他又创建了我国第一所公立幼稚师范学校——江西省实验幼稚师范学校，以此实验研究师范教育。他长期从事儿童心理学、幼儿教育和儿童教育的科学研究和实践，为我国教育事业贡献了毕生的精力，是中国的儿童心理学和幼儿教育学研究的开创者。陈鹤琴的幼儿教育理论具体体现在以下几方面：

图1-9　陈鹤琴

（1）反对半殖民地半封建的幼儿教育，提倡适合国情的中国化幼儿教育。

陈鹤琴认为旧中国的教育制度，存在严重的模仿国外的倾向，在幼儿教育上尤为突出。他批评当时的幼儿园不是抄袭日本就是模仿欧美，生搬外国的教材、教法，全然不顾中国国情。"抄来抄去，到底弄不出什么好的教育来"。陈鹤琴主张，要适合中国的国情，就要以中国孩子为对象，总结中国孩子的特点，以中国孩子为中心，汲取国外的有关经验。他积极地推进为中国平民服务的、培养民族的新生一代的幼儿教育。

（2）反对死教育，提倡活教育。

陈鹤琴先生反对脱离生活、死读书本的死教育，提出教师应该"教活书，活教书，教书活"，学生应该"读活书，活读书，读书活"，他在总结自己以往教育实践和思想的基础上，明确阐述了"活教育"主张。提出要实现"活教育"就必须牢固树立三个目标，即做人、做中国人、做现代中国人；做中教、做中学、做中求进步；大自然、大社会是我们的活教材。陈鹤琴先生的活教育体系，对中国学前教育的各方面产生了重大而深远的影响，其活教育体系的主要观点如下：

①教育观。

陈鹤琴先生指出，要遵照活教育的精神办幼儿园，幼儿自动的学习、自发的学习，自己去动手用脑获得知识，教师必须尊重幼儿的自主性，不能搞传统的注入式，消极地管束幼儿等，应突出幼儿作为学习主体的思想，使幼儿处于主动学习的地位。

②教育目标。

幼儿园的教育目标是育人，培养国家民族所需要的新生一代。陈鹤琴先生把教育目的划分为依次递进的三个层次。第一层次"做人"是"活教育"最为一般意义的目的，提倡学习如何做人，如何求社会进步、人类发展。第二层次"做中国人"，"活教育"要培养每一个国民的爱国主义品质。第三层次是"做现代中国人"，"活教育"培养有健全的身体、有建设的能力、有创造能力、能够合作、有服务精神的人。

③教育方法。

实现活教育目标的教育方法，应当是"做中学，做中教，做中求进步"。他认为"做"是幼儿学习和

发展的基础，也是"活教育"方法论的出发点。在强调做的同时，他也强调思维的作用。他把活教育的教学过程分为实验与观察、阅读与参考、发表与创作、批评与研讨四个步骤，同样也体现了以"做"为基础的幼儿的主动学习。

④教育内容。

以大自然、大社会为活教材，与实际紧密结合。同时，活教育"做"的过程本身也就是幼儿园最好的教育内容。

⑤教育原则。

活教育的教育原则是"做中学，做中教，做中求进步"的进一步细化，陈鹤琴先生提出的活教育的十七条原则，如"凡幼儿能做的，让他自己做；凡幼儿能想的，让他自己想"等，充分体现了幼儿的主体性原则、教学方法的多样性原则、利用活教材原则等，其"活教育"理论对学前教育的理论实践具有重要的指导意义。

（3）幼儿园课程理论。

①课程的中心。

陈鹤琴先生反对脱离实际的幼儿园课程，主张以幼儿的环境——自然的环境、社会的环境作为幼儿园课程系统的中心，让幼儿在与实物和人的充分接触中获得直接经验。

②课程的结构。

陈鹤琴先生认为，课程结构应该具有整体性，以促进幼儿全面发展为目标，他创造性地提出了课程结构的"五指课程"理论，即：

A：健康活动：包括饮食、睡眠、游戏、散步等；

B：社会活动：包括每天的谈话、纪念日集会、政治常识等；

C：科学活动：包括认识环境、饲养动物等；

D：艺术活动：包括音乐、手工、绘画等；

E：文学活动：包括故事、儿歌、谜语等。

这五种活动是相互联系的，如人的手指与手掌，手指只是手掌的一部分，其骨肉相连，血脉相通，共同构成了具有整体功能的手掌，学前教育课程的全部内容就包括在这五指活动之中。同时，这五种活动是有主次之分的，是相互联系、可以伸缩的，结成一个独立而又相互协作的教育网。

③课程的实施。

陈鹤琴先生强调以幼儿经验、身心发展特点和社会发展需要作为选择教材的标准；反对四分五裂、杂乱无章的分科教学，是违背幼儿的生活和心理的，提倡综合的单元教学，以社会自然为中心的"整个教学法"。陈鹤琴先生认为，"整个教学法，就是把儿童所应该学习的东西整个地、有系统地去教儿童学"。因为学前儿童的生活和发展都是整体的，外界环境的作用也是以整体的方式对儿童产生影响的，所以为儿童设计的课程也必须是整个的、互相联系的，而不能是相互割裂的。游戏法是整个教学法的具体化，同时要照顾具有差异的不同个体，课程应采用游戏式、暗示性、小团体式的教学方式进行，既可以提高教学效果，又能使幼儿保持浓厚的兴趣。

（4）重视幼儿园与家庭的合作。

陈鹤琴先生指出"小孩子的知识之丰富与否，思想之发展与否，良好习惯之养成与否，家庭教育实应负完全的责任"。他十分重视家庭对幼儿的影响，认为科学的儿童观就是要求家庭教育民主化。陈鹤琴先生积极主张幼儿园与家庭合作教育幼儿，幼儿园教育与家庭教育有各自的优势，家园合作应目标一致，充分发挥力量，形成教育合力，为幼儿未来发展奠定良好的素质基础。

陈鹤琴先生极其丰富的幼儿教育思想和实践是我国幼儿教育的宝贵财富。至今，陈鹤琴先生的教育思想依然具有广泛而强大的感召力和生命力，学习和研究他的教育思想和教育理论，继承和发扬他为幼儿教育事业奋斗的精神，对建设有中国特色的学前教育理论体系和推动学前教育的高质量发展具有重要的现实意义。

拓展延伸

陈鹤琴先生"活教育"的十七条原则

原则一：凡是儿童自己能够做的，应当让他自己做；

原则二：凡是儿童自己能够想的，应当让他自己想；

原则三：你要儿童怎样做，就应当教儿童怎样学；

原则四：鼓励儿童去发现他自己的世界；

原则五：积极的鼓励胜于消极的制裁；

原则六：大自然、大社会是我们的活教材；

原则七：比较教学法；

原则八：用比赛的方法来增进学习的效率；

原则九：积极的暗示胜于消极的命令；

原则十：替代教学法；

原则十一：注意环境，利用环境；

原则十二：分组学习，共同研究；

原则十三：教学游戏化；

原则十四：教学故事化；

原则十五：教师教教师；

原则十六：儿童教儿童；

原则十七：精密观察。

【教育箴言】

儿童的世界是儿童自己去探讨去发现的，他自己所求来的知识才是真知识，他自己所发现的世界，才是他的真正世界。

——陈鹤琴

2. 陶行知（1891—1946）

陶行知先生（如图1-10所示）是中国近代杰出的人民教育家，伟大的民主主义战士。毛泽东同志称他为"伟大人民教育家"，宋庆龄女士赞其为"万世师表"。陶行知先生毕生致力于教育事业，破旧立新，心系劳动人民，发扬民主，用一生书写了教育爱国者的"大字"。他从本国国情出发对教育进行改革，创立了生活教育理论，提出了"教、学、做合一"的教育主张，对我国学前教育事业的发展产生了重要影响。其主要教育思想如下：

（1）农村幼儿教育事业的开拓者。

陶行知先生猛烈批判旧中国学前教育的三大弊病，即"外国病"（幼稚园一切照搬外国的东西，从物质到精神都是外国货）、"花钱病"（幼稚园一切仰仗于外国，花钱太多，在贫困的中国

图1-10 陶行知

难以普及）、"富贵病"（幼稚园收费高，只有富家子弟才上得起）。他在探索普及大众教育的过程中，逐步认识到中国教育的根本问题是农民教育问题，于是便全身心地投入到乡村教育运动中并积极倡导开展"幼稚园的下乡运动"。作为农村幼儿教育事业的开拓者，陶行知先生提出学前教育应面向大众，建设适合中国国情的、省钱的、平民的幼稚园，并在教育内容、教学方法、师资培养上提出了独特性见解。1927年，陶行知在南京郊区首创了中国第一所乡村幼稚园——南京燕子矶幼稚园，还创建了乡村幼儿师范教育、农村幼教研究会等，进一步推动了我国乡村学前教育的普及与发展。

（2）重视幼儿教育。

陶行知先生非常重视幼儿教育，高度评价幼儿教育的社会价值，并积极向社会宣传幼儿教育的重要性，他提出"幼儿教育实为人生之基础"，是"根本之根本"。同时陶行知先生还强调了幼儿教育的普及，

他说："小学教育应当普及，幼稚教育也应当普及。"并提出普及的具体三大步骤，即唤起国人明白幼年的教育是最重要的教育；改革幼儿园，面向乡村工厂；改变训练教师的制度等。这一主张，较一般资产阶级仅强调义务教育和封建社会只有地主贵族阶层才能受教育的特权教育，可谓是一大进步。

（3）生活教育理论。

生活教育理论是陶行知的教育基本理论，在反对传统的旧教育上具有一定的积极意义，揭露并批评了旧教育存在的问题，提出了解决问题的具体办法，对当时教育方法的改革有积极作用，主要体现在以下几点：

①生活即教育。

这是生活教育理论的核心，明确规定了生活决定教育，教育以生活为中心的思想。陶行知指出："生活教育是生活所原有，生活所自营，生活所必须的教育。教育的根本意义是生活之变化，即生活无时不含有教育的意义。"既然生活教育是人类社会原来就有的，那么是生活便是教育，教育必须与生活相结合，生活是教育的灵魂和生命。

②社会即学校。

这是生活教育理论的重要组成部分。陶行知认为自有人类以来，社会就是学校，从大众的立场上看，社会是大众唯一的学校，生活是大众唯一的教育。陶行知提倡的"社会即学校"，其目的是使劳苦大众都有受教育的机会，以此来普及大众教育。

③教学做合一。

这是生活教育理论的方法论，它的含义是教的方法要根据学的方法，学的方法要根据做的方法，强调"教"与"学"都以"做"为中心，要在做上教，在做上学。陶行知所说的"做"是指"劳力上劳心"，反对劳力与劳心脱节，

【教育箴言】

　　捧一颗心来，不带半根草去。

　　　　　　　　　——陶行知

也指"行是知之始"的"行"，他认为"有行的勇气才有知的收获"。可见陶行知的"做"建立在"行"的基础上，是以"行"求知，强调"行"是获得知识的源泉。陶行知用种田为例，指出种田这件事，要在田地里做的，必须要在田地里学，在田地里教。

（4）解放幼儿的创造力。

陶行知先生认为要帮助幼儿发展，一方面要了解幼儿的心理和身体发展规律，另一方面要解放幼儿的创造力。他针对传统幼儿教育束缚幼儿的种种弊端，提出了"六大解放"的要求：

①解放幼儿的头脑，把他们的头脑从迷信、成见、曲解和幻想中解放出来，让他们能够去想、去思考；

②解放幼儿的双手，鼓励他们动手去做、去干，让幼儿有动手的机会；

③解放幼儿的眼睛，让他们学会观察，去看事实；

④解放幼儿的嘴巴，让他们有足够的言论自由，允许幼儿发问；

⑤解放幼儿的空间，给他们接触大自然、大社会的机会；

⑥解放幼儿的时间，让他们在快乐游戏中成长，提供自己学习、活动的时间，学一点他们自己渴望要学的学问，做一点他们自己高兴要做的事。

（5）幼儿师资的培养——艺友制。

艺友制是陶行知基于20世纪初中国社会尤其是农村极度落后的实际，为尽快培养乡村师资而创造的教育探索之路。其以"艺"为载体，以"做"为中心，以"友"为宗旨，以"朋友之道教人学艺"为主张。通俗来讲，即指学生（又称"艺友"）与有经验的教师（称导师）交朋友，在实践中学习当教师，边干边学，在实践中积累教学经验。艺友制的根本方法为"教学做合一"，共教、共学、共做方为真正之艺友制，"亦惟艺友制始能彻底实现教学做合一之原则"。

陶行知先生的教育思想在反对传统的旧教育上具有一定的积极意义，他把生活教育当作改造中国教

育、社会的唯一出路，提出了一些对我们当今教育现代化仍具有借鉴意义的真知灼见，其教育思想依然保持着先进性，对我国学前教育的发展具有极大的现实意义。

思考与练习

一、选择题

1. 世界上第一所真正意义上的幼儿教育机构是（　　）。
A. 幼儿之家　　　　B. 保姆养成所　　　　C. 湖北幼稚园　　　　D. 南京鼓楼幼稚园

2. 被世界誉为"幼儿园之父"，创立"恩物"和世界上第一所幼儿园的教育家是（　　）。
A. 夸美纽斯　　　　B. 洛克　　　　C. 福禄培尔　　　　D. 卢梭

3. 在南京郊区首创了中国第一所乡村幼儿园——南京燕子矶幼稚园的是（　　）。
A. 陶行知　　　　B. 陈鹤琴　　　　C. 蒙台梭利　　　　D. 福禄培尔

4. 我国第一所幼儿教育机构湖北幼稚园创办的时间是（　　）。
A. 1840 年　　　　B. 1903 年　　　　C. 1904 年　　　　D. 1947 年

5. 1923 年，陈鹤琴创办的我国最早的幼儿教育实验中心是（　　）。
A. 南京燕子矶幼稚园　　　　B. 香山慈幼院
C. 江西省实验幼稚师范学校　　　　D. 南京鼓楼幼稚园

6. 20 世纪 30 年代，我国幼教界有"南陈北张"之称，即指南有陈鹤琴，北有（　　）。
A. 张汉良　　　　B. 张之洞　　　　C. 张宗麟　　　　D. 张雪门

7. 提出幼儿教育应解放儿童的创造力的教育家是（　　）。
A. 陶行知　　　　B. 张雪门　　　　C. 陈鹤琴　　　　D. 福禄培尔

二、简答题

1. 简述福禄培尔的学前教育思想。
2. 简述陈鹤琴的学前教育思想。

主题 2
学前教育的目标、任务和原则

"儿童的一切教育都必须遵循一个原则，即帮助孩子身心自然的发展。"

——[意大利]蒙台梭利

主题导读

培养什么人，是教育的首要问题。古人云："国有贤良之士众，则国家之治厚；贤良之士寡，则国家之治薄。"从历史和现实的角度看，任何国家、任何社会，其维护政治统治、维系社会稳定的基本途径无一不是通过教育。我国是中国共产党领导的社会主义国家，这就决定了我们的教育必须把培养社会主义建设者和接班人作为根本任务，培养一代又一代拥护中国共产党领导和我国社会主义制度、立志为中国特色社会主义奋斗终身的有用人才。我们的教育绝不能培养社会主义破坏者和掘墓人，绝不能培养出一些"长着中国脸，不是中国心，没有中国情，缺少中国味"的人！那将是教育的失败。教育的失败是一种根本性失败。我们绝不能犯这种历史性错误！这是推进教育现代化、建设教育强国必须把握的大是大非问题，没有什么可隐晦、可商榷、可含糊的。

——习近平《培养德智体美劳全面发展的社会主义建设者和接班人》

学习目标

知识目标
1. 理解学前教育目的的含义和功能。
2. 掌握我国学前教育目标的结构、层次以及实施中需注意的问题。
3. 掌握学前教育的任务与特点。
4. 掌握学前教育的原则。

能力目标

1. 学会合理分解和制定不同层次的学前教育目标。
2. 能根据学前教育目标、幼儿的兴趣需要和年龄特点选择学前教育内容。
3. 能够运用学前教育原则的理论分析学前教育现象。

素质目标

1. 形成学会学习、习惯思考、善于合作的学习品质。
2. 积极承担责任，乐于贡献智慧，在小组中取长补短，获得"1+X"的学习效果。
3. 乐于将学前教育理论在教育实践中不断应用和落地。
4. 树立科学的学前教育观，热爱学前教育事业。

知识脉络

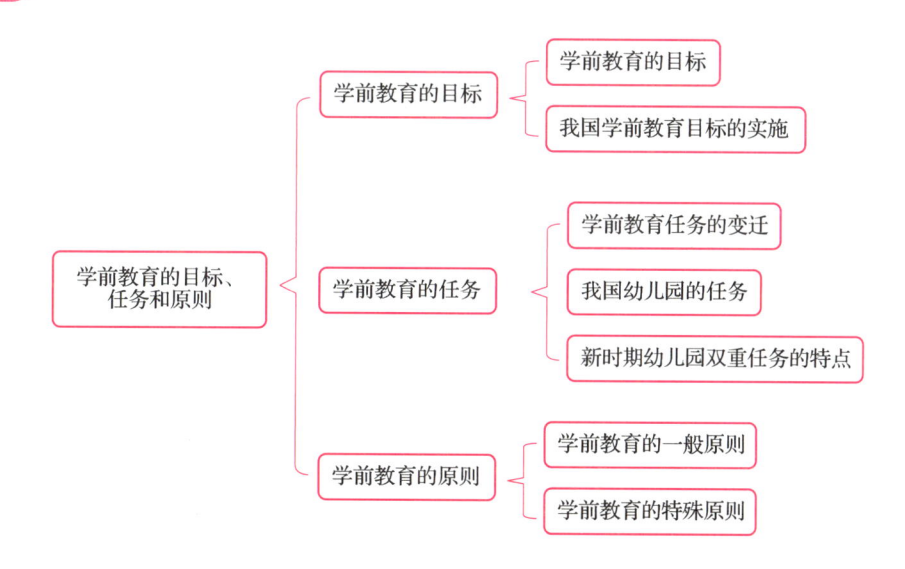

学前教育的目标、任务和原则
- 学前教育的目标
  - 学前教育的目标
  - 我国学前教育目标的实施
- 学前教育的任务
  - 学前教育任务的变迁
  - 我国幼儿园的任务
  - 新时期幼儿园双重任务的特点
- 学前教育的原则
  - 学前教育的一般原则
  - 学前教育的特殊原则

探寻1 学前教育的目标

教育的四大支柱

QINGJING DAORU 情境导入

我们常说"教育要从娃娃抓起"，所以在幼儿园阶段，有些家长就抓起了孩子的学习。"老师，你们幼儿园都教什么知识？""幼儿园作为教育机构怎么能什么知识都不教呢？""教拼音、算术和识字吗？""怎么能就让孩子玩呢？孩子上小学怎么办？""你们就不能听一听家长的要求吗？"

问题： 幼儿园到底该给孩子提供什么？为什么我们总想让孩子接受"抢跑"式的教育？

教育作为培养人的一种重要的社会实践活动，具有明确的意识性和目的性。教育目的是培养人的总目标，关系到把受教育者培养成什么样的社会角色和具有什么素质的根本性质问题，是教育实践活动的

出发点。教育目的要根据一定社会的要求和人自身发展的需要来确定,在历史上,因社会制度、民族文化传统、教育思想的不同而异。

知识精讲

一、学前教育的目标

人的发展与教育可以划分为不同的阶段,表现为阶段性与连续性的统一。前一阶段的教育是后一阶段教育的基础,后一阶段教育是前一阶段教育的继续,各个阶段教育互相衔接,方向一致,都是按照教育目的的要求培养一定质量和规格的人。

(一)学前教育目标的含义

教育目的是教育要达到的预期效果,是指一个国家、民族通过教育把受教育者培养成为什么样的人,它是国家对培养人才的质量和规格的总体要求。教育目的是国家对教育事业培养人的总体的质量要求,由于社会所需要的人是多层次、多规格的,而教育对象的身心发展水平不同且各有特点,所以国家对各级各类教育提出了特殊的具体要求,即各级各类教育的目标。学前教育目标是教育目的在学前教育这一阶段的具体化,是国家对幼儿园提出的培养人的规格和要求,是全国各类幼儿教育机构统一的指导思想。

(二)学前教育目标的制定依据

学前教育目标的制定主要考虑到教育目的、幼儿的身心发展规律与需求、社会发展的客观要求和各学科的系统和结构。

1. 教育目的

学前教育目标是根据教育目的并结合学前教育的性质和特点提出来的。从教育目的到幼儿园教育目标分解呈金字塔型,由上至下分别是:国家教育目的、幼儿园教育的目标、各个幼儿园具体的教育目标,如图2-1所示。把受教育者培养成什么样的人,是培养人的质量规格标准,是对受教育者的总的要求,学前教育目标的制定必须结合国家教育目的而确定。

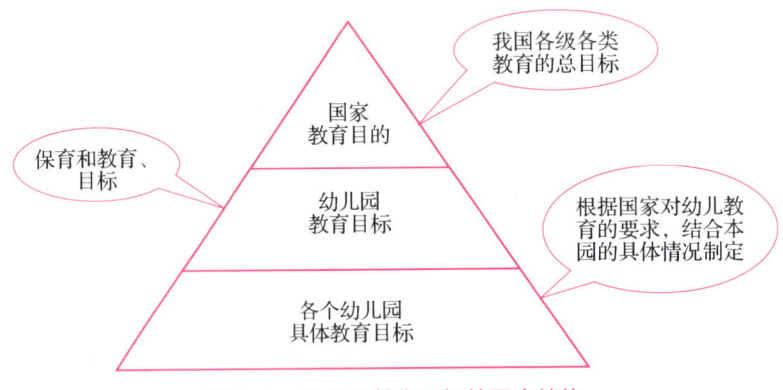

图2-1 幼儿园教育目标的层次结构

2. 幼儿的身心发展规律

幼儿是学前教育的直接服务对象,学前教育目标最终以幼儿在教育影响下的发展表现出来。只有在研究和把握幼儿身心发展的实际水平、需要和可能性的基础上,才能确定幼儿进一步发展的潜力和方向。所以,了解幼儿身心发展的规律和年龄特点是确定学前教育目标的内在依据。举一个简单的例子,成年人画一个菱形是件轻而易举的事,然而对于幼儿来说,却是很困难的,即使3岁幼儿照葫芦画瓢,要临摹一张菱形图样也是很困难的。这表明,幼儿的发展是有一定年龄特征和规律的,是一个按照一定顺序、不断地从低级到高级发展的过程,教育目标如果不符合幼儿发展的规律,不符合幼儿个体的发展需要和可能性，就不可能变成现实。因此，教育目标的制定必须适应幼儿身心发展的年龄特征。

3. 社会发展的客观要求

学前教育既服务于幼儿发展，也服务于社会发展，社会发展的客观要求是学前教育目标制定的外在依据。学前教育目标要反映社会的价值观念和发展方向，反映生产力发展水平对人才的要求。教育为未来培养人才，教育培养目标要有一定的预测性、超前性。

4. 各学科的系统和结构

学科是教育目标的生长点。但对学前教育来说，更强调幼儿身心和谐发展，注重个性的养成，虽然知识学习、能力锻炼只是幼儿发展的一个方面，但幼儿身心发展的许多方面（如认知、能力）都是与有结构、有系统的学科相关的。因而，在制定相关的教育目标时应考虑学科本身的逻辑。

二、我国学前教育目标的实施

（一）我国学前教育目标的结构和层次

我国幼儿园教育的目标是"对幼儿实施体、智、德、美等方面全面发展的教育，促进其身心和谐发展"。我国幼儿园的教育目标是宏观层面上的学前教育总目标，它可以从教育活动范畴划分成体、智、德、美全面发展的保育和教育目标，也可以从学习活动范畴划分成健康、语言、社会、科学、艺术的五大领域教育目标，还可以按幼儿年龄段划分为各年龄段教育目标，如图2-2所示。

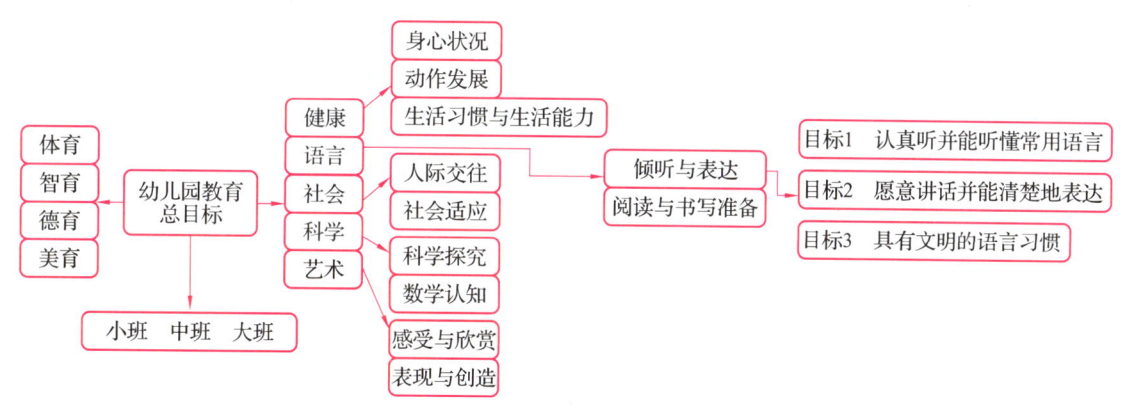

图2-2 保育和教育目标、领域教育目标与年龄阶段教育目标

1. 保育和教育目标

2016年修订的《幼儿园工作规程》（以下简称《规程》）将幼儿园保育和教育目标具体表述为体、智、德、美四个方面：

一是促进幼儿身体正常发育和机能的协调发展，增强体质，促进心理健康，培养良好的生活习惯、卫生习惯和参加体育活动的兴趣；

二是发展幼儿智力，培养正确运用感官和运用语言交往的基本能力，增进对环境的认识，培养有益的兴趣和求知欲望，培养初步的动手探究能力；

三是萌发幼儿爱祖国、爱家乡、爱集体、爱劳动、爱科学的情感，培养诚实、自信、友爱、勇敢、勤学、好问、爱护公物、克服困难、讲礼貌、守纪律等良好的品德行为和习惯，以及活泼开朗的性格；

四是培养幼儿初步感受美和表现美的情趣和能力。

2. 领域教育目标

领域教育目标，是指根据幼儿身心发展的不同维度，将影响幼儿发展的教育相对划分为不同的教育领域，并为每一教育领域制定不同的目标与要求。我国于2001年颁布的《幼儿园教育指导纲要（试行）》

(以下简称《纲要》)指出幼儿园的教育内容是全面的、启蒙性的，可以相对划分为健康、语言、社会、科学、艺术等五个领域，各领域的内容相互渗透，从不同的角度促进幼儿情感、态度、能力、知识、技能等方面的发展。

健康领域教育目标：身体健康，在集体生活中情绪安定、愉快；生活、卫生习惯良好，有基本的生活自理能力；知道必要的安全保健常识，学习保护自己；喜欢参加体育活动，动作协调、灵活。

语言领域教育目标：乐意与人交谈，讲话礼貌；注意倾听对方讲话，能理解日常用语；能清楚地说出自己想说的事；喜欢听故事、看图书；能听懂和会说普通话。

社会领域教育目标：能主动地参与各项活动，有自信心；乐意与人交往，学习互助、合作和分享，有同情心；理解并遵守日常生活中基本的社会行为规则；能努力做好力所能及的事，不怕困难，有初步的责任感；爱父母长辈、老师和同伴，爱集体、爱家乡、爱祖国。

科学领域教育目标：对周围的事物、现象感兴趣，有好奇心和求知欲；能运用各种感官，动手动脑，探究问题；能用适当的方式表达、交流探索的过程和结果；能从生活和游戏中感受事物的数量关系并体验到数学的重要和有趣；爱护动植物，关心周围环境，亲近大自然，珍惜自然资源，有初步的环保意识。

艺术领域教育目标：能初步感受并喜爱环境、生活和艺术中的美；喜欢参加艺术活动，并能大胆地表现自己的情感和体验；能用自己喜欢的方式进行艺术表现活动。

3. 年龄阶段教育目标

2012年教育部印发了《3~6岁儿童学习与发展指南》(以下简称《指南》)。《指南》从五个领域描述幼儿的学习与发展的目标，分别对3~4岁、4~5岁、5~6岁三个年龄段末期幼儿应该知道什么、能做什么、大致可以达到什么发展水平提出了合理期望，共32个目标。比如语言领域的倾听与表达方面，3~4岁、4~5岁、5~6岁三个年龄段末期教育目标如表2-1~表2-3所示。

表2-1 目标1 认真倾听并能听懂常用语言

3~4岁	4~5岁	5~6岁
1. 别人对自己说话时能注意倾听并做出回应。 2. 能听懂日常会话	1. 在群体中能有意识地倾听与自己有关的信息。 2. 能结合情境感受到不同语气、语调所表达的不同意思。 3. 方言地区和少数民族幼儿能基本听懂普通话	1. 在集体中能注意倾听老师或其他人讲话。 2. 听不懂或有疑问时能主动提问。 3. 能结合情境理解一些表示因果、假设等相对复杂的句子

表2-2 目标2 愿意讲话并能清楚地表达

3~4岁	4~5岁	5~6岁
1. 愿意在熟悉的人面前说话，能大方地与人打招呼。 2. 基本会说本民族或本地区的语言。 3. 愿意表达自己的需要和想法，必要时能配以手势动作。 4. 能口齿清楚地说儿歌、童谣或复述简短的故事	1. 愿意与他人交谈，喜欢谈论自己感兴趣的话题。 2. 会说本民族或本地区的语言，基本会说普通话。少数民族聚居地幼儿会用普通话进行日常会话。 3. 能基本完整地讲述自己的所见所闻和经历的事情。 4. 讲述比较连贯	1. 愿意与他人讨论问题，敢在众人面前说话。 2. 会说本民族或本地区的语言和普通话，发音正确清晰。少数民族聚居地幼儿基本会说普通话。 3. 能有序、连贯、清楚地讲述一件事情。 4. 讲述时能使用常见的形容词、同义词等，语言比较生动

表2-3　目标3　具有文明的语言习惯

3~4岁	4~5岁	5~6岁
1. 与别人讲话时知道眼睛要看着对方。 2. 说话自然，声音大小适中。 3. 能在成人的提醒下使用恰当的礼貌用语	1. 别人对自己讲话时能回应。 2. 能根据场合调节自己说话声音的大小。 3. 能主动使用礼貌用语，不说脏话、粗话	1. 别人讲话时能积极主动地回应。 2. 能根据谈话对象和需要，调整说话的语气。 3. 懂得按次序轮流讲话，不随意打断别人。 4. 能依据所处情境使用恰当的语言。如在别人难过时会用恰当的语言表示安慰

《规程》指明了体、智、德、美的保育教育的目标，《纲要》给出了"五大领域"的教育目标，《指南》则明确了各年龄段幼儿的学习和发展目标，为学前儿童在健康、语言、社会、科学、艺术五个领域的成长设定了一个"阶梯"状的标准。《规程》《纲要》《指南》如图2-3所示。

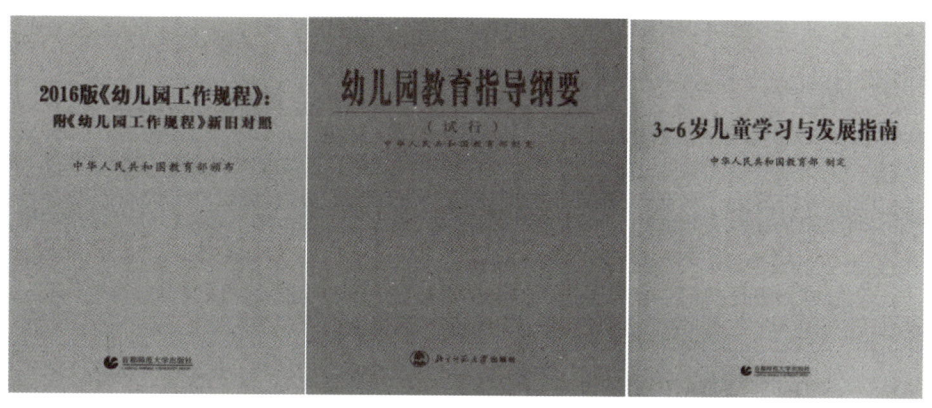

图2-3　《规程》《纲要》《指南》

（二）实施学前教育目标注意的问题

制定幼儿园具体教育目标的过程，实际上是将国家的教育目的、幼儿园教育目标层层分解，逐步转化为低一层次的、可操作的具体目标，才能成为教师制订活动计划的有效依据，并通过各种活动，最终落实到幼儿的发展上。

1. 学前教育目标分解要恰当

按时间的范围划分，幼儿园具体教育目标可分为四个层次：

第一层次：每一学年的教育目标；

第二层次：学期教育目标；

第三层次：一个月或一周的教育目标，也可以是单元或主题活动目标；

第四层次：幼儿园一日或具体活动的教育目标。

从教育目标指导的范围来划分，幼儿园具体教育目标分为以下四个层次：

第一层次：指导本园的教育目标；

第二层次：指导一个班级的教育目标；

第三层次：指导不同活动组的教育目标；

第四层次：指导每个个体的教育目标，即根据每个幼儿发展情况确定目标。这个由抽象到具体、由统一到多样的层次组成了幼儿园教育目标的阶梯式结构。幼儿园教育目标的分解如图2-4所示。

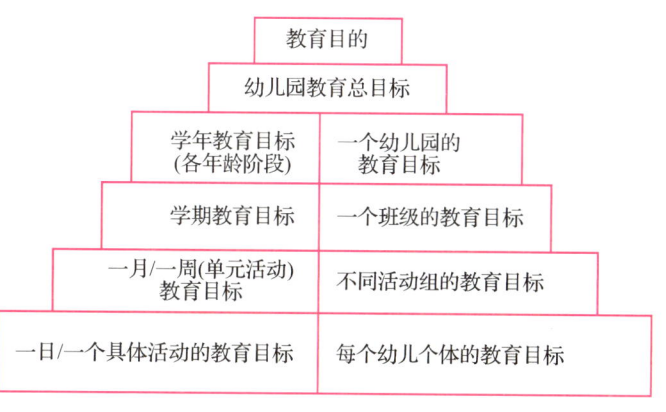

图2-4　幼儿园教育目标的分解

案例链接

按时间逐级分解教育目标示例（大班社会领域）如表2-4所示。

表2-4 按时间逐级分解教育目标示例

目标层次		目标内容
学年目标		1. 能主动地参与各项活动，有自信心； 2. 乐意与人交往，学习互助、合作和分享，有同情心； 3. 理解并遵守日常生活中基本的社会行为规则； 4. 能努力做好力所能及的事，不怕困难，有初步的责任感； 5. 爱父母长辈、老师和同伴，爱集体、爱家乡、爱祖国
学期目标（上）	人际交往	1. 主动、准确地使用礼貌用语，能以恰当的方式与成人交往，和同伴友好相处； 2. 主动照顾、关心同伴； 3. 接纳、尊重与自己的生活方式或习惯不同的人； 4. 与同伴分工合作共同完成任务，遇到困难能想办法解决； 5. 了解周围的社会生活。初步了解社会机构、社会成员和他们的劳动及其与人们生活的关系，萌发尊敬、热爱劳动者的情感
	社会适应	1. 初步遵守各项规章制度，学会以规章制度对照自己与他人的行为； 2. 初步学会分辨是非，懂得应向好的榜样学习，萌发初步的爱憎感； 3. 了解自己所在的集体，懂得应对集体做有益的事，具有一定的集体荣誉感和责任感； 4. 喜欢从事力所能及的劳动，珍惜别人的劳动成果，爱护公物； 5. 爱护身边的环境，注意节约资源； 6. 初步了解家乡和我国主要的自然和人文景观，萌发对民族文化的喜爱； 7. 初步了解我国的民族及丰富的物产，萌发爱祖国的情感
月目标（5月）		1. 知道"五一"劳动节，培养劳动意识，学习劳动技能，体验劳动生活； 2. 在与同伴或教师交往中表现文明的行为； 3. 知道别人的想法有时和自己不一样，能倾听和接受别人的意见，不能接受时会说明理由； 4. 在社会交往活动中能恰当表现出角色行为，理解并遵守一些基本的社会行为规范
周目标（第3周）		1. 知道别人的想法有时和自己是不一样的； 2. 能够倾听和愿意接受别人的意见； 3. 不能接受时会有条理地说明自己的理由
具体活动目标"保安叔叔辛苦了"		1. 了解保安的工作范围及责任，知道保安与人们生活和工作的关系； 2. 能够主动向保安叔叔打招呼； 3. 感受和感恩保安叔叔的辛苦付出

2. 注意学前教育目标的全面性

在将幼儿园的教育目标层层具体化的过程中，需要注意的是，无论分解到哪一层次，都要保证教育目标的整体结构不受损害，其涵盖的内容一定要全面，即包括幼儿全面发展的各个方面。在实践过程中，制定具体教育目标的指导思想常常出现偏差，如在体、智、德、美四育中，或重德轻智，或重智轻德；在每一育中也有这种情况，如在智育中重知识的掌握而轻智力的培养；在体育中重动作的发展而轻生活卫生习惯的培养；在德育中重社会常识的掌握而轻道德情感的培养；在美育中重艺术技能的掌握而轻创造性的培养等。教育目标内容的不全面会严重影响幼儿的全面发展。

3. 注意学前教育目标的连续性和一致性

教育目标的实现是一个长期的过程，它由若干不同的阶段来完成。每个阶段性目标之间要互相衔接，体现幼儿身心发展的渐进性和连续性；同时，下层目标与上层目标之间、局部目标与整体目标之间要协调一致，以保证每一个具体目标的实现都朝总目标前进一步，都成为实现上层目标的有效环节。

4. 注意学前教育目标的计划性和灵活性

将学前教育目标逐级分解，根本目的是使教师心中有目标，自觉地用教育目标来指导自己的教育行为，而不是死板地硬性规定教师每天固定要教什么内容，幼儿必须要学什么内容。所制订的月计划、周计划只是为幼儿教师提供大致的框架和参考的依据，其中的具体内容应当由教师在与幼儿实际互动的过程中不断地生成、补充与完善。因此，目标和计划本身并不是一成不变的，教师应当根据幼儿的实际表现，随时调整、修改自己预定的目标和计划，以使教育工作更切合幼儿身心发展的实际水平与要求。

思考与练习

一、选择题

1. 幼儿园各层次的教育目标中，最具体的目标是（　　）。
   A. 幼儿园教育目标　　　　　　B. 幼儿园各年龄班的目标
   C. 一周教育目标　　　　　　　D. 活动目标

2. 关于幼儿园教育目标，不正确的说法是（　　）。
   A. 即教育目的
   B. 是教育目的在幼儿园阶段的具体化
   C. 是幼儿园培养人才的具体规格和要求
   D. 社会要求和幼儿身心发展的规律是制定幼儿园教育目标的依据

3. 我国幼儿园的教育目标是在1996年颁布的（　　）中提出的。
   A.《幼儿园教育大纲》　　　　B.《幼儿园工作条例》
   C.《幼儿园工作守则》　　　　D.《幼儿园工作规程》

二、简答题

1. 幼儿园的教育目标是什么？制定幼儿园具体教育目标应注意哪些问题？
2. 幼儿园保育和教育的主要目标是什么？
3. 简述五大领域的教育目标。

探寻2　学前教育的任务

情境导入

1. 我上幼儿园了！以前，听妈妈说幼儿园怎么怎么好玩，可是，我觉得幼儿园除了小朋友多，有些玩具以外，好像没什么好玩的，没有家里自由自在，想干什么就干什么，所以啊，我还不太喜欢上幼儿园。今天一早，妈妈急急忙忙把我送到幼儿园，又匆匆忙忙地走了，她又丢下我上班去了。我又哭了，哭得一把鼻涕一把眼泪，老师安慰了我又给我洗了一把脸。可是，过了不久后我又尿湿了裤子。老师从我的书包里拿出裤子给我换了。看见教室里有好多玩具，于是，我不想哭了，我拿着几块积木玩了起来。过了不久我们开始吃早餐，有几个年纪小一点的弟弟妹妹还不会自己吃饭，老师们只好喂他们。我会自己吃饭，可是我也想让老师喂我吃，老师喂了我两口以后对我说："你很能干，你能自己吃吗？"于是我自己大口大口地吃起来，吃了一个鸡蛋还有一碗稀饭。接着老师教我们唱歌，我们学会了唱"爸爸妈妈去上班，我上幼儿园，也不哭也不闹，说声老师早"，我们还玩了一个"大灰狼和小白兔"的游戏。

2.国家有关政策规定，达到一定规模的住宅小区都应配备一所幼儿园。在很多比较大型楼盘的营销中心，我们都可以看到有幼儿园的规划。很多年轻人在买房时考虑的一个重要因素是有没有配套的幼儿园。

思考： 上述材料反映了幼儿园的任务是什么？

知识精讲

一、学前教育任务的变迁

社会经济的发展促进学前教育的发展和学前教育机构的产生。学前教育的任务随着社会经济的发展而不断发生变化。在历史发展过程中，学前教育的任务先后经历了四个阶段的变化：

一是19世纪学前教育机构初创时期，主要为工作的母亲照管儿童，只负担起儿童生活与安全方面的照顾。

二是19世纪下半叶至20世纪上半叶，随着社会的发展，人们逐渐认识到不应仅限于看护，还要对儿童实施促进其发展的教育。

三是20世纪60年代至70年代，以发展儿童智力为中心的学前教育。

四是20世纪80年代以后，促进儿童身体的、情绪的、智能的和社会性的全面发展。

二、我国幼儿园的任务

我国学前教育是基础教育的重要组成部分，学前教育机构（幼儿园）与其他各级各类学校一样，承担着促使幼儿在体、智、德、美等方面得到全面发展，为社会主义培养建设者和接班人的任务。2016年开始实施的新《幼儿园工作规程》规定幼儿园的任务是：贯彻国家的教育方针，按照保育与教育相结合的原则，遵循幼儿身心发展特点和规律，实施体、智、德、美等方面全面发展的教育，促进幼儿身心和谐发展。幼儿园同时面向幼儿家长提供科学育儿指导。学前教育的双重任务体现了幼儿园在现代化建设中的独特作用。

（一）对幼儿实施保育和教育

《规程》明确指出，"幼儿园是对3周岁以上学龄前幼儿实施保育和教育的机构。幼儿园教育是基础教育的重要组成部分，是学校教育制度的基础阶段。"这一规定将幼儿园的办园目的和性质规定得十分明确，也就是说，在幼儿园中，不仅要有教育活动，对幼儿实施体、智、德、美等方面全面发展的教育，还要负责幼儿的日常生活照料，以促进幼儿的身心和谐发展。

（二）为家长的生活、学习提供便利条件，向家长提供科学育儿指导

幼儿园不仅负有教育幼儿的责任，而且负有为在园幼儿家长服务的责任。幼儿园保护和照顾幼儿，有助于解决家长因工作、学习而子女无人照顾的问题。通过完成这一任务，幼儿园显示出其他教育机构不可替代的功能，充分体现出幼儿园作为一个社会福利机构的特殊价值。再者，很多家长不了解幼儿的身心发展规律和学习特点，往往从自己的经验和期待出发教育孩子，把自己的需要当作孩子的需要，不顾孩子学习的可能和制约，过度强调知识教育和特色教育。作为专业的幼儿园，在引导家长科学育儿方面起着不可替代的作用。

另外，《规程》第三十三条明确规定，"幼儿园与小学应密切联系、互相配合，注意两个阶段的相互衔接"。因此，做好幼小衔接工作，为幼儿升入小学做好准备，以提高基础教育的质量，也是幼儿园的一项重要任务。

三、新时期幼儿园双重任务的特点

随着社会的发展，学前教育在实现双重任务中遇到了新的挑战，呈现出一些新特点。学前教育机构

要更好地完成双重任务，使家长满意、社会满意，必须关注、顺应社会的发展和变化，不断调整自身的运行机制，深入改革，把幼儿园的教育质量不断提高到新的水平。

1. 对幼儿身心素质的培养提出了更高的要求

现代科技的飞快发展使社会进入了以知识、信息为主要生产动力的时代，学前教育担负着为培养21世纪的人才奠基的光荣而艰巨的任务，那么，如何做才能适应社会的需要呢？显然，必须从素质教育入手，对教育思想和教育内容、形式、方法等进行全面改革，否则，学前教育是难以跟上时代的步伐，使幼儿成长为社会所需要的一代新人的。人们对幼儿园的期望与要求，已经不仅仅是"看护"或提供"托幼服务"，而是对幼儿进行高质量的学前教育。从政策层面讲，要培养体、智、德、美全面发展的社会主义事业的建设者和接班人。从《指南》来看，需要培养幼儿受益终身的学习品质，比如好奇心、坚持性、自信心等，良好的社会交往技能，健全的人格。

> **拓展延伸**
>
> **家长对幼儿园的一份期望清单**
>
> 教育质量：家长希望孩子能在幼儿园中获得高质量的教育，包括知识、技能和价值观。
>
> 安全保障：家长希望幼儿园能保证孩子的安全，防止任何形式的伤害，包括身体和心理上的。
>
> 个性发展：家长希望幼儿园能尊重并培养孩子的个性和兴趣，让他们在玩耍和学习的过程中发现并发展自己的独特之处。
>
> 社交能力：家长希望孩子能在幼儿园中学会与人相处，培养良好的社交习惯和技巧。
>
> 培养好习惯：家长希望幼儿园能帮助孩子建立健康的生活卫生习惯、好的学习习惯，为将来的生活做好准备。
>
> 反馈与沟通：家长希望幼儿园能及时、透明地反馈孩子的学习和生活情况，与家长进行有效的沟通。

2. 为家长服务的范围不断扩大

随着现代社会人们工作压力的增加、教育观念的变化、生活方式的改变等，越来越多的家长想让自己的孩子全托。同时，家长要求办园形式更加多样化，除了全日制之外，还应有半日制、计时制、机动的寄宿制等；对于一些爸爸妈妈下班比较晚不能及时被接走的孩子，幼儿园应有一些相应的延时班，要求增加节假日服务，甚至晚间服务、护理病孩等。在新的经济社会形势下，各种幼儿教育机构在办园形式、管理制度、收托时间、保育范围和运作机制等各方面，应更灵活、更方便，更能适合家长工作、学习、生活方面的特点和需要。普惠性幼儿园如图2-5所示。

图2-5 普惠性幼儿园

> **案例链接**
>
> 阳阳已经满3岁了，该上幼儿园了。孩子入园是家里的一件大事，最近我们全家人为了这个问题颇伤脑筋。到底将孩子送进哪一所幼儿园呢？首先当然要考虑离家比较近，接送方便。于是我们根据就近原则选择了几所幼儿园作为考查对象。我们的考查内容包括：幼儿园的环境好不好？教室、寝室大不大？玩具多不多？幼儿教师的素质怎么样？孩子在幼儿园做些什么？走访了几家幼儿园以后，我们才发现每个幼儿园都有各种各样的特色，比如，有的幼儿园在推行蒙台梭利教育、奥尔夫音乐教育；还有的幼儿园很强调孩子的身体运动能力，幼儿园体育是快乐体育活动，而且还是男老师执教；有的幼儿园运用多元智能理论，关注幼儿的个性发展。大多数幼儿园都有专门的英语课、珠心算和识字活动（有的幼儿园从小班开始就教幼儿识字，有的幼儿园则从大班开始）。面对幼儿园各种各样的特点，我确实很苦恼，不知道该如何选择。

3. 家长对幼儿教育的认识不断提高，要求幼儿园具有更高的教育质量

随着《规程》《纲要》《指南》的先后修订和颁布，"以幼儿发展为本""尊重幼儿的人格和权利，尊重幼儿身心发展的规律和学习特点，以游戏为基本活动，保教并重，关注个别差异，促进每个幼儿富有个性的发展"等新的儿童观教育观逐渐深入人心，成为我国幼儿园教育实践的基本价值取向。在新的儿童观、教育观的影响下，幼儿园教育实践越来越"以幼儿为本，以游戏为基本活动，寓教育于幼儿园的环境和一日活动之中"，当幼儿园有良好的教育理念、崇尚以幼儿为本位的价值观时，家长和孩子有更大的可能喜欢这样的幼儿园。因此，幼儿园的教育质量成为家长最为关心的问题，提高保育和教育质量是幼儿园生存和发展的关键。《"十四五"学前教育发展提升行动计划》如图 2-6 所示。

图 2-6 《"十四五"学前教育发展提升行动计划》

普惠园与公办园

拓展延伸

2025 年普惠性幼儿园覆盖率达到 85%

《"十四五"学前教育发展提升行动计划》指出，到 2025 年，全国学前三年毛入园率达到 95% 以上，普惠性幼儿园覆盖率达到 85%。广覆盖、保基本、有质量的学前教育公共服务体系基本建成，学前教育管理体制、办园体制和政策保障体系基本完善。投入水平显著提高，成本分担机制普遍建立。幼儿园办园行为普遍规范，保教质量明显提升。不同区域、不同类型城市分类解决学前教育发展问题，大型、特大型城市率先实现发展目标。

到 2025 年，基本形成以本专科为主体的幼儿教师培养体系，本专科学前教育专业毕业生规模达到 20 万人以上；建立幼儿教师专业成长机制，健全培训课程标准，分层分类培训 150 万名左右幼儿园园长、教师；建立普通高等学校学前教育专业质量认证和保障体系，幼儿教师队伍综合素质和科学保教能力得到整体提升，幼儿教师的社会地位、待遇保障进一步提高，职业吸引力明显增强。

思考与练习

一、选择题

1. 幼儿园的双重教育任务包括（　　）。
   A. 对幼儿实施保育　　　　　　　　B. 教育幼儿，服务家长
   C. 为幼儿园赢利　　　　　　　　　D. 对幼儿实施教育

2. 幼儿园除了具有对幼儿实施保育和教育之外，还具有（　　）任务。
   A. 开发智力，培养自理能力　　　　B. 为家长工作、学习提供便利条件
   C. 培养幼儿与社会沟通的能力　　　D. 培养社会所需要的人

二、简答题

幼儿园是社会保教机构，担负着其他学校教育机构所没有的特殊任务，在现代化建设中发挥着独特的作用。请简述幼儿园的双重任务以及新时期幼儿园双重任务的特点。

探寻3　学前教育的原则

>>> 情境导入

自然角有孩子们自己种的洋葱、大蒜、白菜、小豆芽，但这些可爱的小植物却被孩子们冷落了，如何激发孩子对植物的兴趣，让他们乐于照顾呢？

在一次晨间谈话，老师告诉孩子们："你们要当爸爸妈妈了。"孩子们被逗乐了："我是谁的爸爸（妈妈）呀？"老师指着窗台上的小植物说："是你们的小植物的爸爸妈妈呀！你们瞧，安安真是个好爸爸，他每天都来照看自己的宝宝，瞧他的大蒜宝宝长得多健壮！"孩子们的兴趣一下子被激发起来，"我也要当个好爸爸（妈妈）！"他们还说了今天要怎样照顾自己的植物小宝宝，还检讨了自己以前哪些地方做得不好。

此后，孩子来园，第一件事就是看植物宝宝长得怎么样了。如果闻到特别的气味，会说："我的宝宝该洗澡了，爸爸给你换水洗澡。"如果看到植物宝宝缺水了，会用爱怜的口吻说："宝宝，别难过，妈妈马上给你倒水喝。"

学前教育是启蒙教育。启蒙教育必须是自由的、快乐的，这样幼儿体内的心智潜能才会被激发出来，如果是压抑的、束缚的，令幼儿不快乐，则会走到启蒙教育的反面，变成给幼儿成长使绊子。

>>> 知识精讲

学前教育的原则包括两部分内容，一部分是学前教育的一般原则，是在学前教育机构、小学、中学的教育均应遵循的，它反映了对所有教育者的一般要求；另一部分是学前教育的特殊原则，是根据学前教育的特点针对学前教育阶段的教师提出的特殊要求。

一、学前教育的一般原则

（一）热爱幼儿，尊重幼儿的人格尊严和合法权益的原则

1. 尊重幼儿的人格尊严

幼儿从一出生就具有人格尊严，他们与我们是同样的社会成员，不能因为他们小而歧视他们，要杜绝对幼儿随意敷衍、盲目指责、任意羞辱的粗暴行为，更不能拿幼儿作为宠物玩耍，随意给他们起绰号，当众披露他们的缺陷。教师要将幼儿作为具有独立人格的人来对待，尊重他的思想感情、兴趣爱好、要求和愿望等，这份爱和尊重会使幼儿意识到他们在这个世界上是有价值的、有能力的、被无条件地接纳和爱着的，从而拥有自我成长的内在力量，并成为孩子一生发展的力量源泉。因此，教育的出发点和本质离不开对生命的爱与尊重。

曾奇峰：无条件的爱

2. 保障幼儿的合法权利

幼儿是不同于成人的正在发展中的社会成员，他们享有不同于成人的许多特殊的权利，如生存权、受教育权、受抚养权、发展权等，这反映了人类对幼儿在社会中的地位和权利的认可与尊重。但是，幼儿毕竟是稚嫩、弱小的个体，他们对自己权利的行使还必须通过成人的教育和保护才能实现。家庭、学前教育机构、社会应当保障未成年人的合法权益不受侵犯。因此，教师不仅是幼儿的"教育者"，也应当是幼儿权益的实际维护者。

案例链接

一次在活动区活动时，一位小朋友跑来告状："老师，浩浩把电视机弄坏啦！"孩子们都围了过来，浩浩也在其中。他眼睛望着老师，像有什么话要对大家说。老师当时非常生气，因为自己用即时贴粘的精巧电视机外壳已经被分成几块纸板，老师花了几个中午精心绘制的图片——《谢谢小猴子》也被撕得面目全非。

A教师非常生气，当着所有孩子的面说："又是你，浩浩！每次都是你，你是最招人讨厌的小朋友！没有人喜欢你！"

B教师则一下子把他搂在怀里，轻声问："你为什么要打开电视机呢？""我想看一看小猴子、大象、长颈鹿是怎样进去的，他们是怎样转的。""那你发现了什么？""我又问："我发现了这图片是老师画的，卷在可乐瓶上，用手一转瓶口，小动物就会转了。"看，浩浩充满了好奇心、敢于探索，而且已经取得了丰硕的"研究成果"。于是B教师当着全班小朋友的面由衷地表扬了浩浩。

你更喜欢哪位教师？为什么？

（二）促进幼儿全面发展的原则

幼儿教育应充分考虑幼儿的学习特点和认识规律，使各领域的内容密切联系，相互渗透，注重综合性、趣味性、活动性，从不同的角度促进幼儿情感、态度、能力、知识、技能等方面的发展，促进幼儿体、智、德、美各方面全面发展。

多元智能理论

1. 幼儿的发展是整体的发展

幼儿的发展是整体的发展而不是片面的发展。教育必须促进幼儿在体、智、德、美各方面全面发展，不能偏废任何一个方面。幼儿作为发展中的人，有使自身的各种潜能都获得发展的需要；而作为社会的预备成员，也应当是全面发展的人才能符合社会对合格成员的需求。幼儿的发展是一个整体，要注重领域之间、目标之间的相互渗透和整合，促进幼儿身心全面协调发展，而不应片面追求某一方面或几方面的发展。

2. 幼儿的发展是协调的发展

协调发展包括幼儿身体的各个器官、各系统机能的协调发展；幼儿各种心理机能，包括认知、情感、性格、社会性、语言等协调发展；幼儿的生理和心理协调发展；幼儿个体的需要与社会的需求之间的协调等。

3. 幼儿的发展是有个性的发展

教育除了使每个幼儿达到国家统一要求的标准之外，还允许根据每个幼儿的特点和可能性，充分发挥他们各自的潜能，让不同的幼儿在不同的方面能够实现自己有特色的发展，而不是千人一面，像工厂里批量生产的同一产品。

（三）面向全体，重视个别差异的原则

在教育过程中，教育者在关注全体受教育对象的同时，还应重视幼儿的个别差异，因材施教，有针对性地采取最有效、最合理的方式，促进每个幼儿的发展。

1. 教育要促进每个幼儿的发展

教育必须面向每个幼儿，使每个幼儿都能达到教育目标的要求。要保证每个幼儿在教育机构中有同

等的受教育机会，教师必须平等地、一视同仁地对待所有的幼儿。教师要尽可能地提高每个幼儿接受教育的充分程度，让每个幼儿受到公平、充分、均等的教育。

2. 教育要促进每个幼儿在原有基础上的发展

《规程》提出："要遵循幼儿身心发展规律，符合幼儿年龄特点，注重个体差异，因人施教，引导幼儿个性健康发展。"由于每个幼儿的需要、兴趣、性格、能力、学习方式等各有不同的特点，因此，必须考虑每个幼儿的特殊需要，因人而异地进行教育，使每个幼儿都能发挥优点和特长，在自己原有的水平上得到应有的发展。

3. 多种形式促进幼儿的发展

幼儿是一个独立的、完整的、成长着的、拥有极大发展潜能的主体。以幼儿为本，尊重幼儿个体差异的理念直接导致教育组织形式的变化，幼儿和环境互动的变化。要满足幼儿个性化的发展，需要在教育活动中灵活地使用集体、小组、个别的教育组织形式，教师组织教育活动时，要更加贴近幼儿的需要，提供的环境、条件、设施、材料等更有利于幼儿的积极操作和探究，培养幼儿个性化发展。

案例链接

在一次幼儿园的公开活动中，李老师特意对孩子回答问题的机会做了统计，结果表明：全班共有40个孩子，在本次活动中共有8名幼儿有单独回答问题的机会，其中，7次机会的有一人，5次机会的有两人，3次机会的有三人，2次机会的有三人。有大约10名幼儿完全游离于教师的课堂之外。

李老师决定在接下来的教学活动中，难的问题让反应快能干的幼儿回答，容易理解的问题让发展一般的幼儿回答，允许不爱说话的幼儿重复别人的提问。

你觉得该教师的做法是否合适？为什么？

（四）教育资源整合的原则

《纲要》特别强调幼儿园应该与家庭、社区密切合作，与小学相互衔接，综合利用各种教育资源，共同为幼儿的发展创造良好的条件。教育资源是指对幼儿教育和幼儿发展具有积极意义的物质和精神资源。在自然中，在社会中，在幼儿园里，幼儿教育的资源是丰富多样、源源不断的。当今幼儿教育缺少的不是教育资源，而是对丰富多样的教育资源敏锐的识别、选择、及时的开发、加工、转化以及充分的利用。幼儿教育阶段可以拓展利用的资源很多，除幼儿园内部的教育资源，还包括广泛的自然资源、丰富的社区资源和家庭资源等各种园外教育资源。

1. 利用自然的教育资源

"让教育回归真实的生活，让幼儿回归自然的环境。"大自然是一部真实、丰富的百科全书，蕴藏着巨大的教育资源，它向幼儿展示了具体、形象、生动的学习内容，为幼儿获得对世界的感性认识提供了天然的场所。走出幼儿园，走向大自然，是教育资源开发利用的一大举措。教育者要注意随着季节的变化，根据幼儿的年龄特点带他们去感受当地的风土人情，感知自然千姿百态的景象。幼儿走进小菜园、拥抱大自然如图2-7所示。

2. 利用幼儿同伴教育资源

幼儿同伴教育资源就是指幼儿同伴中有助于其他伙伴及自己健康成长和发展的一切因素的总和。幼儿同伴教育资源存在于幼儿同伴之间的差异性：不同的幼儿来自不同的家庭，他们有不同的文化背景和经济背景、不同的经验基础、不

图2-7 幼儿走进小菜园、拥抱大自然

同的性格、不同的兴趣爱好、不同的能力基础、不同的价值观，而这些差异都是幼儿园教育的重要资源。我们可以利用这些差异资源来促进幼儿的发展，如在开展主题活动"警察叔叔本领大"时，请爸爸是警察的小朋友介绍警察的工作；在开展主题活动"我的祖国真美丽"时，让曾出去旅游的幼儿带来照片，介绍自己的所见所闻等。

3. 利用家庭的教育资源

家庭是幼儿园重要的合作伙伴，应本着尊重、平等、合作的原则，争取家长理解、支持和主动参与，并积极支持帮助家长提高教育能力。幼儿家长来自各行各业，家长的职业、阅历与专长等都是幼儿园宝贵的教育资源。我们可以经常有计划、有组织地邀请家长来参加幼儿园的活动，请他们进班级当"老师"，展示各自的特长和风采，使幼儿获得更直接的经验。家庭是幼儿成长发展的第一环境，它对于幼儿的影响是幼教机构不可替代的，同时对幼教机构的教养质量是一个不容忽视的影响因素。因此，挖掘和利用家长教育资源，将为幼儿的成长提供更好的条件。警察叔叔走进幼儿园、幼儿走进社区如图2-8所示。

图2-8 警察叔叔走进幼儿园、幼儿走进社区

4. 利用社区的教育资源

社区的积极参与将使幼教机构的教育变得更为生动、更富有时代气息。不少幼教机构在与社区的合作中，直接利用社区丰富的教育资源，让幼儿走进社会的大课堂，如参观社区各种机构、设施，与社区的劳动模范、解放军战士、医务人员、警察叔叔共同活动，去慰问敬老院的爷爷奶奶，或请他们到幼教机构做客、参与活动等。可以说无论是社区环境、社区资源，还是社区文化对幼教机构的教育实施效果都会产生不可忽视的影响。

总之，只有将幼儿园资源、家长资源与社会资源等教育资源结合起来运用，使之形成合力，才能提高幼儿园的教育质量。

拓展延伸

《规程》第二十五条 幼儿园教育应当贯彻以下原则和要求：

（一）体、智、德、美等方面的教育应当互相渗透，有机结合。

（二）遵循幼儿身心发展规律，符合幼儿年龄特点，注重个体差异，因人施教，引导幼儿个性健康发展。

（三）面向全体幼儿，热爱幼儿，坚持积极鼓励、启发引导的正面教育。

（四）综合组织健康、语言、社会、科学、艺术各领域的教育内容，渗透于幼儿一日生活的各项活动中，充分发挥各种教育手段的交互作用。

（五）以游戏为基本活动，寓教育于各项活动之中。

（六）创设与教育相适应的良好环境，为幼儿提供活动和表现能力的机会与条件。

二、学前教育的特殊原则

（一）保教结合的原则

保教结合的原则是指教师应从幼儿身心发展的特点出发，在全面、有效地对幼儿进行教育的同时，重视对幼儿生活上的照顾和保护，保教合一，确保幼儿健康、全面地发展。保教结合是我国幼儿教育的一大特色，也是幼儿园一贯坚持的原则。

1. 保育和教育是幼儿园两大方面的工作

保育主要是为幼儿的生存、发展创设有利的环境和提供物质条件，给予幼儿精心的照顾和养育，帮助其身体和机能良好发育，促进其身心健康发展；教育则重在培养幼儿良好的行为习惯、态度，发展幼儿的认知、情感、社会性等，引导幼儿学习必要的知识技能等。这两方面构成了学前教育的全部内容。

2. 保育和教育工作相互联系、相互渗透

幼儿园保育和教育不可分割的关系是由幼教工作的特殊性和幼儿身心发展的特点决定的。虽然保育和教育有各自的主要职能，但并不是完全分离的。教育中包含了保育的成分，保育中也渗透着教育的内容。

3. 保育和教育是在同一过程中实现的

对幼儿实施保育的过程，实质上也是对幼儿在体、智、德、美诸方面实施有效影响的过程。保育和教育不是分别独立进行的，而是在统一的教育目标指引下，在同一教育过程中实现的。保育员在护理幼儿生活时，要有意识地进行随机教育；幼儿教师在组织教育活动时，要结合幼儿的身体发育特点，从活动时间、活动要求等方面做好保育工作。幼儿教育工作者要充分认识到保教结合对幼儿全面发展的意义，真正将保教结合的思想落实到幼儿园工作的每个环节。

案例链接

1. 集体教学活动中的保教结合。

保育：协助教师做好活动前准备（材料、场地、安检）；协助教师指导和帮助活动中的个别幼儿；协助教师处理活动中的偶发事件，方法适宜；协助教师指导幼儿做好活动后的收拾、整理，关注幼儿情绪和健康状况，对幼儿异常现象和突发情况做出及时、正确的反应。

教育：按目标、有计划地组织幼儿活动，讲解示范，培养幼儿兴趣。

2. 幼儿进餐、点心中的保教结合。

保育：餐前准备，分发食物，关注食物温度，把握幼儿进食量，处理幼儿进餐中的突发事件，与教师一道培养幼儿良好进食习惯，餐后整理与清扫消毒。

教育：组织幼儿做好餐前准备、安静进餐，关注引导幼儿养成进餐好习惯，餐后组织幼儿安静活动。保教结合如图2-9所示。

图2-9 保教结合

(二)以游戏为基本活动的原则

游戏是幼儿园的基本活动。基本活动是指在人生的某个阶段，其出现频率最高，对人的生存发展最有价值、最适合那一年龄阶段的活动。比如，对学龄期儿童来说，上学校学习是基本活动；对成人来说，工作、劳动是基本活动；而对幼儿来说，游戏就是他们的基本活动。

游戏作为幼儿健康成长所必需的活动，符合幼儿身心发展的特点，能满足幼儿的多种需要，能有效地促进幼儿发展，具有其他活动所不能替代的教育价值。因此，在幼儿园教育实践活动中应当注意：

1. 重视幼儿的自发性游戏

幼儿的自发游戏，是指在幼儿园自由活动时间，幼儿以"玩"为目的，根据自己的兴趣和需要，自由选择、自主展开、自在交流的一种自发性游戏。在自发游戏中，幼儿自发选择游戏内容，选择材料和伙伴，决定玩什么、怎么玩、和谁玩，幼儿在与材料和伙伴的相互作用中，共同分享游戏带来的快乐，学习彼此的经验，使幼儿主体意识与创造意识得到和谐发展。幼儿园应允许、支持幼儿进行自发性游戏，保证幼儿在一日活动中有一定的时间、适宜的场地和丰富的材料开展游戏，并在幼儿需要时适时介入和帮助。

2. 充分利用游戏形式组织幼儿园各类教育活动

幼儿园所开展的活动本质上应该具有游戏的性质。从时间和空间的角度看，幼儿园绝大部分时间要以游戏性活动为主。幼儿从晨间游戏开始，上下午有专门的游戏时间开展区域游戏、体育游戏、户外游戏等。从方法和手段的角度来看，游戏作为一种方法和手段融入幼儿园教育的一日活动之中。从内容和形式的角度来看，游戏作为一种内容和形式融入幼儿园教育，游戏不应该是孤立的、分割的，它应该以反映幼儿完整的经验为游戏活动目的，不是为游戏而游戏，而是为了借助游戏这种幼儿最有效的学习方式来促进幼儿发展。安吉游戏如图2-10所示。

图2-10 安吉游戏

3. 满足幼儿对多种游戏的需要

不同个性的幼儿对各类游戏的需要不尽相同。教师应注意到幼儿的个体差异，满足幼儿的各种游戏需要，提供多种游戏材料，允许幼儿自行选择玩自己喜欢的游戏。不同年龄阶段的幼儿，对游戏的种类、主题、内容、情节、材料等的需要也在不断变化。教师应观察幼儿对游戏的需要，灵活地变换游戏环境，支持幼儿不断变化的游戏需要。

(三)教育的活动性和活动的多样性原则

幼儿教育应从幼儿身心发展的特点和水平出发，以活动为基础展开教育过程。同时，促进活动形式的多样化，让幼儿能在多种多样的活动中得到发展。

1. 教育的活动性

《指南》指出，要"最大限度地支持和满足幼儿通过直接感知、实际操作和亲身体验获取经验的需要"。活动是幼儿发展的基础和源泉，"要想知道梨子的滋味，你就得亲口尝一尝"，对于感性知识少、直接经验缺乏的幼儿来说，更是如此。幼儿身心发展的特点决定了他们不可能像中小学生那样，主要通过课堂书本知识的学习来获得发展，而必须通过活动去接触各种事物和现象，与人交往、实际操作物体，来逐步积累经验，获得真知。离开了活动，就没有幼儿的发展。

2. 教育活动的多样性

幼儿园的活动不应当是单一的。因为活动的内容、形式不同，在幼儿发展中的作用是不一样的。比如，看图书和栽培植物，幼儿通过前者获得的是间接经验，是符号认知的发展；而通过后者获得的是直接知识，是操作经验及其实践能力的发展。因此，教师要注意教育活动的多样性，以有效地促进幼儿发展。主题活动网络图示例如图2-11所示。

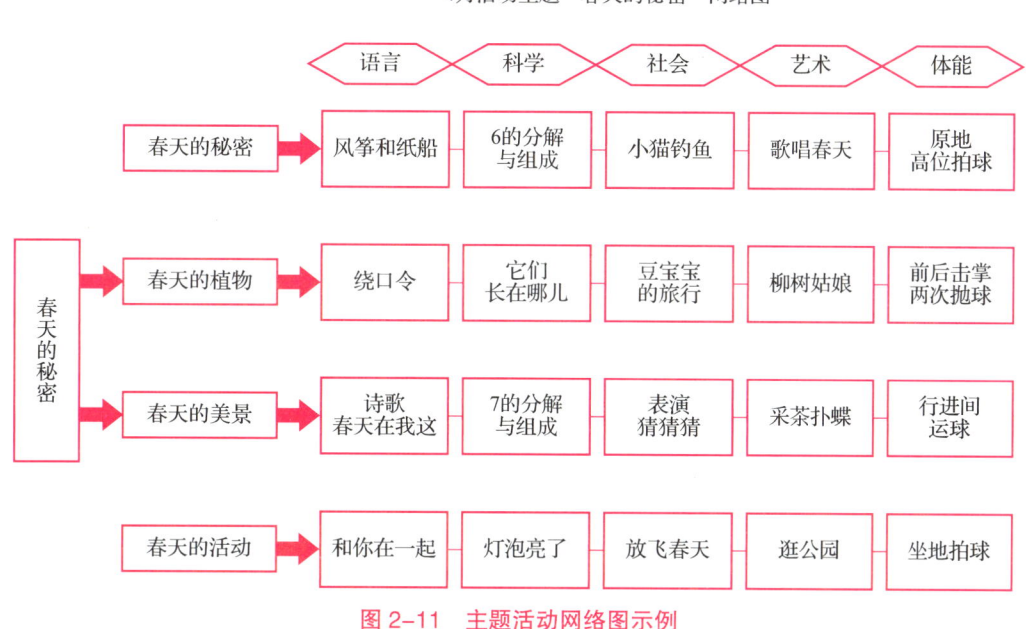

4月活动主题"春天的秘密"网络图

春天的秘密		语言	科学	社会	艺术	体能
	春天的秘密 →	风筝和纸船	6的分解与组成	小猫钓鱼	歌唱春天	原地高位拍球
	春天的植物 →	绕口令	它们长在哪儿	豆宝宝的旅行	柳树姑娘	前后击掌两次抛球
	春天的美景 →	诗歌春天在我这	7的分解与组成	表演猜猜猜	采茶扑蝶	行进间运球
	春天的活动 →	和你在一起	灯泡亮了	放飞春天	逛公园	坐地拍球

图2-11 主题活动网络图示例

案例链接

春天来了，孩子们纷纷从家里带来一个个小盆子、小罐，开展种植活动，观察种子的发芽。一天天过去了，孩子们亲手种下的种子终于发芽了。一天，晖晖走到我跟前，扯着我衣服伤心地问："李老师，我天天都给种子喝很多水，可它就不发芽！"原来是晖晖浇了太多的水，水浸着种子，都发霉了。下午，我根据这件事，和孩子们展开了种子发芽需要什么条件的讨论。孩子们各抒己见，都说要多晒太阳，多浇水，种子就会长得壮。"不，种子不能浇太多水，要不然胀死了不发芽！"晖晖站起来说出自己的看法。我向孩子们说明了做什么事都要适度，不能过量，否则就会事与愿违。孩子们瞪大了眼睛，静静地听我解释，他们对种子发芽需要的条件的认识又深入了一层。看着他们每天小心地护理自己的小花盆，我深深地感到：任何活动都不可忽视每一个细小的环节，还要抓住一些偶发事情进行随机教育，只有这样才能使幼儿获得更全面的知识和各种能力。

为什么不直接将种子发芽的知识教给幼儿，而要让幼儿在自己的操作和活动中尝试去探究和发现呢？

（四）发挥一日活动整体教育功能原则

幼儿园一日活动是指幼儿园每天进行的所有保育、教育活动。它包括由教师组织的活动和幼儿的自主自由活动。幼儿园应充分认识和利用一日生活中各种活动的教育价值，通过合理组织、科学安排，让一日活动发挥一致的、连贯的、整体的教育功能，寓教育于一日活动之中。

1. 一日生活中的各种活动不可偏废

无论是幼儿吃喝拉撒睡等生活活动，还是集体教育活动、参观访问等；无论是有组织的活动，还是幼儿自主自由的活动，都有重要的教育作用，对幼儿的发展都是不可缺少的。因此不能顾此失彼、随意削弱或取消任何一种活动。

2. 各种活动必须有机统一为一个整体

每种活动不是分离地、孤立地对幼儿发挥影响力。一日活动必须统一在共同的教育目标下形成合力，才能发挥整体教育功能。因此，如何把教育目标渗透到各种活动中，或者说，每种活动怎样围绕目标来展开，就成为实践中应当特别关注的问题。如培养幼儿独立性，就需要在生活中注意培养幼儿自己吃饭、穿衣、上厕所等生活自理能力；在教学活动中，指导幼儿独立思考、有困难时多动脑筋，尽量自己完成学习任务；自由活动时，鼓励幼儿自己设计游戏，自己想出办法来玩，主动与别人交往等。没有这样的有机统一，就不可能实现整体的教育功能。幼儿学习、生活、游戏活动如图 2-12 所示。

图 2-12 幼儿学习、生活、游戏活动

案例链接

张老师很注重在一日生活的各个环节中渗透对幼儿的教育。比如，幼儿吃午餐和晚餐时，她会选一些很优美的音乐或者故事让幼儿边吃边欣赏；每天的晨间活动时，她会和个别幼儿交谈或者让幼儿在集体面前谈一谈自己感兴趣的事情。有段时间，她发现孩子们不太爱惜小椅子，比如，有些孩子喜欢在椅子上写写画画，有些孩子搬椅子时喜欢拖着走，还有个别孩子发脾气时会摔椅子，于是，张老师特意编了一个故事"一把小椅子痛苦的一天"，讲给孩子们听。张老师发现，自从听了这个故事以后，绝大多数孩子开始爱惜东西了。

你觉得张老师这些做法好不好？好在哪里？

思考与练习

一、选择题

1. "教育要促进每个儿童在原有基础上的发展"体现的教育原则是（　　）。

A. 促进儿童全面发展的原则　　　　B. 面向全体重视个别差异的原则

C. 保教结合的原则　　　　　　　　D. 发挥一日活动整体教育功能的原则

2. 在幼教实践中重教育教学活动轻生活活动，违背了（　　）教育原则。
A. 以游戏为基本活动　　　　　　　　B. 教育的活动性原则
C. 发挥一日活动整体教育功能　　　　D. 保教结合的原则

3. 要知道梨子的味道你就得亲口尝一尝。体现了幼儿园教育的（　　）原则。
A. 以游戏为基本活动的原则　　　　　B. 保教结合的原则
C. 教育的活动性和活动的多样性原则　D. 促进幼儿全面发展的原则

4. "充分利用游戏形式组织幼儿园各类教育活动"体现的教育原则是（　　）。
A. 保教结合的原则　　　　　　　　　B. 以游戏为基本活动的原则
C. 教育的活动性原则　　　　　　　　D. 活动的多样性原则

5. 尊重和保护幼儿原则并没有明确要求（　　）。
A. 尊重幼儿的基本权利　　　　　　　B. 尊重幼儿的人格尊严
C. 尊重幼儿的思想、愿望　　　　　　D. 尊重并同意幼儿的主张、决定

6. 在幼儿园实践中，某些教师认为幼儿进餐、睡眠、茶点等是保育，只有上课才是传授知识，发展智力的唯一途径，不注意利用各环节的教育价值，这种做法违反了（　　）。
A. 发挥一日生活的整体功能原则　　　B. 重视年龄特点和个体差异原则
C. 尊重儿童原则　　　　　　　　　　D. 实践性原则

7. 幼儿园最重要的学习内容和学习途径是（　　）。
A. 游戏活动　　　B. 生活活动　　　C. 自由活动　　　D. 幼儿教育实践活动

二、简答题
1. 进行幼儿园教育应遵循哪些原则？
2. 简述幼儿园教育的八大原则。

三、案例分析题
起床后，龙龙走到宋老师身边害羞地说："老师，我出汗了。"宋老师马上意识到他可能尿床了。宋老师立刻来到床前，看到被子湿了一大片。宋老师安慰他说："出汗了没关系，老师帮你把被子晒干就行了。"然后宋老师把他带到消毒室，帮他换上干净的裤子，他笑着对宋老师说："谢谢老师！"

宋老师的做法对吗？为什么？试用幼儿园教育原则分析宋老师的做法。

主题 3
学前儿童全面发展教育

"我们对儿童所做的一切都会开花结果,不仅影响他一生,也决定他一生。"

——【意大利】蒙台梭利

主题导读

学前儿童的全面发展教育越来越受到家、园、社的关注,学前儿童全面发展教育是指幼儿园采取符合幼儿身心发展特点的方式、方法和手段,以促进幼儿全面发展为目的的一系列活动。

体育、智育、德育、美育是全面发展教育的有机组成部分,它们在人的全面发展教育中既承担着相对独立的任务,对人的身心发展起着不同的作用,又紧密联系、相互促进,共同发挥着育人作用。

学习目标

知识目标
1. 理解学前儿童全面发展教育的含义。
2. 了解学前儿童全面发展教育的意义。
3. 掌握学前儿童全面发展的实施途径及应注意的问题。

能力目标
1. 能够运用理论联系实际的方法学习学前教育基础知识。
2. 能够运用学前儿童全面发展的理论开展幼儿园的相关活动。

素质目标
1. 萌发对幼儿和学前教育基础知识的热爱之情,提高对幼儿教师职业的认同感,热爱学前教育工作。
2. 乐于主动探索和研究学前教育相关的理论与实践。

幼儿全面发展与幼儿园五大领域教育

知识脉络

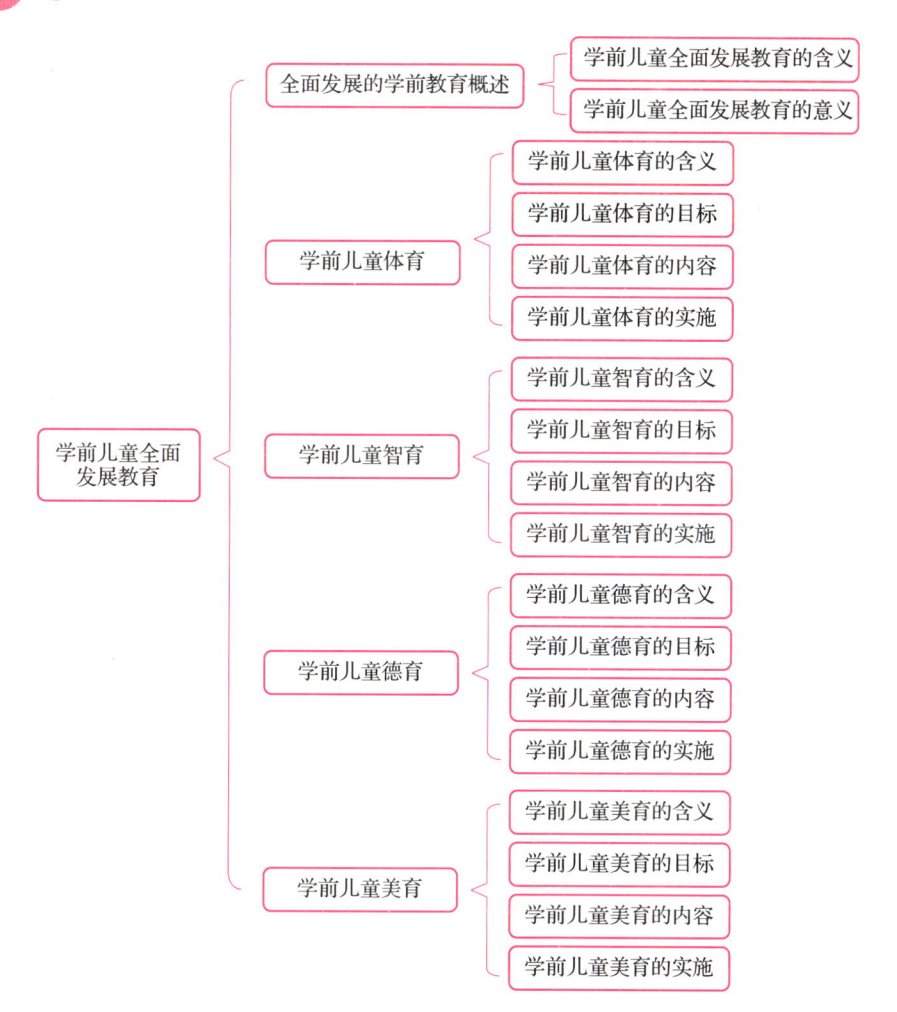

- 学前儿童全面发展教育
  - 全面发展的学前教育概述
    - 学前儿童全面发展教育的含义
    - 学前儿童全面发展教育的意义
  - 学前儿童体育
    - 学前儿童体育的含义
    - 学前儿童体育的目标
    - 学前儿童体育的内容
    - 学前儿童体育的实施
  - 学前儿童智育
    - 学前儿童智育的含义
    - 学前儿童智育的目标
    - 学前儿童智育的内容
    - 学前儿童智育的实施
  - 学前儿童德育
    - 学前儿童德育的含义
    - 学前儿童德育的目标
    - 学前儿童德育的内容
    - 学前儿童德育的实施
  - 学前儿童美育
    - 学前儿童美育的含义
    - 学前儿童美育的目标
    - 学前儿童美育的内容
    - 学前儿童美育的实施

探寻1　全面发展的学前教育概述

情境导入 QINGJING DAORU

一天下午，小海螺班组织了一次家长开放日活动，在活动日上，班主任阳阳老师组织孩子和家长们做了一个"找妈妈"的亲子游戏：孩子们在操场的一个圆圈中，家长们站在孩子们身后外围，围成一个外圈，并且各自拉着"彩虹伞"的一角。孩子们藏在伞下，阳阳老师一声令下，孩子们和家长们开始转圈，在欢快的音乐节奏中越走越快，阳阳老师一喊停，彩虹伞下的孩子们就需要根据家长的鞋子、裤子、声音或者其他物品找到自己的爸爸妈妈。

"这次体育活动太有爱心啦。"一位家长高兴地说。

"既锻炼了身体，又增进了亲子感情，真是既有趣又有意义。"小丽妈妈对阳阳老师说。

的确，与人们印象中的上课不一样的是，幼儿园里的教育教学活动大多是在快乐的游戏中进行的，这些游戏带给孩子们的，不仅仅是欢声笑语和难忘的愉快体验，还有全身心的发展。

知识精讲

一、学前儿童全面发展教育的含义

学前儿童全面发展教育是指以幼儿身心发展的现实性与可能性为前提，以促进幼儿在体、智、德、美各方面全面和谐发展为宗旨，并以适合幼儿身心发展特点的方式、方法、手段加以实施的，着眼于幼儿素质的教育。对幼儿实施全面发展的教育既是我国幼儿教育的基本出发点，也是我国幼儿教育法所规定的幼儿教育的基本任务。

案例链接

为了让幼儿爱上刷牙，会刷牙，小3班的张老师教了幼儿一首《刷牙歌》："我刷我刷我刷刷刷，我刷我刷我刷刷刷。上上下下，前前后后，仔仔细细，轻轻柔柔。我快快乐乐，睡前起床，三餐饭后，刷牙漱口。因为牙齿是我的好朋友。"

幼儿都很喜欢这首朗朗上口的儿歌，一边唱，一边快乐地跟着张老师做动作，很快就学会了刷牙。

这是幼儿园的一节健康教育课，也是典型的、体现了全面发展教育思想的一节课。在这节课上，幼儿获得的不仅仅是刷牙的技能、健康的观念，还有刷牙的快乐。同时，幼儿的语言能力、韵律感也得到了锻炼。

二、学前儿童全面发展教育的意义

全面发展是幼儿身心全面的和谐发展，这是幼儿的权力和需要，也是未来社会对人才素质的全面要求。

【教育箴言】

教育的最终目的在于使学生能自学自励，出了学校，担任了工作，一直能自学自励，一辈子做主动有为的人。

——叶圣陶

（一）全面发展教育对幼儿个体发展的意义

1. 全面发展是幼儿身心健康的保障

卢梭说："对孩子讲体力，对成人讲道理，这才是自然的次序。"幼儿的全面发展是以身体的健康和强健为基础的，体育和健康教育是全面发展的内涵之一。全面发展的教育理念关注幼儿的生长发育，通过体育教学、游戏等形式多样的教育方式帮助幼儿增强体质，增进健康，提高身体素质。

2. 全面发展是幼儿智力发展的前提

智育是全面发展教育的重要组成部分。学前期是智育发展的基础阶段，全面发展的教育注重培养幼儿的兴趣，激发幼儿的好奇心和求知欲，不仅要满足幼儿的认识需要，促进幼儿智力发展，而且要注重培养良好的智力品质，为幼儿终身学习奠定良好的智力基础。

3. 全面发展是幼儿个性发展的基础

幼儿时期是个性形成的重要时期，也是进行品德教育的最佳时期。学会做事，首先要学会做人。全面发展的教育注重帮助幼儿树立正确的价值观，培养幼儿良好的行为习惯，以使他们形成良好的道德品质。注重根据幼儿个性特点因材施教，发掘幼儿性格中的闪光点，帮助幼儿形成良好的个性，进而帮助他们更好地适应社会生活。

4. 全面发展是幼儿审美发展的需要

全面发展教育通过美的教育，潜移默化地感染和熏陶幼儿的心灵，培养幼儿认识美、感受美、鉴赏美、创造美的能力。通过生动活泼的形式，使幼儿在感受自然美、社会美、艺术美、形式美的同时，培养幼儿对美的兴趣，激发其审美情趣，促使其初步形成审美能力，产生美好的情绪体验。图3-1为幼儿在做手工。

图 3-1 幼儿在做手工

（二）全面发展教育对社会发展的意义

1. 体育有利于提高全民族的身体素质

人的能力发挥必须以健康的身体为物质基础。不仅需要有强壮的体质、灵活的动作，还要有良好的对外界变化的适应能力。幼儿教育是培养人的基础教育，健康的身体要从小抓起。

2. 智育能为提高社会的文化科学水平奠定基础

现代化的生产更需要掌握现代科学知识、具有较高智力水平以及开拓、创造精神的劳动大军。只有充分发挥智育的作用，才能为社会主义现代化建设培养出具有良好智力结构的建设者和接班人，而对幼儿进行智育则是培养这种人才的重要开端。

3. 德育是社会主义物质文明建设不断发展的保证

德育可使年轻一代具有正确的方向和积极进取的精神，使他们刻苦学习，努力工作，从而推动社会主义物质文明建设。德育既影响当前的社会风尚，也决定着中华民族今后的精神风貌。

4. 美育能给人以追求美好生活的精神动力

重视美育有助于提高整个社会的审美能力，形成良好的社会风气，抵制陈腐的习俗。对幼儿实施美育，促使幼儿形成健全的人格，能为提高全民族的素质打下基础。图 3-2 为幼儿在画画。

安全重于泰山

图 3-2 幼儿在画画

拓展延伸

幼儿正处于大脑迅速生长的关键时期，也是激发学习潜能和培养良好性格的最佳时期。因此，全面发展的学前教育对于幼儿的成长具有重要意义。当前，人们对于学前教育的重视也是前所未有的。然而，在学前教育热潮中，也有一些趋势是值得我们警惕的，比如，让幼儿参加各式各样的艺术培训班，只是为了让他们获得证书、赢得比赛；为了让幼儿在"幼升小"中"脱颖而出"，让幼儿提前接受小学的学习内容等。这些急功近利、拔苗助长的行为都不是以全面发展为目的的素质教育，是不利于幼儿身心和谐发展的。

真正的全面发展，一定是身心的和谐发展，一定是人格的整体塑造；真正的素质教育，一定是尊重幼儿的兴趣和意愿、顺应幼儿天性的教育。

思考与练习

一、名词解释

学前儿童全面发展教育。

二、简答题

1. 学前儿童全面发展对社会有何意义？
2. 学前儿童全面发展对个体发展有何意义？

探寻2 学前儿童体育

情境导入

海星幼儿园的户外设施丰富多彩，有滑梯、蹦床、秋千、跷跷板、沙池等。户外活动时间，幼儿迫不及待地去玩自己喜欢的项目，有的滑滑梯、有的荡秋千、有的玩沙子、有的玩跷跷板，玩得可开心了。阳阳老师在幼儿活动时拍了一些照片发送到家长微信群。家长们纷纷为幼儿的快乐叫好，但是也有一位家长对其中一张几名幼儿在沙池中玩的照片提出了质疑："怎么能让孩子坐在沙地上玩呢？又脏又冷的！"

家长的质疑让阳阳老师思考起来：什么样的活动才是有利于幼儿健康成长的呢？幼儿园要怎样组织活动，才能既满足这些活泼好动的幼儿运动与锻炼的需要，又保证安全和卫生呢？

知识精讲

一、学前儿童体育的含义

（一）广义的学前儿童体育

广义的学前儿童体育泛指学前儿童进行的各种体育活动的总和。

（二）狭义的学前儿童体育

狭义的学前儿童体育则是指专门在幼儿园进行的，遵循幼儿身体生长发育的规律，运用科学的方法，以增强幼儿的体质，保证幼儿健康为目的的一系列教育活动。

二、学前儿童体育的目标

学前儿童体育旨在促进幼儿身体正常发育和机能的协调发展，增强其体质以及培养其良好的生活卫生习惯，最终落脚点在于培养幼儿参加体育活动的兴趣。图3-3为幼儿在攀爬。

图3-3 幼儿在攀爬

（一）促进幼儿身体正常发育和机能协调发展

《纲要》明确要求："幼儿园必须把保护幼儿的生命和促进幼儿的健康放在工作的首位。"幼儿身体的正常发育，是保证幼儿各方面健康发展的前提。所以，科学地安排好幼儿的生活，促进幼儿身体的正常发育，提高其身体各器官、各系统的生理机能，是十分重要的。

（二）培养幼儿良好的生活、卫生习惯

培养幼儿良好的生活、卫生习惯，有益于幼儿的身体健康和道德品质及文明行为的形成。幼儿应在成人的帮助和指导下，逐步学会照料自己的生活，养成有益健康的行为习惯，如穿脱衣服、盥洗、进餐、睡眠、如厕；注意保持个人清洁卫生；养成遵守公共卫生规则的良好习惯等。

（三）培养幼儿对体育活动的兴趣

幼儿体育的主要目的不在于让幼儿掌握体育的技能技巧，而在于通过体育提高幼儿参加体育活动的兴趣和发展基本活动能力，促进其身心健康成长。幼儿体育各方面的目标是有机联系的，必须全面完成，不能偏废。

【教育箴言】

教育是一种永久事业，非目光远大不足以立百年基业；教育又是一种社会事业，非同情普遍，不足以收共济之效。

——陶行知

三、学前儿童体育的内容

（一）创设幼儿健康成长的条件，促进幼儿健康成长

1. 建立良好的生活环境

幼儿园的房舍、场地是幼儿活动与居住的地方，应力求为幼儿创设一个符合教育和安全卫生要求的物质环境（参看《幼儿卫生学》教材）。另外，心理环境的创设也很重要，应注意建立平等和谐的人际关系，尤其是师生关系，使幼儿在宽松自由、愉快的生活氛围中，情绪积极，身体健康成长。

2. 制定、执行合理的生活制度和卫生保健制度

制定和执行符合幼儿身心特点的生活制度，可保证幼儿各器官、组织有节奏的活动，防止神经系统过度疲劳，使生活有条不紊。幼儿园要从幼儿身心发展的实际和全面发展教育的需要出发，并依据季节变化和幼儿园场地、设备、条件及家长的工作需要来制定和执行生活制度，如制定幼儿生活作息时间表、安排幼儿在园生活与活动等。

3. 提供合理均衡的膳食

幼儿正处于生长发育的重要时期，需要大量的营养。幼儿能否获得生长发育所需要的营养，与其是否有良好饮食习惯密切相关。因此，幼儿园除了应科学调配幼儿的膳食，供给幼儿营养丰富的食物外，还应建立合理的饮食制度，帮助幼儿养成良好的饮食习惯，有效地促进幼儿的生长发育。

4. 培养良好的生活卫生习惯

良好的生活卫生习惯，对于保护幼儿的生命和健康有重要的意义。随着年龄增长，幼儿活动能力日益增强，各种不安全、不卫生的因素也相应增加，成人很难照顾周全。因此，需要教给幼儿一些行为规则，注意培养幼儿按照有利于健康的方式来从事各种活动，这样才能有效地保护幼儿的健康。

5. 重视幼儿的心理健康

心理健康会直接影响身体健康。如心情郁闷会影响内脏活动，使胃酸停止分泌或使胃黏膜充血，心脏的冠状动脉血管随之紧缩等。在幼儿体育中所提的心理健康主要指动作发展正常、情绪积极向上，保持心情的愉快、舒畅。教师应注意观察和研究幼儿动作发展的情况，关心幼儿的情绪状态，学会分析和评估幼儿心理健康状况，采取针对性措施，促使幼儿身心健康发展。

（二）积极开展各类体育活动，发展幼儿的基本动作

1. 体育游戏

体育游戏或称活动性游戏是幼儿园体育活动的主要内容也是体育的方法和途径。多种多样有规则的体育游戏不仅可以发展幼儿的基本动作，促进幼儿身体机能的发育和发展，还可丰富幼儿的感觉和动作

经验，发展幼儿的认知能力和社会性。

2. 基本体操和队列队形

基本体操包括操节、听口令做动作、简单的排队及队形变化等。幼儿园体操的形式有徒手操（模仿操、韵律操等）；轻器械操（哑铃操、花操、旗操、球操、棍棒操等）；听口令做立正、稍息、看齐、原地踏步、齐步走、跑步走等；听信号走成简单的队形，如走成圆圈、切段分队等。

3. 基本动作练习

基本动作是人们生活中常用的，也是体育运动的基础。要重视发展幼儿的基本动作，使他们动作灵敏、协调，姿势正确。由于幼儿各器官发育尚未完善，幼儿园不做专门的技巧训练，不进行过量活动及耐力、爆发力强的身体素质训练。幼儿园的基本动作练习主要通过体育游戏完成。

四、学前儿童体育的实施

（一）锻炼与保护并重

幼儿园体育应以增强幼儿体质为核心，放手让幼儿参加各种体育活动，并为幼儿锻炼身体创造条件。在幼儿园体育中，应做到锻炼与保护并重。一方面，教师要积极地组织幼儿体育锻炼，充分考虑幼儿身体的特点，以游戏为基本活动形式，用丰富多彩、轻松活泼的各种身体活动来增强幼儿的体质；另一方面，要注意保护幼儿的生命安全，不能以比赛、表演等任何名义进行有损幼儿身体的活动。

（二）重视培养幼儿对体育活动的兴趣和积极态度

当幼儿对体育活动产生兴趣后，他们才会主动积极地投入到各种体育活动中，积极锻炼身体，使体育活动的功能得以充分实现。不容忽视的是，幼儿的兴趣是他们能否形成有益健康的锻炼身体习惯的重要前提，而后者对人类身体健康来说，意义重大。

（三）各类体育活动和日常活动相结合

专门组织的体育活动是增强幼儿体质的有效途径，但并不是唯一的途径。幼儿园体育的目标，尤其是幼儿良好生活卫生习惯和体育锻炼习惯的形成，仅仅靠体育锻炼是不能实现的，还必须通过日常生活中的培养和训练来实现。

案例链接

一天，某幼儿园开展户外体育活动时，几名幼儿跑向了滑梯。方方第一个爬到滑梯顶端，拽着滑梯的扶手荡起秋千来。不料，滑梯突然向一侧倾倒下去，方方也摔到了地上，腿部、手部多处擦伤。

后来，经过检查发现，幼儿园的滑梯因保养、检修不到位，固定装置出现了松动，再加上方方的摇拽，最终导致了这一事故的发生。幼儿园因体育设施设备未达安全标准受到了处罚，幼儿教师也因在组织活动时没有做好安全教育和监护工作而受到了批评和处罚。

《规程》规定："幼儿园的园舍应当符合国家和地方的建设标准，以及相关安全、卫生等方面的规范，定期检查维护，保障安全。"，"幼儿园的设备设施、装修装饰材料、用品用具和玩教具材料等，应当符合国家相关的安全质量标准和环保要求。"除此以外，幼儿教师也必须具有防患于未然的安全意识，在开展体育活动时，做好安全教育工作和监护工作。

拓展延伸

《指南》对各年龄段幼儿各方面的发展目标进行了更为详细的分解，使幼儿教育目标更具体，更有指导意义。这些目标建立在幼儿学习与发展的基本规律之上，能够帮助幼儿教师和家长树立正确的教育方向，建立对幼儿发展的合理期望。其中，幼儿健康目标被分解为身心状况、动作发展和生活习惯与生活能力等三个方面，并按年龄提出了具体的要求。

思考与练习

一、名词解释

1. 狭义的学前儿童体育。
2. 体育游戏。

二、简答题

1. 简述学前儿童体育的内容。
2. 学前儿童体育如何实施。

探寻3 学前儿童智育

情境导入

一天，韩老师看到一大群家长围着幼儿园宣传栏议论纷纷，原来他们在谈论"班级一周教育活动安排表"，少数家长对幼儿园的教育活动安排表示非常不满意。一位家长说："一周就上这么几节课，其他时间全用来做游戏，难道我们花钱是让孩子到这儿来玩的？"甚至还有一位大班家长冲进园长办公室，气冲冲地质问园长："我邻居家的孩子所在的幼儿园每天布置家庭作业，要求大班孩子每天背2首古诗，做20道计算题。你们什么都不教，将来'幼升小'怎么办呢？"

这一幕让韩老师感到很无奈：家长们重视幼儿智育的心情可以理解，但是他们对幼儿智育的认识却存在许多误区，如何才能让家长了解幼儿智育真正的内涵与目标呢？

知识精讲

一、学前儿童智育的含义

智育是指有目的、有计划地使受教育者掌握系统的科学基础知识和基本技能，促进受教育者智力发展的教育过程。学前儿童智育就是按照幼儿认知发展的特点，有目的、有计划地增进幼儿对周围环境的认识，获得粗浅的知识与技能，发展智力，并培养其认识活动兴趣和良好的学习习惯的教育过程。

二、学前儿童智育的目标

（一）培养幼儿的学习兴趣和求知欲望

幼儿的学习兴趣包括探究的兴趣、创造的兴趣、动手动脑的兴趣等。浓厚的学习兴趣和求知欲能引起幼儿的主动探索和细心观察，在这种主动求知的过程中，幼儿的注意力容易集中，思维积极，情绪愉快，促进了智力的发展，所以广泛的兴趣和旺盛的求知欲是幼儿学习取得成功的条件，应有意识地加以培养。

（二）发展幼儿的智力

幼儿智育的核心是发展幼儿的智力。智力水平高的幼儿，不仅能迅速而广泛地吸取大量的知识，而且能够运用已有的知识解决实际问题。学前期是人的智力迅速发展的重要时期。因此，幼儿教师必须从小培养幼儿的感知能力、操作能力、观察力、记忆力、思考力、想象力等。引导幼儿进行多种多样的探

索和实践活动,在这些活动中促进幼儿智力的发展,切忌单纯地填塞大量的或过深的知识,把幼儿束缚在死记硬背的知识上,这不仅不能为幼儿升入小学做准备,而且会使幼儿智力的发展受到阻碍。

(三) 培养幼儿正确运用多感官和语言的基本技能

幼儿期是学习口头语言的重要时期。语言既是人们交往的工具,又是幼儿认识事物、提升感知经验、进行思维活动的工具。语言能力的发展与思维的发展有着密切的关系,幼儿的语言理解、表达能力对其智力活动的水平影响很大。因此,教师要创造条件,使幼儿有多种多样的机会来进行口语的练习与表达,有计划地促进幼儿语言运用能力的发展。

(四) 引导幼儿学习周围生活中的粗浅知识

幼儿生活在社会中,不断地与周围的人和事物相互作用,因而也不断地在生活中学习各种知识和技能,这是生活的需要,也是发展的需要。在幼儿园,教师要有意识地引导幼儿学习周围生活中的粗浅知识,形成对一些事物的初步概念。比如,对于自我和自己身体的认识;对于各种外界事物如天气、季节、动物、植物等的感性认识;对于各种生活物品、生活事件、行为规范的认识,以及一些相关的简单概念。图3-4为幼儿在读绘本。

图3-4 幼儿在读绘本

三、学前儿童智育的内容

(一) 培养幼儿学习的主动性等良好学习品质

现代社会对人类提出了终身学习的要求,而学习的兴趣、主动性和良好的学习习惯是终身学习的基础,因此,在幼儿期打好这个基础意义重大。首先,要保护和促进幼儿的学习兴趣和求知欲。其次,要培养幼儿学习的主动性。最后,要培养幼儿良好的学习习惯。良好的学习习惯是幼儿获得知识、发展智力以及今后继续学习的重要条件。

(二) 培养幼儿的感知能力和动手操作能力

幼儿正处于感知能力迅速发展和不断完善的时期,运用视觉、听觉、触觉等感觉器官来感知外部世界是幼儿的一个重要认知特点。因此感知能力的培养是幼儿园智育的基础和重要内容,也是幼儿园智育区别于小学教育的一个重要特征。动手操作与发展感知能力紧密相连,又与人的智力发展有着密切的关系。幼儿在操作活动中获得多种感知经验和知识,同时获得许多动作经验,这种经验会随着幼儿年龄的增长和经验的不断丰富而内化为幼儿头脑中的思维运演能力。

(三) 发展幼儿的语言运用能力

语言是交际的工具,也是思维的工具。幼儿期是口头语言发展的重要时期,发展幼儿的语言运用能力包括三个方面:一是指发展幼儿运用口头语言进行交往的能力;二是发展语言理解能力;三是发展语言表达能力和思维能力。另外还可有目的、有计划地发展幼儿的前阅读和前书写能力,以进一步促进幼儿智能的发展。

(四) 引导幼儿学习周围生活中初步的知识和概念

幼儿认识事物始于直接感知。引导幼儿获得的知识必须是有关于他们周围生活中常见的事物和现象的粗浅的、具体的知识,而且必须有科学性和教育性。这些知识包括以下几方面:

1. 有关社会生活的常识

认识自己和别人,知道自己的名字、年龄、性别等,知道自己和别人的关系;了解衣食住行等方面的知识;认识周围环境和成人的劳动;知道国家的名称,认识国旗、国徽,知道重要节日,知道我国是个多民族的国家等。

2. 有关自然界的常识

了解天气和季节的变化；认识常见的动物、植物；了解安全卫生常识；认识交通工具及常用的交通规则；认识水的三种形态变化、物体的沉浮以及声、光、磁性等物理现象等。

3. 有关数的初步知识

认识和比较物体的大小、多少、长短、高低、宽窄、轻重等；认识几何形体、时间、空间；认识10以内的数字等。

四、学前儿童智育的实施

（一）学前儿童智育的实施途径

1. 创设适宜的学习环境，提供丰富的学习材料

幼儿智力的发展及其他方面的发展与环境有密切的关系。幼儿的早期发展是身心一体的，缺乏活动和操作，幼儿的动作发展水平就会低下，身体的发育会延迟，智力和其他心理能力的发展都会产生障碍。在正常的家庭环境和营养供给的条件下，幼儿在早年的生活中如果能正常应用自己的感官和动作来从事活动，其发展不会只是智力方面的，而是身体和心智的各方面的和谐发展。

【教育箴言】

教育就是忘记了在学校所学的一切后剩下的东西。

——爱因斯坦

2. 组织多样的实践活动，促进幼儿智力的发展

幼儿是在各种实践活动中主动学习、获得发展的，因此，幼儿园应将各种具体操作和实践活动作为实施幼儿智育的主要途径。根据幼儿的年龄特点，引导他们从事不同水平的游戏和操作活动，让他们在解决问题的实际操作和体验中丰富感性经验、更新认知结构、发展思维能力。

3. 充分利用日常生活活动引导幼儿学习与思考

教师要将智育渗透在一日生活之中，引导幼儿在解决生活实际问题的操作活动中增进对周围环境的认识，发展思维能力，获得丰富的感性经验和直接知识，促进智力发展。

（二）学前儿童智育的实施应注意的问题

1. 处理好智力与知识技能之间的关系

知识与智力关系密切。知识是智力发展的基础，知识的贫乏与浅薄不利于智力的发展。智力是获得知识的必备条件。智力的高低决定着掌握知识的深度，以及运用知识的灵活程度。在智育过程中，必须认清知识和智力之间的关系，既要注意传授知识，又要重视发展智力，防止重知识、轻能力的倾向，将获得知识与发展智力有机统一起来。一味偏重知识的灌输，将不利于智力的发展。幼儿的学习一般以直接经验为基础，幼儿总是在游戏和生活中发展智力，锻炼能力，同时学习知识。也就是说，幼儿智育要结合幼儿游戏和生活实际，让幼儿边玩边学，边用边学，这样才能学以致用。

2. 重视幼儿学习品质的培养

提问是幼儿认识事物的特殊方式，是幼儿好奇心强、求知欲旺盛、思维发展的标志。幼儿的好奇心表明幼儿产生了认知冲突和新的认识需要，也反映了幼儿智力发展的水平与状况。要把幼儿的提问作为发展幼儿智力的重要手段，善待幼儿的好奇心，耐心倾听，正确引导和解答。对幼儿的各种好奇，不能轻视、敷衍，更不能粗暴地制止，或不予回答，要注重培养幼儿的学习品质。

3. 注意幼儿知识的结构化

幼儿在学习和操作活动中经常应用语言来表述自己的活动经验，对碰到的问题进行讨论和归纳，就可帮助幼儿提升感性经验，形成反映事物或现象之间的规律或联系的"结构"，因而实现智力的发展。为此，教师在教育中要重视引导幼儿通过语言来表述和归纳自己所获得的经验，帮助幼儿不断更新认知结构，提高认知能力。

案例链接

自由活动时，张老师和幼儿在一起玩滚球的游戏。幼儿在相互比谁的球滚得远。涛涛正好手里拿着一个苹果，他就滚起苹果来。这一举动吸引了其他幼儿的注意。"苹果也可以滚啊！"有人惊讶地说。

"苹果也想和我玩游戏呀！"涛涛说道。

"苹果怎么'坐'下来不动了？"正说着，有人发现苹果只滚了一下就停下来了。

"一定是你们吓到它了，它才不愿意滚的，你们让开点！"涛涛急了。

"怎么了，发生什么事了？"张老师故作惊讶地问道。

幼儿都抢着告诉张老师："苹果滚一下，就'坐'下来了。"

"苹果怎么会'坐'下来了呢？"张老师反问道。

"苹果累了，滚不动了。"

"苹果害怕了，不愿意玩了。"

这时，维维却说："不对，苹果这里有凹进去的地方，所以苹果滚到这里才不动了！"

涛涛听了，拿起苹果摸一摸，然后又滚了好几次，发现每次苹果都是滚到凹进去的地方就"坐"了下来，还"坐"得稳稳当当呢！

在"滚苹果"的游戏中，幼儿在玩的过程中发现了苹果"坐"下来的小奥秘在于苹果有一个凹进去的地方，这一常识不是由教师灌输的，而是幼儿通过细心观察、动手摸一摸等方式直接感知到的，这些方式是幼儿学习知识、发展智力的主要方式。

拓展延伸

为了了解智力因素与非智力因素对人的发展的影响，美国著名心理学家推孟的研究团队对1 500人进行了长达30年的追踪观察。这1 500人在幼年时期都被认定为智力超常，30年后，他们的发展却大相径庭，有的成为社会名流、专家学者，有的却穷困潦倒，流落街头。

研究团队对这些人进行了分析，结果表明，造成发展差异的主要原因并不在于这些人智力的差异，而在于他们非智力方面，如情感、意志力、自制力、自信心、动机、兴趣等方面的差异。研究发现，自控力、意志力较强的人相对容易取得成功。

思考与练习

一、名词解释

学前儿童智育。

二、简答题

1. 简述学前儿童智育的实施应注意的问题。
2. 简述学前儿童智育的实施途径。

探寻4　学前儿童德育

情境导入

有一次，张老师组织幼儿表演"战胜灰太狼"。她原以为幼儿都喜欢《喜羊羊和灰太狼》这个动画片，大家都会热烈响应，积极参与。然而，游戏还没开始就遇到了麻烦：幼儿都争着扮演小羊，没有人愿意扮演灰太狼。张老师问他们："你们为什么不愿意扮演灰太狼呀？"幼儿七嘴八舌地说："灰太狼太坏，我们不愿做坏人。"一个男孩还说："老师，以前我扮演过《西游记》里面的牛魔王，小朋友们就老叫我'牛魔王'，我再也不演坏人了。"

听了幼儿们的发言，张老师想到："真不能小看这群小家伙，是非观强着呢！只是对于他们来说，什么才是真正的好与坏？怎样才能给他们单纯的心灵种下美好、善良的种子呢？"

知识精讲

一、学前儿童德育的含义

德育在中小学教育中是指政治教育、思想教育和道德品质教育。幼儿德育是指根据幼儿身心发展的特点和实际情况，按照社会的要求，有目的、有计划地对幼儿施加教育影响，发展幼儿社会性，培养幼儿道德品质的教育活动。

二、学前儿童德育的目标

《规程》明确规定了学前儿童德育的目标：萌发幼儿爱家乡、爱祖国、爱集体、爱劳动、爱科学的情感，培养诚实、自信、好问、友爱、勇敢、爱护公物、克服困难、讲礼貌、守纪律等良好的品德行为和习惯，以及活泼、开朗的性格。

学前儿童德育的目标是根据我国的教育目的和幼儿年龄特点制定的。由于幼儿思维具体、形象，知识经验贫乏，幼儿的德育是整个德育的起始阶段，因而幼儿的德育目标强调从情感入手，培养最基本的友爱、诚实、勇敢、礼貌、守纪律等品质和良好的行为习惯，使幼儿的品德和个性发展有一个良好开端，为升入小学做好准备，为一生的发展奠定基础。

三、学前儿童德育的内容

（一）发展幼儿的社会性

1. 萌发幼儿爱的情感

爱祖国、爱家乡、爱集体、爱劳动、爱科学的情感是幼儿道德发展的基础和动力。对幼儿而言，爱祖国、爱家乡的情感包括热爱自己的家长、教师、小伙伴，爱各行各业的劳动者、爱全国各族人民；爱集体主要包括热爱幼儿园的集体生活，与小朋友友好相处；爱劳动主要包括学会劳动，体验劳动的快乐，尊重别人的劳动成果，具有为集体服务的情感。

2. 发展幼儿的交往能力

社会环境中的首要和核心因素是人，能否建立起与周围人的和谐关系，是人们适应环境、心情舒畅

地生活和学习的关键。因此，必须发展幼儿的交往能力，使他们在与他人的交往过程中，了解自己和别人，学会处理与同伴、教师及其他人的关系。

3. 学习必要的社会行为规范

社会是由共同生活的人组成的，为了维护共同的利益，保持社会生活的稳定与安宁，必须制定出相应的行为规范，这是每个社会公民都必须遵守的。社会行为规范的习得不可能与生俱来，必须从小开始培养。幼儿应当学习的社会行为规范主要有讲文明、有礼貌、守纪律、讲卫生、爱护公物等。

4. 培养幼儿的社会适应能力

幼儿德育的过程实质上就是幼儿社会化的过程，是幼儿按照国家和社会的要求，规范自己的思想和行为，逐步适应社会的发展过程。幼儿通过社会化过程，习得道德行为规范，学会人际交流，增强社会适应能力，成为符合社会要求的合格公民。因此，社会化是幼儿德育的核心。图3-5和图3-6为幼儿参加集体活动。

图3-5　幼儿参加集体活动（一）　　　　图3-6　幼儿参加集体活动（二）

（二）发展幼儿良好的个性品质

诚实、自信、勇敢、坚强、活泼开朗等都是幼儿应该具备的良好个性品质，是幼儿健康成长的保障。现在的幼儿在成长过程中备受呵护，大多比较活泼开朗，同时，也容易出现不同程度的自私、任性、独立能力差、依赖性强等问题。因此，要有针对性地开展德育，一方面要培养幼儿自尊、自信、自主的品质，另一方面要让幼儿学会尊重他人、关心他人，更好地融入集体，适应社会。

四、学前儿童德育的实施

（一）学前儿童德育的实施途径

1. 日常生活、游戏是实施幼儿德育最基本的途径

德育内容渗透在日常生活之中，日常生活是实施德育最基本的途径。日常生活中时时有德育，处处有德育。日常生活不但为幼儿德育提供了环境条件，而且为幼儿品德的形成提供了反复练习和实践的机会。幼儿之间、师生之间的日常接触和交往，是形成幼儿道德品质的关键因素。游戏也是幼儿德育的基本形式，不仅能让幼儿积极地体验道德情感，而且为幼儿提供了一个直接而又有趣的道德实践的机会。

2. 专门的德育活动是实施幼儿德育的有效手段

专门的德育活动是实施幼儿德育的有效手段。幼儿园必须根据幼儿品德发展的特点和德育的内容与要求，结合幼儿的实际情况和具体表现，有目的、有计划地开展专门性的德育活动。专门的德育活动仍然要以幼儿生活为基础，要善于抓住幼儿生活中的实例，还要以幼儿可以接受的方式进行，避免空洞说教，这样才能取得较好的效果。

（二）学前儿童德育的实施应注意的问题

1. 热爱与尊重幼儿，充分发挥幼儿的主体性

热爱与尊重每一个幼儿是幼儿教师基本的道德要求。尊重幼儿的人格，保护幼儿的自尊心，是对幼

儿最基本的关爱，可以为幼儿健康人格的发展撑开一把"保护伞"。幼儿品德的形成不是一朝一夕的事情，对于出现行为偏差的幼儿，不能任意讽刺、挖苦，更不能歧视、责骂、恐吓或体罚，而是要在尊重幼儿人格和保护幼儿自尊心的基础上，坚持正面教育和疏导原则，耐心地慢慢纠正。只有在这种充满关爱和尊重的教育中，幼儿才有可能正视自己的缺点，并勇敢地改正缺点。

【教育箴言】

教之而不受，虽强告之无益。譬之以水投石，必不纳也。今夫石田，虽水润沃，其干可立待者，以其不纳故也。

——张载

另外，模仿是幼儿道德学习的重要方式，成人对待幼儿的态度和方式潜移默化地影响着幼儿。幼儿教师尊重与热爱幼儿，有助于幼儿朝着富有爱心和责任感的方向发展。

2. 遵循德育规律实施德育

幼儿道德认识水平比较低，道德思维依赖于具体、直观、形象的事物，道德情感具有不稳定性和外露性，道德意志比较薄弱，自控能力有限，在行为上常常表现出言行脱节、行为反复等特点。因此，幼儿德育必须从情感入手，重点放在行为的引导和习惯的强化上。在具体教育实践中，还要注意结合幼儿的生活实际，采用直观形象的方式，注重言传身教和发挥同伴榜样的力量，并根据幼儿的个体特点因材施教。

3. 重视指导幼儿行为的技巧

幼儿道德认知的发展存在个别差异性和反复性的特点。德育中常用的方法和手段在不同性格的幼儿身上所产生的效应是不一样的，如表扬幼儿对幼儿的发展能起到积极作用，但针对幼儿的年龄、家庭背景等的不同，表扬的方式也应当不同。如有的幼儿需要教师的口头表扬胜过物质奖励，而有的幼儿则相反。同时，幼儿约束自己行为的能力差，知道不能做的事，却常常在行动上一再犯错。教师应在了解幼儿的基础上，有针对性地进行教育，尝试寻找最佳的适合每个幼儿的教育方案。

二 案例链接

有一天，张老师给幼儿讲了一个《大象请客》的故事：

大象过生日，请小熊和河马来做客。大象做了三个甜饼，原打算让小熊、河马和自己各吃一个。正在这时，小猪也来了。只有三个甜饼，拿什么招待小猪呢？

讲到这里，张老师并没有给出答案，而是把问题抛给了幼儿，让他们帮助大象想出解决办法。幼儿热烈地讨论起来："大象是主人，可以把自己的让给小猪。""小熊喜欢吃蜂蜜，也可以把甜饼让给小猪。""可以分一分，这样大家都能吃到。"

通过讲故事和提问的方式，能够激发幼儿学习的兴趣，让他们自然地思考人与人之间相处的方法和规则，在思考和讨论中形成谦让、合作、分享等优良品德。

拓展延伸

取得幼儿教师资格的要求你知道吗？

《中华人民共和国教师法》首次规定，"国家实行教师资格制度"。《教师资格条例》也规定，"中国公民在各级各类学校和其他教育机构中专门从事教育教学工作，应当依法取得教师资格"。幼儿教师也不例外。《中华人民共和国教师法（修订草案）（征求意见稿）》对取得幼儿教师资格应当具备的学历提出了要求，"取得幼儿园教师资格，应当具备高等学校学前教育专业专科或者其他相关专业专科毕业及其以上学历"。

>>> 思考与练习

一、名词解释

学前儿童德育的含义。

二、简答题

1. 简述学前儿童德育的内容。
2. 简述学前儿童德育实施需要注意的问题。

探寻5 学前儿童美育

>>> 情境导入

端午节快要到了，为了增加节日气氛，阳阳老师和幼儿园的老师们准备了各式各样、五颜六色的香包，挂在走廊展览区展览。幼儿跑过来，摸摸这个，闻闻那个，叽叽喳喳地议论起来："哎呀，好香啊！""心形的好看，鱼形的好看，不对，蝴蝶的更好看……"他们一边议论一边拿起自己喜欢的香包，爱不释手地把玩着。"回家让奶奶给我做一个！""我让妈妈给我做一个！"

阳阳老师看到幼儿们兴奋的样子，感到很欣慰：幼儿清澈的目光对美的事物从来都不设防，美为什么对他们有如此大的吸引力呢？如何才能更好地激发他们对美的追求呢？

>>> 知识精讲

一、学前儿童美育的含义

幼儿美育是根据幼儿美感发展的特点和规律，利用美的事物和丰富多彩的审美活动，培养幼儿初步感受美、表现美的情趣和能力的一种教育活动。美存在于各种事物之中，通过形式多样的美育活动，幼儿可以开阔视野，增长见识，陶冶情感，净化心灵，促进幼儿形成积极向上的态度和活泼开朗的性格。

二、学前儿童美育的目标

《规程》指出，幼儿美育的目标是"培养幼儿初步感受美和表现美的情趣和能力"。感受美是审美的基础，培养幼儿感受美、表现美的情趣是美育的前提条件。《纲要》指出，幼儿园美育的目标包括：

（1）能初步感受并喜爱环境、生活和艺术中的美；

（2）喜欢参加艺术活动，并能大胆地表现自己的情感和体验；

（3）能用自己喜欢的方式进行艺术表现活动。图3-7和图3-8为大班幼儿绘画作品。

图3-7 大班幼儿绘画作品（一）

三、学前儿童美育的内容

（一）发展幼儿的审美感知

审美感知是审美活动的开端和基础。审美感知就是对美的事物和现象的感受力。培养幼儿的审美感知就是引导幼儿亲身感受和体验美，使他们能在现实生活和周围环境中发现美、感受美。

（二）培养幼儿的审美情感

美育是一种特殊的情感教育，通过美育可以培养幼儿高尚的情感。幼儿园要给幼儿创设美好的环境，使他们感受到美的熏陶，进而发展审美情感。幼儿园也可以通过音乐、美术等幼儿喜爱的艺术活动，激发和升华幼儿的审美情感。比如，让幼儿欣赏音画俱美的音乐短片，激起幼儿对美好事物的热爱之情。

图3-8 大班幼儿绘画作品（二）

（三）鼓励幼儿的审美想象与创造

在培养幼儿审美感知和审美情感的基础上，可以培养幼儿表现美、创造美的初步能力。教师要培养幼儿感受美、表现美的情趣，丰富他们的审美经验，使之体验自由表达和创造的快乐。在此基础上，根据幼儿的发展状况和需要，对幼儿表现美、创造美的方式和技能技巧给予适时、适当的指导。

> **案例链接**
>
> 周五，大班的黄老师布置了一道"家庭作业"——寻找身边的美，具体内容是让幼儿周末和家长一起，寻找身边一切美的人或事物，并通过图片、视频、绘画、文字等不同方式记录下来，周一带到幼儿园进行展览、交流。
>
> 幼儿对这个活动都非常感兴趣，周末和家长一起深入街道和社区，用手机或相机拍了很多照片，录制了一些视频，画了很多画，还有的进行了采访和录音。
>
> 周一到幼儿园，幼儿就把自己的作品交给了黄老师。幼儿收集的材料丰富多样，每一张照片、每一幅画似乎都蕴藏着一个美好的故事。黄老师专门安排了一节课，请幼儿讲一讲自己在收集材料时所遇到的事情，帮助他们回忆和总结发现这些美好事物时的感受。然后，黄老师帮助幼儿把这些材料进行了分类整理，并张贴在幼儿园的长廊里进行展示。
>
> 教师布置的作业让幼儿体会到了美无处不在，美就在身边。充分挖掘幼儿生活中的美育因素，让幼儿自主地在生活中去观察和感知美，是幼儿美育的重要途径和良好开端。

四、学前儿童美育的实施

（一）学前儿童美育的实施途径

1. 艺术教育是幼儿美育的主要手段

《指南》指出，要"经常让幼儿接触适宜的、各种形式的音乐作品，丰富幼儿对音乐的感受和体验"，艺术活动是美育的主要方式和手段。幼儿园的艺术活动主要有音乐、舞蹈、绘画、手工制作、表演等，通过这些艺术活动，可以发展幼儿的审美感知，培养审美情感，并激发幼儿表达美、创造美的欲望和行动。因此，幼儿教师应根据幼儿身

【教育箴言】

先生不应该专教书，他的责任是教人做人；学生不应该专读书，他的责任是学习人生之道。

——陶行知

心发展的需要和特点，设计丰富多彩的艺术活动，运用灵活多变的活动组织策略，为幼儿提供一个能够感受艺术之美、享受自由表达和艺术创造的快乐的环境。

2. 日常生活是幼儿美育的广阔天地

美育不仅仅局限于艺术活动，日常生活也是进行美育的重要途径。幼儿最初的美感是从日常生活中孕育出来的，幼儿的生活是美育取之不尽、用之不竭的源泉。因此，幼儿美育应该贯穿在日常生活中，与幼儿的生活密切结合在一起。幼儿园户外环境的自然美、室内环境的色彩美和形式美、师幼交往中的言语美和行为美、幼儿就餐时菜肴的色香味之美等，这些与幼儿每日密切接触的事物，都能让幼儿耳濡目染、潜移默化地受到美的熏陶和教育。

3. 大自然、大社会是幼儿美育的丰富源泉

《指南》关于艺术领域的目标及教育建议是，要"让幼儿喜欢自然界与生活中美的事物""让幼儿多接触大自然""经常带幼儿参观园林、名胜古迹等人文景观""和幼儿一起发现美的事物的特征"，感受和欣赏美丽的景色和好听的声音，并与幼儿一起讨论和交流对美的感受，引导幼儿用自己的语言、动作等描述它们美的方面。因此，幼儿园应尽可能创造幼儿与大自然接触的机会，如组织开展郊游、爬山等活动，带领幼儿感受和欣赏大自然的美景，使他们产生美的情感，进而培养幼儿表现美、创造美的能力。

（二）学前儿童美育的实施应注意的问题

1. 幼儿园美育应面向全体幼儿

幼儿园美育的目的是培养每一个幼儿美的情感、美的心灵，促进每一个幼儿人格的健全发展，而不是为了培养艺术家，也不是为了培养极少数艺术小天才。幼儿在艺术天赋上是有个别差异的，有的幼儿的某些艺术潜能需要早期培养，不能以牺牲其他幼儿应有的发展为代价。

2. 重视通过美育培养幼儿健全的人格

幼儿美育应当着眼于引导幼儿人格向积极方面发展，特别是幼儿情感的发展，这本来也是美育最重要的一种价值。但是长期以来，美育受重理智、轻情感的倾向影响，出现了许多值得注意的倾向。如在艺术活动中，没有充分地利用艺术这一媒介去丰富幼儿的情感世界，比较偏重于追求艺术活动的结果，仅仅关心幼儿作品是否达标，而不重视幼儿活动中的情感体验和态度等。

3. 重视幼儿想象力和创造力的培养

表现美的核心是想象和创造，美育必须重视幼儿想象力和创造力的培养，其中培养幼儿艺术创造的主动性是美育的重要目标。幼儿园美育必须克服过分强调技能技巧的倾向，应该让幼儿以自己的方式，表达对美的体验和理解。

《纲要》强调，"提供自由表现的机会，鼓励幼儿用不同艺术形式大胆地表达自己的情感、理解和想象，尊重每个幼儿的想法和创造，肯定和接纳他们独特的审美感受和表现方式，分享他们创造的快乐"。不要简单地用"像不像""好不好"等成人标准来评价幼儿对美的创造。图3-9为尊重幼儿的想法。

图3-9 尊重幼儿的想法

思考与练习

一、选择题

1. 幼儿美育的丰富源泉是（　　）。
A. 大自然　　　　　B. 社会生活　　　　C. 家庭资源　　　　D. 教学活动
2. 在幼儿美育形态中，幼儿最熟悉、最容易感知的是（　　）。
A. 名画的艺术美　　　　　　　　　　　B. 音乐会的震撼美
C. 绚丽多彩的自然美　　　　　　　　　D. 干净卫生、谦逊有礼、姿态端庄的美
3. 审美能力的基础是（　　）。
A. 表现美　　　　　　B. 理解美　　　　　C. 创造美　　　　　D. 感受美

二、简答题

实施幼儿美育应注意哪些问题？

主题 4 学前教育的基本要素

> 太阳的幸福，是给人以光明；月亮的幸福，是给人以温馨；园丁的幸福，是让每一棵小树苗茁壮成长。愿每一棵小树都能够接受阳光的照耀、月亮的关怀；愿每一棵小树都能够成为参天大树。为此，我们努力着、奋斗着、奉献着……
>
> ——［苏联］苏霍姆林斯基

主题导读

学前教育的构成要素包括学前儿童、幼儿教师、教育内容、教育环境和教育方法等。通常我们认为最基本的三个要素是学前儿童、幼儿教师和幼儿园环境，其中学前儿童是教育的核心要素，幼儿教师作为学前教育的实施者，通过选择适合学前儿童的教育内容，创造良好的教育环境，运用适当的教育方法来促进学前儿童的全面发展。因此，幼儿教师的观念和行为是影响幼儿园环境质量的决定因素。

本主题除了探索学前儿童、幼儿教师和幼儿园环境这三个要素的主要内容，还要了解这三者之间是相互作用、相互促进的关系，共同影响着幼儿园教育的质量和效果。各要素协同作用，才能实现学前教育的良好效果，为学前儿童的发展奠定坚实的基础。

学习目标

知识目标

1. 了解幼儿园教育的基本要素。
2. 了解幼儿教师的职能及幼儿教师专业发展的途径。
3. 了解幼儿园环境的含义及功能。
4. 理解幼儿教师职业的特点。
5. 掌握幼儿教师的专业素养要求。
6. 掌握学前儿童的特性及学前儿童在教育过程中的地位。

7.掌握幼儿园环境创设的原则和应注意的问题。

能力目标

1.通过学习树立正确的教育观和责任感。

2.能够初步运用理论知识分析学前儿童的特性。

素质目标

1.萌发对幼儿教师事业和学前儿童热爱之情，提高对幼儿教师职业的认同感。

2.乐于主动探索和研究学前儿童、幼儿教师和幼儿园环境相关的理论与实践知识。

知识脉络

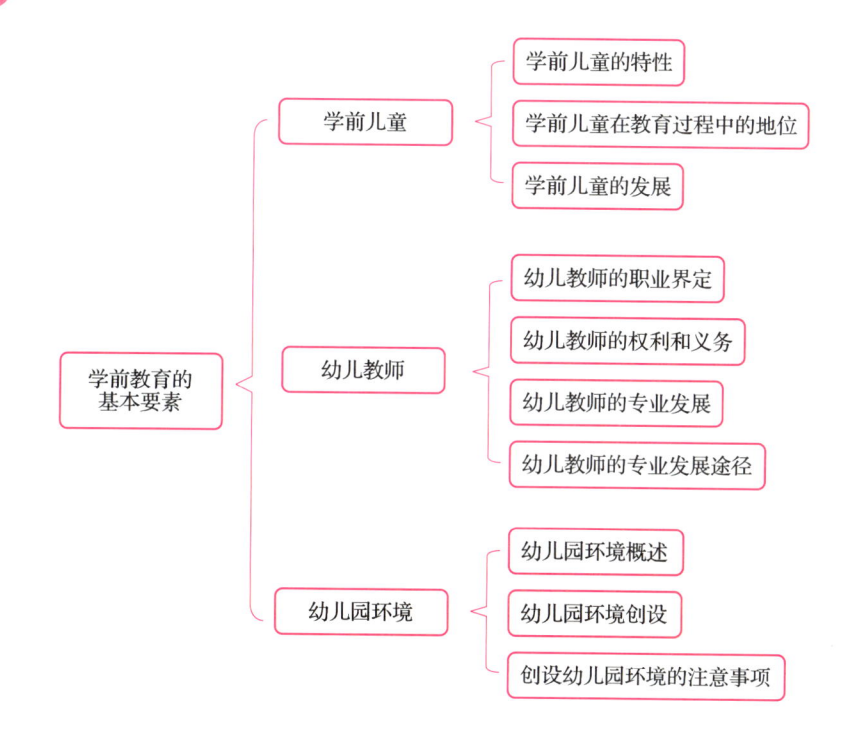

学前教育的基本要素
- 学前儿童
  - 学前儿童的特性
  - 学前儿童在教育过程中的地位
  - 学前儿童的发展
- 幼儿教师
  - 幼儿教师的职业界定
  - 幼儿教师的权利和义务
  - 幼儿教师的专业发展
  - 幼儿教师的专业发展途径
- 幼儿园环境
  - 幼儿园环境概述
  - 幼儿园环境创设
  - 创设幼儿园环境的注意事项

探寻1　学前儿童

QINGJING DAORU
>>> 情境导入

反话育儿：养育不当对孩子的负面影响。

（1）经常打击贬低他。

"不对！积木不是这么搭的，教你多少遍了？你还不会，你怎么这么笨！你看看别的小朋友搭得多好。"

（2）恐吓他。

"再这样就不要你了！"

"再哭，再哭就把你送走！"

（3）迁怒于孩子。

工作不顺心，心情不愉快，孩子就是你的出气筒。让孩子知道，沟通靠吼，权威靠打。

（4）事事包办。

孩子穿鞋穿了一会没穿上。"来，我帮你穿！"孩子饭来张口，衣来伸手。

（5）事事替他做决定。

衣服必须买红的，鞋子一定买白的。孩子懂什么？我是长辈，我有经验，我说了算。

（6）经常性吐苦水。

你知道我为了让你上这个幼儿园，花了我多少钱吗？你还不好好努力。

看到以上情境，你觉得孩子心里会有什么感受？长此以往，会导致孩子形成什么样的性格呢？

知识精讲

一、学前儿童的特性

（一）学前儿童是完整的人

学前儿童是完整的人，他们具有与成年人一样的基本权利和尊严，应该得到平等的尊重和对待。

1. 学前儿童是整体发展的人

学前儿童是整体发展的人，这意味着他们的身体、认知、情感、社会等各个方面都在同时发展，并且相互影响。

案例链接

在幼儿园的户外活动中，老师组织孩子们进行了一场足球比赛。在比赛中，孩子们不仅锻炼了身体，还学会了团队合作、分享和竞争。他们通过与同伴的互动，发展了社交能力和情感表达能力。同时，在比赛过程中，孩子们也需要运用自己的认知能力，如观察、判断和决策等。

这个案例说明，学前儿童的发展是多方面的、整体的。他们在参与各种活动的过程中，不仅能够获得身体上的锻炼，还能在认知、情感和社会等方面得到提升。

因此，在教育实践中，我们应该为学前儿童提供丰富多样的学习和发展机会，促进他们在各个领域的全面发展。同时，也要关注学前儿童发展的整体性，注重各领域之间的相互关联和协同作用，以帮助学前儿童形成良好的综合素质。这样的教育理念和方法将更有利于学前儿童的健康成长和未来发展。

2. 学前儿童是具有主观能动性的人

学前儿童是具有主观能动性的人，他们并非完全被动地接受外界的影响。教育者应该尊重学前儿童的主观能动性，提供丰富的环境和适当的引导，激发他们的积极性和创造力，帮助他们更好地发展。同时，也要给予学前儿童足够的自主权，让他们在探索和实践中不断成长。这样，学前儿童才能充分发挥自己的潜力，成为有主见、有创造力的个体。

案例链接

在幼儿园的音乐课上，老师让孩子们自由选择自己喜欢的乐器进行演奏。有些孩子选择了鼓，有些孩子选择了铃铛，还有些孩子选择了口琴。在演奏过程中，每个孩子都有机会展示自己的音乐才能，老师则在旁边给予鼓励和指导。

在这个案例中，学前儿童被视为有自己的兴趣、喜好和才能的完整的人。他们的选择和表达得到了尊重和支持，老师没有强制他们选择某一种乐器或者按照特定的方式演奏。这种尊重学前儿童个体差异的教育方式，有助于培养学前儿童的自信心、自主性和创造力，让他们感受到自己的价值和重要性。

同时，这也提醒我们，在与学前儿童相处时，应该尊重他们的意见和感受，不要将他们视为无足轻重的孩子，而是要把他们当作有思想、有情感的个体来对待。这样，我们才能更好地促进学前儿童的成长和发展。

（二）学前儿童是独特的人

1. 学前儿童是具有巨大发展潜能的人

每个学前儿童都拥有自己独特的潜力和可能性。我们应该相信每个学前儿童都有发展和成长的潜力，要鼓励他们发挥自己的优势，探索自己的兴趣，实现个人的价值。例如，在班级活动中，有的学前儿童可能擅长绘画，有的学前儿童则对音乐有天赋；有的学前儿童性格内向，而有的学前儿童则活泼开朗。这些差异要求教育者关注每个学前儿童的特点，提供适合他们的学习机会和环境。

2. 学前儿童是处于发展过程中的人

学前儿童是发展过程中的人，他们正处于不断成长和变化的阶段，每个阶段都有其独特的特点和需求。从生理、心理到认知、情感等方面，学前儿童都在逐步发展和成熟。例如，学前儿童在学习语言时，可能会经历从咿呀学语到清晰表达的过程；在社交能力方面，他们可能从独自玩耍逐渐发展为与同伴合作。这些都展示了学前儿童在发展过程中的特点。

【教育箴言】

每一位学生都是一个小精灵，他们的头脑不是一个要被填满的容器，而是一把需要被点燃的火把。我愿尽我的全力去点燃学生心中求真、求善、求知的火把。

——苏霍姆林斯基

为了促进学前儿童的良好发展，我们应该关注他们的阶段需求，提供适宜的学习环境和教育方法。同时，要给予学前儿童充分的关爱和支持，帮助他们建立自信，培养良好的品德和习惯。尊重学前儿童的发展过程，耐心引导他们成长，将有助于他们实现全面而健康的发展。

3. 学前儿童是发展中的个人

每个学前儿童在发展过程中都是独立的个体，这意味着每个学前儿童都有自己独特的特点、需求和发展轨迹。例如，在幼儿园的活动中，学前儿童可能会根据自己的兴趣选择参与不同的游戏或活动；在解决问题时，他们可能会尝试用自己的方式去探索和寻找答案。

作为教育者或家长，应该认识到学前儿童的独立性，并给予他们适当的自主权和空间。这不仅有助于培养学前儿童的自信心和自尊心，也能促进他们的个性发展和全面成长。同时，要关注每个学前儿童的需求，提供个性化的教育和支持，帮助他们充分发挥自己的潜力。

二、学前儿童在教育过程中的地位

（一）学前儿童是教育的客体

在教育过程中，学前儿童作为教育的对象，是教育的客体。他们需要接受教育者的引导和教育，以便更好地发展自己的能力和潜力。教育者需要根据学前儿童的特点和需要，设计合适的教育活动和教学方法，帮助学前儿童获取知识、技能和价值观。

（二）学前儿童是自身学习的主体

学前儿童具有主观能动性，并不仅仅是被动接受教育的客体，也是积极参与教育过程中"学"的主体。学前儿童具有自己的思想、感受和兴趣，他们会主动地探索和学习周围的世界。在教育中，应该尊重学前儿童的主体性，给予他们足够的自主探索和表达的空间，激发他们的学习兴趣和主动性。

（三）学前儿童是自身权利的主体

学前儿童有独立的社会地位，是行使自身权利的主体。学前儿童虽然在生理和心理上尚未完全发展

成熟，但他们仍然享有与其他人一样的基本权利和尊严，应该得到尊重和平等对待。这些权利包括但不限于受教育权、健康权、安全权、尊重和尊严权、发展权。

承认学前儿童是自身权利的**主体**，意味着我们应该尊重他们的意愿、需求和兴趣，提供适合他们发展的环境和条件。这也要求社会和家庭为学前儿童提供保护和支持，确保他们的权利得到实现。同时，培养学前儿童的自我意识和权利意识也是很重要的。通过教育和引导，让学前儿童了解自己的权利，学会表达自己的需求和意见，有助于他们逐渐成为独立、自信和有责任感的个体。保护和尊重学前儿童的权利是构建和谐社会和促进其健康成长的重要方面。这样的观念也符合现代社会对于儿童权益的关注和重视。

三、学前儿童的发展

（一）实践活动与学前儿童的发展

实践活动对学前儿童的发展具有重要意义。

1. 实践活动有助于学前儿童的社会性发展，有助于学前儿童的情感和品德发展

在实践活动中，学前儿童有机会与同伴合作、交流和分享，从而提高他们的社交能力。他们学会与他人协商、解决冲突，并且发展出良好的人际关系。通过参与实践活动，儿童可以体验各种情绪，并学习如何表达和管理自己的情感；发展同理心，懂得尊重和帮助他人；培养儿童的责任感，学会与他人合作；发展社会规则意识。此外，儿童实践活动中可能会遇到困难和挫折，在克服这些困难的过程中，培养坚韧不拔的精神和应对挫折的能力。

2. 实践活动有助于学前儿童的认知能力发展

实践活动对学前儿童认知能力的发展有很大的帮助，比如有助于发展观察力、注意力、思维能力、记忆力、想象力、知识应用能力、探索和求知欲、语言表达和沟通能力等。

为了促进学前儿童认知能力的发展，家长和教育者可以根据儿童的年龄和兴趣，组织各种适合的实践活动。例如，科学实验、户外探索、手工制作、阅读活动等。在活动过程中，给予儿童适当的引导和反馈，帮助他们从实践中学习和成长。这样的实践活动不仅能够丰富儿童的学习体验，还能提高他们的认知能力和综合素质。

3. 实践活动有助于学前儿童的身体发展和运动能力的提高

实践活动可以促进学前儿童的身体发育，如绘画，手工制作等活动可以锻炼学前儿童的肌肉协调性、灵活性和空间感知能力等。让儿童在实践中不断提高各种运动技能，如跑步、跳跃、投掷等。

（二）早期教育与学前儿童的发展

早期教育的实施要符合学前儿童的年龄特点，应注意以下几点：

（1）遵循学前儿童发展的规律，循序渐进。

（2）关注个体差异，注重因材施教。

（3）避免给学前儿童施加过大压力，避免过度教育。

（4）创造安全、温暖、富有刺激的积极学习环境，寓教于乐。

（5）家长要持续学习，更新教育观念，提高教育质量。

>>> 思考与练习

一、选择题

1. 在幼儿的发展过程中，下列做法错误的是（　　）。

A. 保障幼儿生命和健康　　　　　　　B. 给予幼儿适宜的指导和帮助

C. 按成人的喜好对待幼儿　　　　　　D. 提供幼儿所需的环境和条件

2. 在幼儿园教学中，（　　）是自身学习的主体。

A. 学前儿童　　　　B. 教师　　　　　　C. 家长　　　　　　D. 保育员

3. 幼儿园教育的基本要素不包括（　　）。

A. 教师　　　　　　B. 学前儿童　　　　C. 教室　　　　　　D. 幼儿园环境

二、材料分析题

"幼儿是一棵棵完整的小树，不是大树上的枝权，成人不能随心所欲地修剪。"请问：

（1）这种观点是否尊重幼儿的特性？

（2）幼儿的特性有哪些？

探寻2　幼儿教师

>>> 情境导入

　　李老师是一位充满爱心和耐心的幼儿教师。她总是以温暖的笑容和亲切的问候迎接每一个孩子。

　　在课堂上，李老师善于用有趣的故事和游戏来引导孩子们学习，让他们在快乐中获取知识。她注重每个孩子的个性和需求，尽力为他们提供个性化的关注和支持。

　　有一次，班里有一个叫明明的孩子，他性格内向，不太善于与人交流。李老师发现后，特别关注明明。她经常与明明单独交流，鼓励他表达自己的想法和感受。在李老师的耐心引导下，明明逐渐变得开朗起来。

　　除了课堂教学，李老师还经常组织各种活动，如户外游戏、手工制作等，让孩子们在实践中学习和成长。在活动中，她会仔细观察每个孩子的表现，及时给予鼓励和肯定。

　　李老师还非常注重与家长的沟通。她会定期与家长交流孩子们在幼儿园的情况，分享教育经验和建议。通过与家长的密切合作，她能够更好地了解孩子们，为他们提供更合适的教育。

　　在李老师的努力下，孩子们都非常喜欢她，他们之间建立了深厚的情感。孩子会主动与她分享自己的喜怒哀乐，而李老师也会用心倾听并给予回应。

　　在一次幼儿园的毕业典礼上，孩子们纷纷上台表达对李老师的感激之情。他们说李老师是他们最喜欢的老师，他们会永远记得在幼儿园里与李老师一起度过的快乐时光。

　　这个案例展示了一位优秀的幼儿教师通过关心、尊重和理解孩子们，与他们建立起深厚情感的过程。这样的教师不仅教会了孩子们知识，更在他们的成长过程中给予了温暖和支持，成为他们心中的良师益友。

>>> 知识精讲

一、幼儿教师的职业界定

（一）幼儿教师的含义、职能和社会地位

1. 幼儿教师的含义

　　幼儿教师是专门从事学前儿童教育工作的专业人员。他们的主要职责是对学前儿童（通常是0~6岁）

进行教育、照顾和引导。

幼儿教师在孩子们的成长和发展中起着至关重要的作用。他们通过各种教学活动，帮助学前儿童在认知、情感、社交、身体和语言等多个方面得到全面发展。图 4-1 为幼儿教师在上课。

图 4-1 幼儿教师在上课

2. 幼儿教师的职能和社会地位

家庭是孩子出生以后的第一所学校，父母是学前儿童的第一任老师。但这并不意味着父母是孩子唯一的老师。学前儿童入园以后，幼儿园和幼儿教师开始在孩子的成长中发挥重要作用，幼儿教师成为他们日常生活和学习中的重要指导者。因此，幼儿教师是学前儿童心目中的新权威。

幼儿教师作为教师职业队伍中的一员，和其他教育阶段的教师一样，主要职能是育人，培养合格的社会成员。

幼儿教育是一个专门的领域，需要特定的教育背景和专业素养。他们要了解学前儿童的发展特点和学习方式，能够根据学前儿童的兴趣和能力设计合适的教学活动，引导学前儿童进行积极的学习和探索。幼儿教师要注重培养学前儿童的社交技能、情感管理、语言发展、认知能力等，通过游戏、互动、故事讲述、艺术创作等多种形式促进学前儿童的全面发展。此外，幼儿教师还需要具备良好的沟通能力、组织能力和应变能力，能够与学前儿童、家长和其他教育工作者建立良好的关系，为学前儿童提供一个安全、温暖、支持性的学习环境。

因此，幼儿教师通常需要完成相关的学前教育或幼儿教育专业的学习，学习内容包括儿童发展心理学、幼儿教育课程设计、教育教学方法、儿童健康与安全等方面的知识。幼儿教师必须接受过高等教育，必须经过专门的学前教育专业培训，具备相关的知识和技能，这样才能满足学前儿童教育的特殊需求。

幼儿教育是启蒙教育，在儿童成长过程中起着重要的奠基作用。随着《中华人民共和国教育法》《中华人民共和国教师法》的实施，切实地肯定了教师在社会发展中的重要作用。人们对学前教育阶段重要性的认识不断提高。幼儿教师这一职业深受家长和全社会的尊重。

虽然一些地区可能对学前儿童教育的重视程度不够，导致幼儿教师的待遇和工作环境不尽如人意，但是总的来说，幼儿教师的地位在不断提升。当然，仍然需要社会各方面的共同努力，包括提高待遇、加强培训和提供更好的工作环境等方面，以进一步提高幼儿教师的社会地位和职业吸引力。同时，幼儿教师自身也应不断提升专业素养，为学前儿童教育事业的发展做出更大贡献。

> **拓展延伸**
>
> 《中华人民共和国教师法（修订草案）（征求意见稿）》中关于教师资格和准入：
> 1. 第十五条（资格制度）国家实行教师资格制度。
> 政策解读：在各级各类学校和其他教育机构中专门从事教育教学工作的人员，应当取得相应的教师资格。幼儿教师必须取得幼儿教师资格证书。
> 2. 第十六条（学历标准）取得教师资格应当具备的相应学历学位。取得幼儿教师资格，应当具备高等学校学前教育专业专科或者其他相关专业专科及以上学历。
> 政策解读：教师准入门槛提高，学历必须是专科及以上学历。

（二）幼儿教师职业的特点

1. 幼儿教师的劳动特点

（1）幼儿教师的劳动具有复杂性。

幼儿教师的劳动具有复杂性，这是由于教育的对象比较特殊：学前儿童处于身心发展的关键时期，各方面能力尚未完全发展，需要教师给予全方位的关注和引导。学前儿童的学习特点和需求也与其他年龄段的学生不同，这就要求幼儿教师具备专门的教育知识和技能，以适应学前儿童的特殊需求。

面对幼儿教师劳动的复杂性，教师们需要具备丰富的专业知识、良好的沟通能力、应变能力和团队合作精神。同时，社会也应该给予幼儿教师更多的支持和关注，提供良好的工作条件和发展机会，共同推动学前儿童教育事业的发展。

（2）幼儿教师的劳动具有创造性。

幼儿教师的劳动具有创造性，在具体的教育活动中，幼儿教师根据学前儿童的兴趣和发展阶段，设计新颖有趣的课程活动，如主题探究、手工制作、音乐舞蹈等，以激发学前儿童的学习热情。教师运用创意十足的教学方法，如故事讲述、游戏互动、情境模拟等，让学前儿童在轻松愉快的氛围中学习知识。用心布置教室环境，创造富有童趣和教育意义的角落，如图书角、科学角、角色扮演区等，为学前儿童提供丰富的学习资源。策划并组织各种特色活动，如亲子运动会、节日庆祝、户外探索等，培养学前儿童的团队合作精神和社会交往能力。

这些方面都体现了幼儿教师在劳动中运用创造性的方法和手段，以更好地满足学前儿童的需求，促进他们成长和发展。

（3）幼儿教师的劳动具有示范性。

教师的言传身教对学前儿童的影响非常大。学前儿童正处于认知和情感发展的关键阶段，他们的观察力和模仿能力都很强，教师的一言一行都可能成为他们学习和模仿的对象。

教师的语言表达、态度和行为方式会直接影响学前儿童的语言发展、价值观形成和行为习惯的养成。例如，教师用温和、友善的语气与学前儿童交流，能够让学前儿童感受到尊重和关爱，从而学会用同样的方式与他人相处。教师的积极态度和乐观精神也会传递给学前儿童，帮助他们树立自信和积极的人生态度。此外，教师的行为举止也会对学前儿童产生深远影响。如果教师注重自身修养，遵守规则，尊重他人，学前儿童也会在潜移默化中学会这些良好的品质和行为习惯。

（4）幼儿教师的劳动具有长期性。

幼儿教师对学前儿童的教育影响确实是长期且深远的。在学前儿童成长的过程中，幼儿教师起着至关重要的作用。

首先，学前儿童时期是孩子性格、习惯和价值观形成的关键阶段。幼儿教师通过与孩子们的日常互动，引导他们树立正确的观念，形成正确的行为模式，这些影响可能会伴随孩子们的一生。

其次，幼儿教师的教育方式和教学质量会直接影响孩子们的学习兴趣和学习能力。一个有爱心、有

耐心、有教育方法的幼儿教师，能够激发孩子们对知识的渴望，培养他们的学习能力和思维方式，为孩子们未来的学习生涯奠定坚实的基础。

最后，幼儿教师还会影响孩子们的社交能力和情感发展。在幼儿园中，孩子们开始学会与他人相处，建立友谊，学会分享和合作。幼儿教师通过组织各种活动和游戏，引导孩子们学会关心他人，理解他人的感受，培养他们的同理心和情绪管理能力。

即使孩子们离开幼儿园后，幼儿教师对他们的影响也会持续。良好的教育基础会在孩子们的后续学习和生活中发挥重要作用，帮助他们更好地适应社会，实现个人的成长和发展。

因此，幼儿教师的工作不仅仅是传授知识，更是培养孩子们的全面素质和健康人格。他们的教育影响是长期的、深远的，对孩子们的未来发展具有重要意义。家长和社会应该充分认识到幼儿教师的重要性，给予他们更多的支持和尊重，共同为孩子们创造一个良好的成长环境。

2. 幼儿教师的角色特点

（1）教师是学前儿童生活的照料者。

教师作为学前儿童生活的照料者，不仅要关注学前儿童的身体健康，还要注重他们的情感和社会发展。通过细心照料和引导，教师为学前儿童提供了一个安全、温暖、健康的成长环境，帮助他们形成良好的生活习惯和自我照顾能力，为学前儿童的全面发展奠定基础。同时，与家长保持密切沟通，共同关注学前儿童的生活需求和发展情况，也是教师工作的重要组成部分。

（2）教师是学前儿童学习的支持者。

《纲要》指出："教师应成为幼儿学习活动的支持者、合作者、引导者。"学前儿童在学习过程中需要各种支持和引导，而教师可以在多个方面提供这种支持。

首先，教师可以为学前儿童创造一个积极、安全和富有启发性的学习环境。他们可以布置教室，提供适合学前儿童发展的学习材料，组织有趣的活动，激发学前儿童的好奇心和探索欲。

其次，教师可以通过与学前儿童的互动，了解每个学前儿童的需求和兴趣，根据个体差异提供个性化的教育支持。他们可以引导学前儿童进行各种学习活动，帮助其发展语言、认知、社交和情感等方面的能力。

最后，教师还可以作为学前儿童学习的榜样，通过自己的言行举止引导学前儿童形成良好的习惯和价值观。他们可以鼓励学前儿童积极参与，培养合作精神和自主学习能力。

（3）教师是学前儿童与社会沟通的中介者。

教师在学前儿童与社会之间起到了中介的作用。学前儿童在成长过程中，逐渐从家庭环境走向社会。在这个过程中，教师可以帮助学前儿童适应社会规则和文化，引导他们与他人进行有效的沟通和交往；可以通过各种活动和教学方法，培养学前儿童的社会技能和人际交往能力；可以通过组织小组活动、角色扮演等，让学前儿童学会分享、合作、关心他人，并学会用适当的方式表达自己的想法和情感。

此外，教师还可以帮助学前儿童了解社会的各种规范和价值观念，教导他们尊重他人、遵守规则、爱护环境等。通过与教师的互动，学前儿童能够逐渐理解社会的期望，并学会适应社会生活。同时，教师也可以与家长和社区合作，为学前儿童提供更广泛的社会体验和学习机会。例如，组织参观、与其他班级互动等，让学前儿童与不同的人接触，拓宽他们的视野和经验。

二、幼儿教师的权利和义务

（一）幼儿教师的权利

1. 幼儿教师的一般权利

人身权利是每个人都应该享有的基本权利，无论职业和身份如何。

（1）幼儿教师的人身权利包括生命权、健康权、人身自由权。

（2）幼儿教师的人格权利包括姓名权、名誉权、荣誉权、肖像权、隐私权等与人格尊严有关的权利。

2. 幼儿教师的职业权利

根据《中华人民共和国教师法》的内容，可以把幼儿教师的权利概括为以下几个方面：

（1）进行保育教育活动，开展保育教育改革和实验的权利。

（2）从事科学研究、学术交流，参加专业的学术团体，在学术活动中充分发表意见的权利。

（3）指导学前儿童的学习和发展，评定学前儿童成长发展的权利。

（4）按时获取工资报酬，享受国家规定的福利待遇以及寒暑假带薪休假的权利。

（5）参与幼儿园民主管理的权利。

（6）参加进修或者其他方式的培训的权利。

（二）幼儿教师的义务

根据《中华人民共和国教师法》的内容，可以把幼儿教师的义务概括为以下几个方面：

（1）遵守宪法、法律和职业道德，为人师表。

（2）贯彻国家教育方针，遵守规章制度，执行幼儿园保教计划，履行聘约，完成工作任务。

（3）按国家规定的保教目标，组织、带领学前儿童开展有目的、有计划的教育活动。

（4）关心、爱护全体学前儿童，尊重学前儿童人格，促进学前儿童的全面发展。

（5）制止有害于学前儿童的行为或其他侵犯学前儿童合法权益的行为，批评和抵制有害于学前儿童健康成长的现象。

（6）不断提高思想政治觉悟和教育教学业务水平。

三、幼儿教师的专业发展

学前教育发展不仅要建设一批坚实安全的幼儿园，更需要建设一支师德高尚、业务精良的幼儿教师队伍。要实现"基本普及"的战略目标，满足人民群众对学前教育的热切需求，不仅仅意味着入园率的提高，更重要的是学前教育质量的提升，而其中的关键与核心便是教师队伍质量的提升。国际经验也表明，幼儿教师质量决定着学前教育的质量，高素质专业化的幼儿教师队伍是高质量教育和学前儿童健康发展的重要保障。

（一）师德要求

1. 对学前儿童热爱和尊重

苏联教育家苏霍姆林斯基说过："面对孩子，有爱才会有责任感，有责任感才会始终付出爱的行动。"

幼儿教师热爱和尊重学前儿童是非常重要的，这对学前儿童的成长和发展有着深远的影响。幼儿教师热爱和尊重学前儿童是构建良好师幼关系、促进学前儿童全面发展的基础。图4-2为良好的师幼关系。

热爱和尊重学前儿童可以帮助幼儿教师与学前儿童建立积极、亲密的关系。学前儿童能够感受到教师的关爱和尊重，从而产生安全感和信任感，这有助于促进他们的情感发展和社交能力的提升。幼儿教师热爱和尊重学前儿童意味着能够理解并接纳他们的个体差异，提供适合每个学前儿童的教育环境和经验。当学前儿童感受到教师的热爱和尊重时，他们会更有自信和自尊。教师的积极反馈和鼓励能够激发学前儿童的内在动力，促使他们积极参与学习和活动。

图4-2 良好的师幼关系

2. 对事业热爱和尊重

虽然幼教职业充满了挑战和辛苦，但幼儿教师对学前儿童教育事业要保持热爱和热情，全身心地投入工作中。

下面这些建议可以帮助幼儿教师保持对幼教职业的热爱：

（1）重视意义和价值：意识到幼教工作对孩子们的成长和未来发展具有深远影响，这种意义感和价值感会激发内心的热爱。

（2）培养积极心态：关注孩子们的成长进步、与家长的良好沟通以及与同事的合作等积极方面，有利于培养乐观积极的心态。

（3）寻找乐趣：在工作中发现乐趣，例如与孩子们一起玩耍、参与有趣的教学活动，让工作变得更加愉快。

（4）持续学习：不断学习新的教育理念和方法，提升专业素养，从中获得满足感和成就感。

（5）与他人分享：与同事、家长分享教育经验和成果，感受他人的认可和支持，进一步激发热爱之情。

通过以上方式，幼儿教师可以更好地保持对幼教职业的热爱，以饱满的热情投入到工作中，为孩子们的成长奉献自己的力量。

3. 对同事尊重和团结

首先，幼儿教师应该尊重承担不同工作的同事。

在幼教机构中，幼儿教师是承担幼儿教育工作的主要人员。但是，除了幼儿教师以外，一般的幼教机构中还会有保育员、保健医生、后勤服务人员、行政管理人员或科研人员等。幼儿教师应当认识到，幼儿教育工作的顺利开展需要在多种工作角色的相互配合之下完成，每一种工作角色都应该得到尊重。

其次，幼儿教师应该尊重在同一工作岗位上同事之间的不同表现。

每位幼儿教师都有自己的教育理念和教育风格。同样是幼儿教师，对同一个教育情境的反应是不同的。幼儿教师应当尊重同事的多样化表现，不能以个人的喜好来干涉同事的工作，也不能用自己的专业判断来替代他人的专业选择，除非能够理性地证明同事原有的选择是错误的或者对学前儿童有伤害。

4. 对家长尊重和合作

幼儿教师对家长和社会的尊重与合作是非常重要的，因为这对学前儿童的教育和发展有着积极的影响。

家长是孩子的第一任教师，事实上也是如此。因为家长对孩子的了解是无人能替代的，从某种意义上讲，教师和家长实际上是教育伙伴和合作的关系。他们都是为了同一个目标——为了给孩子提供一个更好的教育环境而努力！老师要尊重家长，同时家长也要尊重老师，互相尊重就是建立和保持良好合作关系的重要前提。

（二）身心素质要求

幼儿教师具备健康的身心素质非常重要，这包括以下几个方面：

1. 身体健康

健康的体魄是一个人成就任何事情的最大前提。幼儿教师要有良好的身体状况，才能应对工作中的各种挑战。他们通常需要长时间站立、走动、与学前儿童互动，因此良好的体力和耐力是必不可少的。

2. 心理健康

幼儿教师需要具备良好的心理素质，如情绪稳定、耐心、爱心和宽容等。他们要处理学前儿童的各种需求和行为，同时还要与家长和同事进行有效的沟通和合作。

3. 良好的抗压能力

幼儿教育工作可能会面临压力和挑战，例如应对学前儿童的行为问题、满足家长的期望以及完成教学任务等。具备较强的抗压能力可以帮助幼儿教师更好地应对这些情况。

健康的身心素质不仅有助于幼儿教师更好地履行工作职责，还能为学前儿童树立良好的榜样，促进学前儿童健康成长。同时，幼儿园和社会也应该为幼儿教师提供支持和资源，帮助他们保持身心健康。

（三）专业知识要求

1. 专业理论知识

幼儿教师需要具备学前儿童生理、心理和教育等方面的专业理论知识。

（1）了解学前儿童生理发展：掌握学前儿童卫生学知识，如身体生长、感官发展、运动能力等，有助于教师为学前儿童提供适宜的活动和环境，促进他们的身体健康和发展。

（2）理解学前儿童心理特点：掌握学前儿童心理学知识，了解学前儿童心理发展的特点，如认知、情感、社会性发展等，有助于教师更好地与学前儿童沟通和互动，满足他们的心理需求，培养积极的情感和良好的社交技能。

（3）掌握教育理论和方法：具备教育方面的知识，如教育学、教育心理学、课程设计等，能够使教师运用科学的教育方法和策略，设计和实施适合学前儿童发展的教育活动。

具备学前儿童生理、心理、教育和课程设计等方面的知识，能够使幼儿教师更全面地了解学前儿童的发展需求，提供适合的教育和支持，促进学前儿童的身心健康和全面发展。同时，这些知识也有助于教师不断提升自己的专业素养，适应教育领域的不断变化和发展。

2. 文化素养知识

幼儿教师具备广博的文化、科学和艺术等知识是非常重要的，因为这对学前儿童的综合发展和开发创造力有着积极的影响。

教师具备广博的知识能够使其为学前儿童提供丰富多样的教学内容，他们可以通过故事、歌曲、艺术作品等将各种知识传递给学前儿童，激发他们的学习兴趣，有助于培养学前儿童的综合素养。教师可以引导学前儿童了解不同领域的知识，拓宽他们的视野，培养他们的观察力、思维能力和创造力，促进跨学科的学习，帮助学前儿童建立起综合的知识体系。教师具备广博的知识也有助于自身的专业成长和教学能力的提升。

3. 专业能力

（1）观察和了解学前儿童的能力。

蒙台梭利说："每一位教师要将自己的眼睛练得如同鹰眼一般敏锐，能观察到儿童最细微的动作，能探知儿童最殷切的需要。"

实施教育，观察要先行。观察和了解学前儿童的能力是幼儿教师非常重要的基本功之一，也是教师把握幼儿已有经验、了解幼儿发展状况的基本途径。

观察和了解学前儿童的能力是幼儿教师开展教育工作的基础。教师通过有目的、有计划地观察幼儿在日常生活、游戏、学习和劳动中的表现，包括其言语、表情和行为，能够分析学前儿童的心理发展规律和特征，增进对其的了解。因为学前儿童的心理活动具有外显性，因此教师通过观察学前儿童的行为，能够了解他们的发展水平、兴趣及需要，进而能够选择更适宜的教育内容和教育方法。另外，观察学前儿童使教师更容易抓住日常生活中的教育契机，使教师能够在合适的时机介入学前儿童的活动，并提供针对性的指导。

（2）组织管理班级的能力。

幼儿教师作为幼儿教育的主导者，具备组织管理班级的能力是非常重要的。因为有效的班级管理对于创造积极的学习环境和促进学前儿童的全面发展至关重要。

幼儿教师对班级管理工作的认知要准确，不能仅将幼儿园班级管理视为纪律管理、组织游戏活动、一日三餐及午睡、盥洗组织等，割裂一日生活中的各个环节。班级管理工作根据学前儿童身心发展特点，认清不同年龄班班级管理工作的重点，如小班幼儿年龄较小，应采用"从身边小事做起"的管理方法；大班幼儿随着年龄的不断发展，各项能力逐步提升，且将升入小学，则应将班级管理的重点放在"学习习惯""规则意识""安全管理"等方面。

在班级管理中，切忌以自我为中心，忽视学前儿童的主体地位，抑制学前儿童主动性和创造性的发

展。比如，教学过程中多采用命令式教学，不能与学前儿童和谐沟通交流；在游戏活动中，直接为其分配角色，未给其提供自主选择机会等。

组织管理班级的能力是幼儿教师的重要基本功之一。通过良好的班级管理，教师能够创造一个有利于学习和发展的环境，促进学前儿童的全面成长。同时，这也有助于提高教师的工作效率和教育质量。

（3）沟通能力。

沟通能力是幼儿教师的核心基本功之一。有效沟通是幼儿教师与学前儿童、家长、同事和其他相关人员建立良好关系的关键。

人类的沟通方式可以分为两种：言语沟通和非言语沟通。言语沟通是指通过口头或书面语言进行的交流，而非言语沟通则包括肢体语言、面部表情、眼神交流等非语言方式。

幼儿教师要善用言语沟通，通过语言的表达，向学前儿童传递温暖和关怀，与孩子们建立亲密的师生关系。教师应学会用鼓励、赞美和激励的语言方式，引导学前儿童积极参与课堂活动，培养他们的自信心和自主性。

在某些情境下，"润物细无声"式的非言语沟通相较于谆谆教导可能更易于被学前儿童接受。在活动过程中，如果能积极有效地利用动作、体态、目光、眼神等形象的体态语言与其进行思想和情感的交流，可以使其更好地理解教师传递的信号，更好地参与活动，从而有效提升师幼互动质量。

与家长保持良好的沟通，幼儿教师能够及时向家长反馈学前儿童的学习情况和进步，了解家庭背景和需求，共同合作促进学前儿童的发展。此外，幼儿教师通常需要与同事和其他教育工作者合作，良好的沟通能力有助于协作和分享经验，提高教育质量。

（4）教育监控能力。

幼儿教师的教育监控能力是指教师对教育教学过程进行观察、评估和调整的能力。具备教育监控能力对于幼儿教师来说非常重要，因为它有助于教师确保教育教学的质量和效果。

通过观察学前儿童的学习情况，教师可以根据每个学前儿童的特点和需求，提供个性化的教育指导。教育监控能力使教师能够及时发现教学中存在的问题，并根据需要调整教学策略，以提高教学效果。监控学前儿童的学习进度和发展情况，教师可以及时给予反馈和支持，激发学前儿童的学习动机，促进他们的学习和发展。教师能够通过监控学前儿童的表现和进步，与家长进行有针对性的沟通，让家长了解学前儿童在学校的学习情况。

教育监控能力是幼儿教师的重要基本功之一。它可以帮助教师提供适合学前儿童的教育，促进他们的学习和发展，同时也有助于教师自身的专业成长。

（5）教育研究能力。

幼儿教师教育研究能力是指教师具备研究问题的能力和素养，具备把理论知识与实践联系起来的意识和能力，具备开放的思想和独立思考的能力，在集体教育活动中，具有职业敏感性、反思意识、研究意识和合作精神，能积极主动地改进自己的保教工作。

幼儿教师进行教育研究是基于实际工作需要，以解决教育教学工作中遇到的问题为主要目的，促进自身专业能力的提升和幼教质量的提高。

四、幼儿教师的专业发展途径

1. 学历教育

幼儿教师应该取得相应的幼儿教师资格证才能上岗。教育部的教师资格证报考条件中明确规定，参加考试要具备相应的学历条件。报考幼儿教师资格证要求的学历条件为大学专科及以上。因此，要想成为一名合格的幼儿教师需要接受3~4年学前教育专业的高等教育，掌握从教所必需的理论知识和技能，对幼儿教师这一职业有充分的了解和认识。

2. 新教师岗前培训

幼儿教师岗前培训是为了让教师具备基本的教育理论和幼儿教育知识，提高其教育教学水平和职业素养。其内容可以包括幼儿心理学、幼儿教育学、幼儿园管理、幼儿园安全和卫生、幼儿园教育法规、实践技能等。通过岗前培训，幼儿教师可以系统地掌握相关理论知识和实践技能，提高自己的教育教学能力和职业素养，更好地适应和发展幼儿教育事业，为学前儿童的成长和发展提供更好的保障。

3. 在职继续教育

随着幼教事业的蓬勃发展，尤其是各种心得教育观、教育模式的出现，许多在职的幼儿教师越来越感到力不从心，因此，为促进幼教事业更好地发展，满足社会对幼儿教育发展的需求，进一步提高保教质量，大量的在职幼儿教师纷纷利用节假日通过在职学历教育和岗位培训等，不断地提高学历层次和业务水平。

岗位培训和在职学历教育是提高幼儿园师资水平的根本途径，是提高幼儿园职业能力的有效途径。岗位培训的常见形式有教研活动、观摩活动、专题讲座、老带新强带弱、竞赛评比等。在职继续教育可以充分弥补岗前教育不足，适应学前教育发展的新形势。

思考与练习 SIKAO YU LIANXI

一、填空题

1. 幼儿教师作为专业教育工作者，承担着培养_____的重要职责。
2. 幼儿教师的沟通方式包括_____和_____。
3. 幼儿教师专业发展的途径包括_____、_____和_____。

二、选择题

1. 幼儿教师的一举手，一投足，常常引起幼儿不自觉的模仿，这说明幼儿教师的劳动具有（　　　）。
   A. 复杂性　　　　B. 创造性　　　　C. 示范性　　　　D. 长期性
2. 进入幼儿园后，幼儿心目中的新权威是（　　　）。
   A. 教师　　　　　B. 父亲　　　　　C. 母亲　　　　　D. 同伴
3. 幼儿教师在工作中首先必须考虑的问题是（　　　）。
   A. 发展幼儿的智力　　　　　　　　B. 保证幼儿的安全
   C. 全面提高幼儿的素质　　　　　　D. 培养幼儿良好的行为习惯

探寻3　幼儿园环境

情境导入 QINGJING DAORU

早晨，阳光透过幼儿园的彩色玻璃窗，洒在色彩斑斓的操场上。小朋友们怀着兴奋和期待的心情，走进了这个充满活力和欢乐的地方。

园内绿树成荫，繁花似锦，仿佛置身于一个小小的童话世界。清新的空气中弥漫着花香和青草的气息。教室里布置得温馨而富有童趣，各种各样的玩具和图书琳琅满目。墙上挂着小朋友们的画作和手工作品，展示着他们的创造力和想象力。操场上，有各种各样的游乐设施，如滑梯、秋千、跷跷板等，小朋友们在上面尽情地玩耍和欢笑……

这样的幼儿园环境充满了温暖、关爱和教育智慧，为孩子们提供了一个安全、舒适和充满学习机会的环境，促进他们身心和谐发展和全面发展。

知识精讲

一、幼儿园环境概述

（一）幼儿园环境的含义

1. 广义的幼儿园环境

广义的幼儿园环境是指幼儿园教育赖以进行的一切条件的总和。它包括幼儿园内部小环境，又包括园外的家庭、社会、自然、文化等大环境。

2. 狭义的幼儿园环境

狭义的幼儿园环境是指在幼儿园中，对学前儿童身心发展产生影响的物质与精神要素的总和。

（二）幼儿园环境的类型

幼儿园环境按其性质可分为物质环境和精神环境两大类。

1. 物质环境

幼儿园的物质环境包括幼儿园的场地、设备、材料、空间结构与布局等，是学前儿童生存与发展的物质基础。

2. 精神环境

幼儿园的精神环境主要包括幼儿园的人际关系、文化氛围、教师的教育观念与行为等，是学前儿童身心健康发展不可忽视的重要因素。

在幼儿园教育中，应该将物质环境和精神环境有机结合，为学前儿童创造一个安全、温馨、富有教育意义的环境，促进学前儿童全面发展。

（三）幼儿园环境的价值

1. 促进学前儿童身心健康发展

幼儿园环境对学前儿童的身心健康发展具有重要的影响。一个良好的幼儿园环境应该是安全、舒适、富有启发性和支持性的，能够促进学前儿童在身体、认知、情感和社会方面的全面发展。

2. 促进学前儿童主动学习的积极性

良好的环境创设可以促进学前儿童的学习发展，为以后的学习发展奠定基础。良好的环境不仅可以激发学前儿童的学习兴趣，还可以提高教师的教学效率。良好的幼儿园物质环境能够有效激发学前儿童实践活动参与度，同时又能促进学前儿童与周边环境形成良好的互动，这样他们就能在幼儿园的生活学习中得到发展与提升，从而最大限度优化幼儿园教育的效果。

二、幼儿园环境创设

（一）幼儿园环境创设的意义

幼儿园环境创设指的是根据学前儿童的发展特点和需要，有目的、有计划地创设有利于学前儿童成长的环境。幼儿园环境创设的意义主要体现在以下几个方面：

1. 为学前儿童提供发展的保障

一个良好的幼儿园环境对于学前儿童的身心发展至关重要，能够为他们的成长提供多方面的保障。安全、舒适的环境有助于预防意外伤害和疾病传播，让学前儿童能够在一个健康、安全的环境中学习和成长。温馨、和谐的环境可以帮助学前儿童建立良好的情感关系，增强他们的自信心和自主性，从而促进其心理健康发展。通过创设丰富多样的学习环境，如主题墙、活动区等，激发学前儿童的学习兴趣，培养他们的观察力、思考力和解决问题的能力。富有创意的环境布置可以培养学前儿童的审美能力，激发他们对艺术和美的追求。

2. 促进学前儿童身心健康

创设美观、舒适、安全的环境，有利于学前儿童的身体健康和心理健康。

通过创设安全的教室、操场和游戏区域，幼儿园可以减少学前儿童受伤的风险，让他们在安全的环境中学习和玩耍。合适的环境创设可以鼓励学前儿童进行各种身体活动，如攀爬、跑步、跳跃等。这些活动有助于学前儿童的身体发育，包括肌肉发展、协调性和平衡感的提升。

温馨、和谐的环境有助于学前儿童建立安全感和信任感。通过创设舒适的教室氛围、亲密的师生关系和积极的社交环境，学前儿童的心理健康得到了关注和培养。环境的创设可以帮助学前儿童养成良好的生活习惯和卫生习惯。例如，明确的收纳区域可以培养学前儿童整理物品的能力，规律的作息时间有助于学前儿童养成良好的睡眠习惯。丰富多彩的环境布置和材料可以激发学前儿童的创造力和想象力。他们可以通过自由探索和表达，发展自己的艺术才能和思维能力。

总之，幼儿园环境的创设对学前儿童身心健康的发展起到了积极的推动作用。一个精心设计的幼儿园环境可以为学前儿童的成长提供良好的条件，促进他们在身体、心理、认知和社会方面全面发展。

3. 激发学前儿童的创造潜能

丰富的环境资源可以为学前儿童提供自由创作和想象的空间，促进他们创造力和想象力的发展。营造一个富有创意和激发潜能的幼儿园环境，帮助学前儿童充分发展他们的创造力。同时，要注意每个学前儿童的个性差异，尊重他们的独特想法和表达方式，让他们在快乐中成长。

（二）幼儿园环境创设的原则

1. 安全性原则

《纲要》明确指出，"幼儿园必须把保护幼儿的生命和促进幼儿的健康，放在工作的首位"。

学前儿童身心非常娇嫩，并且自我防护意识与能力脆弱，因此容易受到环境中危险因素的伤害。这就决定了在幼儿园物质环境创设中，安全性是首要原则。家长将孩子送到幼儿园，首要关注的就是孩子的安全。一个注重安全的幼儿园能够让家长放心，建立起对幼儿园的信任。

安全性主要指幼儿园的房舍选址与建筑、设施设备、活动场所、玩具、教具等物质环境必须符合国家的相关安全卫生标准，对学前儿童身心没有危险与安全隐患，并且不会造成学前儿童的畸形发展。

为了确保幼儿园环境的安全性，除了上述提到的物质环境安全外，还可以加强教职员工的安全意识培训，制定详细的安全规章制度，并与家长配合，共同营造一个安全、温馨的幼儿园环境。同时，安全原则应该贯穿于幼儿园的日常管理、教学活动和环境布置等各个方面，确保每个细节都能为学前儿童的安全保驾护航。

2. 环境与教育目标一致性原则

幼儿园环境创设要遵循环境与教育目标的一致性原则。这意味着环境的设计和布置应该与幼儿园的教育目标相契合，以促进学前儿童的全面发展。幼儿园环境创设如图4-3所示。

幼儿园环境创设可以从以下几个方面来实现环境与教育目标相一致：

（1）明确教育目标，环境的创设和教育目标相呼应。

教师要明确幼儿园的教育目标是促进学前儿童全面发展，身心和谐发展。在环境创设时要兼顾体、智、德、美四育，不能顾此失彼。

图4-3 幼儿园环境创设

比如有的幼儿园过于重视智育，设置了读写算等活动区域，缺少对学前儿童人格、想象力、创造力、行为习惯、生活自理、社会性等方面的支撑作用，学前儿童是在丰富多样的环境中形成对世界的认知和情感的。

（2）依据幼儿园教育目标，对环境创设做系统规划。

在制订幼儿园每周、月、学期、学年计划时，应考虑如何利用幼儿园环境达成这些课程目标，创设具有完整性和整体性的班级环境，从而加强环境与课程的连接。

3. 发展适宜性原则

幼儿园环境创设遵循发展适宜性原是指环境的创设要与学前儿童的年龄特点、发展阶段和个体差异相适宜。

幼儿教育不是单向的活动，而是双向的互动。它依赖于学前儿童能否充分地与环境相互作用，从而发挥环境的教育作用。幼儿教师为学前儿童设计和投放的材料应该符合其年龄特点，使其能够理解活动的内容。比如在小班活动区域，投放发展小肌肉、大肌肉等方面的材料；在中班活动区域，创设娃娃家、商店、医院等不同风格的空间，让他们通过同伴交往，发展语言、认知能力；在大班活动区域，创设音乐区、科学区、游戏区、表演区等不同的空间，促进学前儿童在这种丰富自由的空间发展各项能力。

4. 学前儿童参与性原则

儿童教育家陈鹤琴先生认为：要使学前儿童理解环境中的事物，就需让其用自己的双手和思想布置环境。

学前儿童参与性原则是指让学前儿童和教师共同参与到环境创设的过程中。例如，教师可以组织学前儿童一起布置教室、制作主题墙等，让学前儿童亲手绘制装饰物、摆放玩具等。这样的环境创设不仅更符合学前儿童的需求和兴趣，也能让他们更好地融入幼儿园生活，促进他们的全面发展。

通过参与环境创设，学前儿童能够感受到自己是环境的主人，增强他们的责任感。参与环境创设可以激发学前儿童的创造力，让他们发挥自己的想象力，创造出属于自己的作品。在合作创设环境的过程中，学前儿童可以学会与他人合作、分享和交流，培养良好的合作精神。实际操作还可以锻炼他们的动手能力，让他们在实践中学习和成长。

案例链接

秋天落叶缤纷，幼儿园开展用树叶装扮教室的活动，如图4-4所示。幼儿教师可以把主动权交给孩子们，注重引导与鼓励，让孩子们自己去创设，如选择什么样子的树叶、怎样收集树叶、树叶如何呈现、人员的分工等，都由孩子们自己去讨论、决定。孩子们真切地参与其中，与环境产生情感共鸣，自然会愿意在时间和空间上去探索对环境的创设，从而产生一种成就感与满足感。

孩子们用大自然界中最熟悉的事物——树叶，作为学习的活教具来进行探索，一片树叶激发了孩子们的奇思妙想，让我们一同感受孩子们淋漓尽致的快乐吧！

图4-4 用树叶装扮教室

5. 开放性原则

幼儿园环境创设的开放性原则是指创设幼儿园环境，不仅要考虑园内环境要素，还要重视园外环境的各要素，两者要有机结合。幼儿园不能关起门来办教育，不能脱离幼儿园外的大教育环境，要创设一个开放、多元、包容的环境，以促进学前儿童的全面发展和个性化成长。

比如教师布置班级环境，可以采取与家长合作的模式。家长的文化水平及社会经验不同，而且家长作为孩子最亲密的人，更能清晰地了解孩子的需求。他们的"奇思妙想"或许能让环境创设更具特色和吸引孩子的关注。收集的材料必须经过教师合理的筛选，符合教育性和安全性的要求。合理利用这些资源不仅丰富了班级环境创设的材料，更重要的是加强了学前儿童学习与生活的联系，促进了学前儿童各种能力及良好个性的发展。

对于社会大环境，幼儿园一方面要选择、利用外界环境中有价值的因素教育学前儿童，另一方面要控制与削弱消极因素对学前儿童的影响。幼儿园可以把与社区结合的活动纳入幼儿园教育过程中。例如，请交警来园模拟操作，给孩子们介绍交通安全知识；带领孩子们参观附近超市、工厂等。更为重要的是要摸索出一整套策略和做法，在幼儿园、家庭、社区之间形成长期、稳定的合作关系。

6. 经济性原则

幼儿园环境创设遵循经济性原则，主要是指在创造和布置幼儿园环境时，要考虑到经济效益和资源合理利用，勤俭节约，因地制宜，充分利用周围资源，就地取材。

早在20世纪30年代，中国著名幼儿教育家陈鹤琴先生就对幼儿教育中"金钱病"和"富贵病"的存在提出了严厉的批评。他说："经济原则是指在设立幼稚园环境时，要考虑不同地区和幼稚园的实际情况，尽量适应当地的情况，尽量减少开支，多做工作。"他认为，一个好的或坏的幼儿园环境的关键在于是否促进学前儿童的发展，而不是花费多少钱，以及有多少外国物品可用。幼儿园环境的创设并不需要过分追求奢侈和奢侈的硬件。例如，可用瓦楞纸、废旧挂历纸等代替吹塑纸、植绒纸；可用一次性纸杯、大号可乐瓶等做花篮、风铃等装饰节日环境；农村可用自然材料如麦秸秆、竹片、玉米皮等装饰环境，用易拉罐制作体育器械等。

三、创设幼儿园环境的注意事项

（一）重视幼儿园精神环境的创设

1. 建立安全、温暖、互相信任的师幼关系

学前儿童入园后，教师成为他心目中的新权威。建立平等、安全、温暖、互相信任的师幼关系对于学前儿童的成长和发展至关重要。

要想建立理想的师幼关系，要做到以下几点：

第一，树立新型的教育理念。受多元化文化和价值观的影响，学前儿童变得越来越有主见、思想和个性。这就要求幼儿教师要树立符合新时期幼儿心理和发展规律的教育理念。

第二，科学定位教师的角色。幼儿教师在日常教学、游戏和交往互动中，要注意体现学前儿童真正的主体性、独立性和创造性。既不是操纵、控制、导演学前儿童的活动，也不是放任自流、不干预学前儿童的活动。

第三，尊重学前儿童的尊严。幼儿教师在教育过程中要充分考虑学前儿童身心发展和兴趣的需要，尊重学前儿童的独立性，保护他们的自尊。严禁体罚、变相体罚，或以任何形式讽刺、挖苦学前儿童。

第四，提高教师素养。教师素养的高低直接影响着师幼之间的互动。因此，教师要不断提高自身对学前儿童的观察领悟能力，对自身行为的反思能力，以促进师幼关系的健康发展。

2. 学前儿童之间建立良好的同伴关系

法国作家维果斯基说："人生无友，恰似生命无阳光。"同伴关系是学期儿童生活中重要的人际关系。在幼儿园结交的小伙伴不仅仅是童年的快乐记忆，也是学前儿童社会化发展非常重要的动因，是其社会

化发展不可缺少的部分。

教师要帮助学前儿童建立良好的同伴关系。

教师可以通过安排合作活动、小组游戏等集体活动，让学前儿童有更多机会与同伴交流和合作。鼓励学前儿童分享玩具、食物等，让他们学会关心和考虑他人的感受。成人要树立正确榜样，教师和家长要展现出友善、互助的行为，成为学前儿童学习的榜样。当学前儿童之间发生冲突时，引导他们学会以和平、友善的方式解决问题。鼓励学前儿童主动与同伴交往，提高他们的社交能力。通过角色扮演等游戏活动，帮助学前儿童理解他人的感受和需求。观察学前儿童之间的交往，及时肯定学前儿童在与同伴交往中表现出的积极行为，增强他们的自信心。通过以上这些方法，可以帮助学前儿童建立良好的同伴关系，促进他们的社会性发展和情感健康。

（二）重视幼儿教师在幼儿园环境创设中的作用

教师的观念和行为是影响幼儿园环境质量的决定因素之一。

幼儿园应当为学前儿童创设生动活泼、富于变化的环境。教师在幼儿园环境的创设和维护中起着重要的作用。教师可以结合各个阶段的发展目标为学前儿童精心创造活动空间，让他们能够结合自己的兴趣去做想做的事，努力适应每个学前儿童的不同学习需要和学习兴趣，使其在与环境的互动中主动建构和学习，其潜能得到最大开发，成长获得最大快乐。

教师在幼儿园环境中的作用主要包括以下几个方面：

1. 参与创设环境

教师参与幼儿园环境的布置和装饰，创造一个温馨、有趣、富有教育意义的学习环境，激发学前儿童的学习兴趣。

2. 教育教学引导

教师通过教育教学活动，引导学前儿童积极参与环境探索和学习，培养他们的观察力、思考力和创造力。

3. 师生互动交流

教师与学前儿童之间的互动和交流，对学前儿童的成长和发展起着关键作用。他们可以通过与学前儿童的互动，了解他们的需求和兴趣，进一步优化环境。

4. 严抓安全管理

教师要确保幼儿园环境的安全和卫生，保障学前儿童的身心健康。

>>> 思考与练习

一、选择题

1. 幼儿园环境创设主要是（　　）。

A. 购买大型玩具　　　　　　　　B. 美化活动室环境

C. 建设塑胶跑道　　　　　　　　D. 创设良好的物质、精神环境

2. 为了发展幼儿的小肌肉群，幼儿园购买了珠子、雪花片等玩具；为了发展幼儿的大肌肉群，幼儿园购买了脚踏车，攀登架等玩具。这体现了幼儿园环境创设的（　　）。

A. 经济性原则　　B. 适宜性原则　　C. 开放性原则　　D. 幼儿参与的原则

二、简答题

幼儿园环境是非常重要的教育资源，必须重视环境建设。请按性质为幼儿园环境进行分类，并简述幼儿园环境创设应遵循的基本原则。

主题 5 幼儿园课程

"生活就是一连串的课程，而这些课程必须是能被生动地理解的。"

——爱默生

主题导读

《纲要》指出："幼儿园教育应尊重幼儿的人格和权利，尊重幼儿身心发展的规律和学习特点，以游戏为基本活动，保教并重，关注个别差异，促进每个幼儿富有个性的发展。"学前教育作为基础教育的重要组成部分，关注学前教育的价值与地位，关注影响学前教育高质量发展的关键要素——幼儿园课程建设，具有重要意义。

本主题主要阐述了研究幼儿园课程要解决的四个基本问题：幼儿园应达到什么样的教育目标；提供哪些教育内容才能实现这些教育目标；如何有效地组织教育内容；如何确定这些教育目标正在得以实现。

学习目标

知识目标

1. 了解幼儿园课程的基本要素及幼儿园课程目标的表述。
2. 理解幼儿园课程的含义、性质及特点，幼儿园课程内容及组织的有关知识，幼儿园课程评价的原则。
3. 掌握幼儿园课程目标的制定依据，选择和确定幼儿园课程内容的原则。

能力目标

1. 具有初步的批判和分析幼儿园课程的意识与能力。
2. 学会运用相关理论分析幼儿园课程实践中的各种现象。

素质目标

1. 塑造基本的幼儿园课程理论素养。
2. 乐于主动参与幼儿园课程编制。

知识脉络

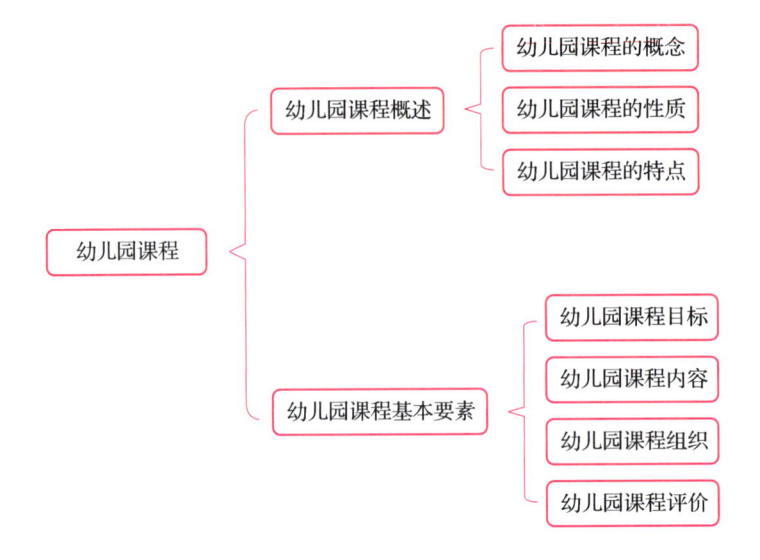

- 幼儿园课程
  - 幼儿园课程概述
    - 幼儿园课程的概念
    - 幼儿园课程的性质
    - 幼儿园课程的特点
  - 幼儿园课程基本要素
    - 幼儿园课程目标
    - 幼儿园课程内容
    - 幼儿园课程组织
    - 幼儿园课程评价

探寻1　幼儿园课程概述

>>> 情境导入

春节走亲访友，小文听到亲戚们茶余饭后谈论着孩子上幼儿园的情况。亲戚甲说："我家孩子放学后得先写完作业才能去玩。"亲戚乙疑惑地问："你家孩子不是在幼儿园吗？怎么还有作业？"甲说："对啊，在幼儿园学拼音、写字、计算，回家要完成作业。"乙一脸羡慕地说："你们上的幼儿园真好，我家孩子在幼儿园什么都不学，光知道玩。"

小文根据在校所学专业知识，说道："这是幼儿园课程内容小学化，不符合幼儿身心发展规律。"亲戚们反问："幼儿园不就是管小孩的吃喝拉撒，拼音汉字、计算啥的吗？"一时间小文不知道如何用专业知识回答。

幼儿园中幼儿吃喝拉撒的生活琐事是不是幼儿园课程的重要组成部分？幼儿园课程和中小学课程相比具有哪些特性？本主题将带大家一起思考和探索这些问题。

>>> 知识精讲

一、幼儿园课程的概念

结合幼儿学习的本质和特点，幼儿园课程可定义为：幼儿园课程是实现幼儿园教育目的的手段，是为了帮助幼儿获得有益的学习经验，促进其身心全面和谐发展的各种活动的总和。对于这一定义，我们可以分层理解。

1. 幼儿园课程是"活动"

用活动定义幼儿园课程，突出了幼儿学习的本质特征。教师可以通过活动了解幼儿的

课程经典界定

兴趣和需要，观察幼儿已有经验和身心发展水平，也可以通过创设活动情境、提供活动材料、引发活动主题等策略指导幼儿活动。

2. 幼儿园课程是"帮助幼儿获得有益的学习经验，促进其身心全面和谐发展的各种活动"

对"幼儿获得有益的学习经验""促进其身心全面和谐发展"的强调，突出了课程的目的性；也进一步明确了活动目的性、指向性的作用，使过程与结果、形式和实质更加密切地融合为一体。

3. 幼儿园课程是"各种活动的总和"

幼儿园课程不仅是幼儿园教学活动，还包括生活活动、游戏活动、社会实践活动、节日活动等。只要能帮助幼儿获得有益的学习经验，实现预期目标的活动，都是幼儿园课程的重要组成部分。

二、幼儿园课程的性质

幼儿园课程的性质是由3~6岁儿童身心发展规律、特点以及学前教育的性质所规定的，幼儿园课程是整个教育课程系统的子系统，它除了拥有课程的基本含义外，还具有自己的独特个性。

（一）幼儿园课程是终身教育的根基课程

学前教育是向下扎根的教育，在整个教育体系中处于奠基位置。从人的发展角度来看（图5-1），幼儿正处于人生发展的起始阶段，他们的自然生命正在接受着人类社会文化的熏陶，进行着社会化的过程。幼儿园课程是学前教育的载体，直接影响幼儿在这一阶段所获得的经验及发展，帮助他们认识周围世界，从而为其终身发展打下良好根基。

图5-1 人的一生发展

（二）幼儿园课程是基础素质教育课程

素质教育是教育的核心，坚定教育自信，弘扬我国优秀教育传统，吸收借鉴国外先进经验，构建德、智、体、美、劳全面培养的教育体系，就能不断提升学生综合素质。幼儿教育是基础教育的基础，更应该以素质教育为基本价值取向，幼儿园课程应该创设良好的情境，重视幼儿在活动中的操作、探索、交往等学习过程，促进幼儿身心的全面和谐发展，培养幼儿的独立性、主动性、创造性，从而帮助幼儿形成良好的素质。

（三）幼儿园课程是基础教育课程的基础部分

从教育体制的角度看，幼儿园教育是我国学制的最初环节。《规程》第二条明确规定："幼儿园是对3周岁以上学龄前幼儿实施保育和教育的机构。幼儿园教育是基础教育的重要组成部分，是学校教育制度的基础阶段。"幼儿园在整个学校教育体系中的位置决定了幼儿园课程在整个课程体系中的基础位置，在课程上为小学教育打基础，将幼儿园课程与小学课程相衔接，做好幼小衔接工作。

（四）幼儿园课程是非义务教育课程

《中华人民共和国义务教育法》规定我国实行九年义务教育制度。义务教育是国家统一实施的所有适

龄儿童、少年必须接受的教育，是国家必须予以保障的公益性事业。我国目前义务教育年限包括小学阶段和初中阶段，幼儿园教育不属于义务教育，因此幼儿园课程也不是义务教育课程，不具有义务性和强制性。教师在幼儿园中不需要强迫幼儿学习，不应布置作业、进行考试或补习，而应当按照幼儿的身心发展水平、需要和兴趣，创设适宜的教育情境，提供丰富且具有层次性的材料，组织实施多样化的活动，促进幼儿在原有水平基础上得到发展。

三、幼儿园课程的特点

幼儿学习和发展的特点决定了幼儿园课程的内容及形式，幼儿园课程与其他课程相比，具有以下特点：

（一）融于幼儿的一日生活，具有生活性

幼儿处于身心发展的特殊时期，在这一阶段需要学习基本的生活卫生习惯、生活自理能力、与人相处的态度及基本常识，而对这些的学习离不开幼儿的生活。由于幼儿思维是形象、直观的，幼儿只有在现实生活中，通过与大量的人、事、物相互作用，通过感知、操作、交往、探究获得知识，习得态度，体验情感，形成个性。因此，课程内容来源于幼儿的生活，课程实施贯穿幼儿一日生活的各个环节，幼儿园课程必须具有浓厚的生活特征。

> **拓展延伸**
>
> 《纲要》中与"生活"有关的条款有十多处，可以归为三类：①选择幼儿的生活作为学习的内容，如"建立科学的一日生活常规""培养幼儿形成良好的饮食、睡眠、盥洗、排泄等生活习惯"；②利用幼儿的生活进行学习，如"密切结合幼儿的生活进行安全、营养和保健教育""幼儿社会态度和社会情感的培养渗透在多种活动和一日生活的各个环节中"等；③为了幼儿的生活进行学习，如"有基本的生活自理能力""遵守日常生活中基本的社会行为规则"等。
>
> ——孙立明《幼儿园课程的适宜性、文化性与生活性》

（二）以游戏为基本形式，具有游戏性

游戏与幼儿有着天然的联系，其符合幼儿的年龄特征，满足幼儿的各种身心需要，是幼儿园课程的基本活动。推动课程游戏化贴近幼儿实际发展水平，贴近幼儿的学习特点，更贴近幼儿的兴趣和需要。幼儿园课程以游戏为基本形式，为幼儿提供轻松、愉悦、自由的氛围，实现学习与游戏的辩证统一，让幼儿在幼儿园课程中自主探索、专注投入，激发兴趣，获得更多经验。幼儿的内心是游戏的，幼儿的心灵有游戏的种子，幼儿的内心更贴近游戏。因此，游戏性是幼儿园课程不可或缺的特点。

（三）课程内容相互渗透，具有综合性

幼儿是"完整的人"，幼儿生活是整体的，多个领域之间相互联系，因此，幼儿园课程内容是综合的。幼儿园课程划分为健康、语言、社会、科学和艺术五大领域，各个领域的内容相互渗透，从不同的角度促进幼儿情感、态度、能力、知识、技能等方面的发展；幼儿园课程活动的组织也注重综合性、趣味性、生活性；幼儿园课程综合利用各种资源，扩展幼儿生活和学习的空间。

（四）借助具体的活动情境，具有直接经验性

幼儿的生理、心理的发展及其学习特点，决定了其学习方式与中小学生不同。在中小学课程中，学生所进行的是集中书本上的系统学科知识的学习，以间接经验的学习为主，而幼儿园课程中，幼儿学习主要来源于具体活动情境的直接经验。对于幼儿而言，只有以直接经验为基础的学习才是有意义的学习，幼儿必须借助具体的情境和事物，在参与、探索和交往中学习，离开了具体的活动情境，幼儿园课程就没有了鲜活的生命力。从这一意义上来说，幼儿园课程具有直接经验性。

案例链接

教师带着幼儿观察笼子里的豚鼠。

教师提出问题：豚鼠喜欢吃什么。在幼儿猜谜般地说出"糖果""巧克力""牛奶"之后，教师拿出生菜，幼儿拿出糖果、巧克力等，把它们都放进笼子，幼儿惊讶地发现：豚鼠吃生菜！

接着，教师提出另一个问题：豚鼠是如何发现生菜的？是看到的、听到的还是嗅到的？幼儿又众说纷纭。教师建议几个幼儿用绿色纸剪出"假生菜"，和真生菜一起放入笼中，结果豚鼠直奔真生菜，"看到的"被排除掉了。

随后，几个幼儿把生菜嚼得很响，豚鼠还是充耳不闻，"听到的"也被排除了。结论是"嗅到的"。

最后，幼儿将自己的发现以"报告"的形式呈现出来，"报告"上画了只豚鼠，贴上了纸生菜，还将糖果纸等贴到了边上……在这里，教师事先并没有考虑"领域"，课程未按领域进行，却将各领域都自然而然地包含进去了。

思考与练习

一、选择题

1. 实现幼儿园教育目的的手段，帮助幼儿获得有益的学习经验，促进其身心全面和谐发展的各种活动的总和的是（　　）。

A. 幼儿园教学活动　　B. 幼儿园课程　　C. 教学内容　　D. 幼儿园环境

2. 下列关于幼儿园课程性质的说法不正确的是（　　）。

A. 幼儿园课程是终身教育的根基课程　　B. 幼儿园课程是基础素质教育课程
C. 幼儿园课程是基础教育课程的基础部分　　D. 幼儿园课程是义务教育课程

二、简答题

1. 简述幼儿园课程的性质。
2. 简述幼儿园课程的特点。

探寻2　幼儿园课程基本要素

情境导入

2018年7月，教育部发布《关于开展幼儿园"小学化"专项治理工作的通知》。该通知中表示近年来，各地坚持发展与质量并重，促进幼儿园保育教育水平不断提高。但一些幼儿园违背幼儿身心发展规律和认知特点，提前教授小学内容、强化知识技能训练，"小学化"倾向比较严重，这不仅剥夺了幼儿童年的快乐，更挫伤了幼儿的学习兴趣，影响了其身心健康发展。该通知在治理任务中更是强调：严禁教授小学课程内容。对于提前教授汉语拼音、识字、计算、英语等小学课程内容的，要坚决予以禁止。

读了上述专项治理通知的内容，你有什么想法？有什么疑问？

幼儿园"小学化"是我国学前教育长期存在的一个问题，其突出表现就是在幼儿园提前教授小学课程内容，导致"种了人家的地，荒了自己的田"。那么，幼儿园课程应"教什么""怎么教"？下面将就这些问题进行介绍。

知识精讲

幼儿园课程的基本要素包括课程目标、课程内容、课程组织、课程评价。

一、幼儿园课程目标

课程目标与教育目的、教育目标是有内在联系的，从教育目的到教育目标再到课程目标是一个从宏观到中观再到微观，从抽象到具体的过程。在教育系统中，教育目的、教育目标、课程目标、教学目标等构成了一个有机的整体，如图5-2所示。

教育目的 → 教育目标 → 课程目标 → 教学目标

图5-2 教育目的、教育目标、课程目标、教学目标关系

（一）幼儿园课程目标的内涵

幼儿园课程目标是指幼儿园课程本身要实现的具体价值和意图，它规定了幼儿通过课程学习后所期望达到的程度。我国自2001年试行的《纲要》将幼儿园教育内容相对划分为健康、语言、社会、科学、艺术等五大领域，提出各个领域的具体目标。例如，健康领域的目标为：身体健康，在集体生活中情绪安定、愉快；生活、卫生习惯良好，有基本的生活自理能力；知道必要的安全保健常识，学习保护自己；喜欢参加体育活动，动作协调、灵活。

幼儿园课程目标与中小学课程目标相比，学科性、知识的系统性并不明显，课程目标更具整合性，目标对幼儿更具一般发展性。

（二）幼儿园课程目标的作用

课程目标引导课程整体方向，其作用具体表现为以下几方面：

1. 课程目标是制订幼儿园教育活动计划的依据

幼儿园教育活动是幼儿园课程的具体体现，实施时要与课程目标相对应，制订出各层次的教育活动计划，同时具体教育活动计划要有目标意识，围绕课程目标，为实现课程目标开展相关活动。比如，依据幼儿科学领域目标——"爱护动植物，关心周围环境，亲近大自然，珍惜自然资源，有初步的环保意识"，某幼儿园在某学期选定了"我与小树共成长"的主题，在主题下确定目标：①知道树木花草是我们人类的好朋友。②积极与同伴协作劳动，在活动中遵守规则，体会与他人合作劳动的快乐。③感受大自然、周围环境的美好，建立环保意识与责任感。依此目标要求，教师设计了在园内浇树、松土、挂树牌、制作树叶书签、测量小树高度等具体的活动。

2. 课程目标是选择和确定幼儿园课程内容的依据

幼儿园课程内容是幼儿园课程目标的载体。从幼儿园课程目标的具体要求来看，它对课程内容进行了两个方面的规定。一是规定了课程内容的范围。幼儿园课程内容既要满足幼儿的当前需要，又要具有可持续发展价值；促进幼儿身体、认知、语言、情感和社会性等方面的协调发展，所以，幼儿园课程内容应涉及与上述身心发展方面相对应的健康、语言、社会、科学、艺术等各领域，而且每一领域都要强调幼儿对有关知识与技能、探索与解决问题的方法、兴趣与态度、能力与习惯的获得。二是规定了课程内容的深度。受幼儿身心发展水平、规律及特点制约，幼儿园课程目标不可能定得太高，课程内容相对浅显。

3. 课程目标是引导幼儿园教育活动实施的依据

幼儿园教育活动实施是将课程目标由理想转变为现实的最直接环节。首先，教育活动实施要符合全面发展的整体目标要求，教师要有整体目标意识，不能只注重其对幼儿某一方面的发展功能，而忽视活动过程中各种因素对幼儿其他方面的影响，也要注意挖掘活动过程的全面发展教育功能，如体育活动中幼儿走平衡木，不仅要注意发展幼儿的平衡技术，也要磨炼幼儿意志，使幼儿养成坚强、大胆等个性品质。其次，在具体教育活动实施过程中，其内容、组织方式、方法、手段等相互之间的协调需要靠目标的指引和调节。

4. 课程目标是评价幼儿园教育活动效果的依据

幼儿园教育活动评价即了解课程目标的达成程度，判断课程的成效，发现课程的问题，分析原因，提出对策，不断改进和完善课程。课程运作的"终点"即教育活动效果的评价，既可以反映本次课程价值的有效信息，同时又能为幼儿园课程的进一步发展提供切实可行的决策依据，而这些结果的呈现需要课程目标为建立教育活动评价体系提供标准。

（三）制定幼儿园课程目标的依据

幼儿园课程目标确立的依据主要有国家关于幼儿园的教育目标、幼儿的身心发展规律和特点、幼儿园的环境条件。

1. 国家关于幼儿园的教育目标

国家关于幼儿园的教育目标是幼儿园制定课程目标的根本依据。正如2001年颁发的《纲要》所提："认真组织各级教育行政部门负责幼儿教育工作的行政人员、教研人员、幼儿园园长和教师学习和理解《纲要》，以有效地依据《纲要》的指导思想和基本要求，根据儿童发展的实际需要，制订教育计划和组织教育活动，进一步更新教育观念，提高教育技能。"指令性文件包括《纲要》《规程》和《指南》等。

2. 幼儿的身心发展规律和特点

幼儿园课程目标的制定应坚持"幼儿为本"的理念，遵循幼儿身心发展规律，尊重幼儿年龄特点，考虑幼儿兴趣和需要，制定符合并能推动幼儿在原有基本经验基础上得到发展的目标。每个幼儿的发展水平和特点具有差异性，因此，应为不同幼儿制定不同的课程目标，特别要注意为特殊幼儿制定个性化课程目标，将目标的针对性和层次性有效结合。

3. 幼儿园的环境条件

课程目标的实现需要环境的支撑，因此制定幼儿园课程目标需考虑幼儿园的环境条件，既包括园内环境条件，如设施设备、材料、师资等；又包括园外环境条件，如家庭、社区中可利用的资源。不同环境条件的幼儿园应提出不同的课程目标。比如，围绕"红色教育"开展主题活动，不同地区幼儿园根据当地文化、精神、资源提出不同的目标，继而开展不同的活动内容。

（四）幼儿园课程目标的结构与表述

幼儿园课程目标的结构可以从横向和纵向来分析，对课程目标的表述一般有两个角度，一是从幼儿出发，二是从教师出发。

1. 幼儿园课程目标的结构

（1）纵向结构。

对幼儿园课程目标结构的纵向分析，可以从上到下分为四个层次，如图5-3所示。

幼儿园课程总目标	概括
年龄阶段（学年）目标	
单元目标（时间单元或主题单元）	
具体教育活动目标	具体

图5-3 幼儿园课程目标层次

①幼儿园课程总目标。

这类目标一般比较宏观，表述比较抽象、概括。如前面所叙述的我国幼儿园课程中五大领域的目标。

②年龄阶段（学年）目标。

这类目标是在某一年龄阶段的体现。例如《指南》对儿童不同领域不同年龄阶段的发展目标做出明确规定，如健康领域的目标，请扫码查看。

《3~6岁儿童学习与发展指南》

③单元目标。

单元目标是对年龄阶段目标的再分解。单元目标可以以时间为单元，也可以以主题为单元。以时间为单元，这个层次的目标相当于学期计划、月计划、周计划。以主题为单元，它所涉及的范围相对更小一些，如中班主题活动"磁铁的秘密"的主题目标为：乐于探索磁铁的秘密，积极参与收集、探索、游戏活动；了解磁铁的种类，知道磁铁的形状是多样的；初步学习观察、记录，愿意大胆猜想并和同伴分享成果。

④具体教育活动目标。

这是微观层面的课程目标，可以是教学活动的目标，可以是区域活动的目标，也可以是实践活动的目标。要注意的是：具体教育活动不能仅仅理解为集体教学活动，其形式可以多样化。这个层面的目标一般要求表述要具体、清晰，具备可实施性。

（2）横向结构。

由于幼儿年龄较小，身心发展迅速，幼儿园课程目标应着眼于幼儿身心全面和谐发展。在建构幼儿园课程目标时既要考虑幼儿的心理结构，即认知、情感、动作技能三个方面的发展，也要考虑幼儿园课程内容结构，如健康、语言、社会、科学、艺术领域，还要考虑幼儿的年龄结构，全面兼顾三个维度，如图5-4所示。

2. 幼儿园课程目标的表述

（1）幼儿角度。

从幼儿角度出发表述课程目标更能明确幼儿通过学习应该达到的发展程度，可以帮助教师更多地关注幼儿"学什么"与"怎么学"，关注幼儿的学习方式和学习效果，

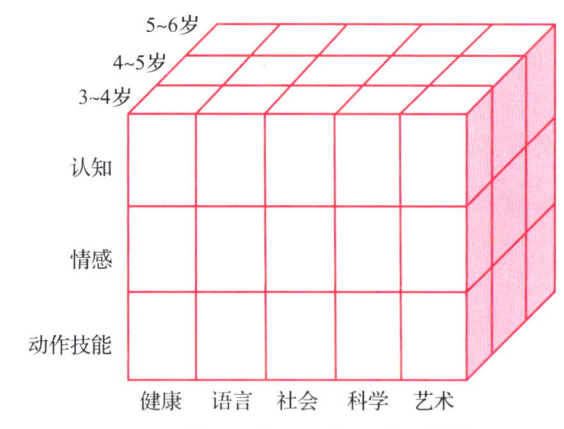

图5-4 幼儿园课程目标三维立体模型

更好地体现"幼儿为本"理念，站在幼儿视角体验活动，感受幼儿需要，这也是多数人主张的表述角度。如大班语言领域故事活动"香喷喷的轮子"的活动目标为：

①丰富词汇：香喷喷、圆溜溜；根据故事线索讲述小松鼠把巧克力豆变成轮子、帽子和扣子帮助别人的故事内容，感受故事的有趣。

②大胆想象故事情节的发展，用故事表演表达自己对故事的理解。

③初步尝试续编故事结尾，享受互相帮助的快乐。

（2）教师角度。

从教师角度出发表述课程目标，指明了教师应该做的工作与应该努力达到的教育效果，对于教师明确自己在课堂教学中的角色与作用有很大的帮助，如大班"猜新娘"活动目标为：

①通过创设游戏情境，引导幼儿根据动物的某一关键特征进行猜测。

②鼓励幼儿大胆猜测，帮助幼儿学习简单的观察、比较方法，体验游戏活动的快乐。

从教师角度出发表述课程目标时，要避免教师过多地关注自己"教"而忽视了幼儿的主体地位。

二、幼儿园课程内容

幼儿园课程内容是幼儿园课程四大基本要素之一。课程内容是课程目标的具体表达，也是实现课程

目标的手段，影响着课程实施的方式，是课程内在结构的核心部分。幼儿园课程内容是指依照幼儿园课程目标选定的、通过一定形式表现和组织的基本知识、基本态度、基本行为，也就是说教师应该教、幼儿应该学的"东西"。

（一）幼儿园课程内容的形态

对幼儿园课程内容大致有以下三种理解：

1. 知识与经验

知识是人们在改造世界的实践中所获得的认识的总和。知识一般分为两大类，一类是关于事物的特征、本质、规律等的知识，其中，幼儿要掌握的主要是简单知识；另一类是涉及如何认识事物以便掌握学习新知识的方法性知识，它对幼儿的发展也具有重大价值。

经验既包括人的认识活动所产生的结果，也包括在认识过程中所产生的一切内心体验和思想情感。在幼儿园课程中，要重视幼儿积极主动地获得知识及各种体验的过程，培养幼儿积极、正确稳定的情感态度，如自信心、责任感、尊重、同情。知识与经验是幼儿园课程内容最内在的形态。

2. 人、事、物的现象与情景

幼儿园课程的内容应当帮助幼儿对自己所生活的环境和世界有所认识，即人、事、物的现象与情境，包括树木、山川、日月星辰、飞禽走兽、风雨雷电、一年四季等自然现象，各种人工制造的物品、社会文化和风俗等社会现象，以及人自身的身心状况及其变化。

情境是情和境的统一体，作为幼儿园课程内容，情境分为现实生活情境和人为创设的教育情境两种，其中，现实生活是幼儿最主要的学习情境。

3. 活动

幼儿在情境中发挥主体性，与人、事、物相互作用便构成活动。幼儿的活动分为两大类，一是实物操作活动，二是人的交往活动。基本活动可以概括为幼儿园里的各种生活活动、游戏活动和学习活动等。在幼儿园中，幼儿需要了解和掌握的基本活动方式往往存在于他们经常进行的活动中，即使教师选择的活动也需要教会或者改正幼儿生活中的技能和经验。幼儿园活动如图5-5所示。

图5-5 幼儿园活动

（二）选择与确定幼儿园课程内容的原则

为保证课程内容符合课程目标的方向与要求，使幼儿有意义地、有效地进行学习，幼儿园课程内容的选择与确定必须遵循以下原则：

1. 符合幼儿园课程目标，满足幼儿全面发展的整体需要

课程要促进幼儿身体、语言、认知、情感、社会性等方面的全面而和谐的发展。因而，在选择课程内容时，要注意整体的范围，考虑健康、语言、科学、社会、艺术等领域内容的平衡，不能偏重于某个领域而忽视其他领域，还要注意各方面基本知识与技能、情感和态度的完善。当然，因为幼儿身心发展

的各方面之间是有机联系的，课程内容要精心策划，与幼儿互动，让难以体现的情感、态度类目标在课程内容中表现出来。

2. 符合幼儿的发展规律和特点，保证幼儿学习的有效性

课程内容的选择要充分考虑不同年龄阶段幼儿的一般发展规律和特点，还要考虑同一年龄阶段幼儿的个体差异性。幼儿园课程内容首先应帮助幼儿解决生命延续、生理机能增长、健康心理获得、人格品行奠基等当前人生及今后发展的基本问题；其次是对个体自己、个体与他人、个人与自然、个人与社会的关系的认识和体验为基本构成；最后应该是最粗浅的具有形象性、贴近幼儿生活的知识，是最基本的经验，最常见而表面的事物和现象，最简单的活动。在"知识大爆炸"时代，既要保证幼儿园课程内容为幼儿所必需，又要使幼儿的学习具有有效性。

【教育箴言】

教师的任务不是讲解，而是在为儿童设置的特殊环境中预备和安排一系列有目的的文化活动主题。

——蒙台梭利

3. 适合幼儿的现有水平，对幼儿的学习具有一定的挑战性

幼儿园课程内容既适合幼儿的现有水平，又有一定的挑战性。要关注幼儿的"最近发展区"。"最近发展区"在考虑幼儿已经达到的发展水平的同时，也进一步考虑在成人帮助下幼儿将达到的潜在水平，适宜的课程内容处于两者之间。选择与确定课程内容时，教育者应以深入观察研究幼儿为前提，充分了解幼儿的已有经验，选择对幼儿具有挑战性的新经验，使课程内容真正具有促进幼儿发展的价值。

4. 贴近幼儿的实际生活，有利于形成一定的知识结构

提供给幼儿的学习内容，应尽可能是幼儿看得见、摸得着的，要让他们能够亲身体验与感受，正如陈鹤琴先生所说："大自然、大社会，都是活教材。"如果让幼儿学习生活中接触不到的事物，会使他们感到难以理解，如果勉强教给他们，不仅浪费时间和精力，而且会降低他们学习的兴趣。

贴近幼儿生活并不是简单的重复生活，而是通过学习，帮助幼儿拓展、整理、提升生活经验，加深幼儿对于生活的理解，正所谓"源于生活，高于生活"。因此，选择和确定幼儿园课程内容，在强调联系幼儿生活实际的同时，还要注意由已知到未知、由浅入深、由近及远、由简到繁地逐步扩展幼儿的认知范围，引导幼儿在实际生活中应用并整理已获得的经验，以形成一定的知识结构。

三、幼儿园课程组织

课程组织工作具体包括幼儿园课程计划的制订、课程内容的编制、教育活动组织与指导方式的选择等。

（一）幼儿园课程计划的制订

1. 课程计划的分类

与各层次课程目标和各时段相对应，幼儿园课程计划分为年龄班计划、学期计划、月计划、周计划、具体教学活动计划。

（1）年龄班计划。

年龄班计划是一个整体性规划，一般由幼儿园园长或主任组织教师根据《规程》《指南》《纲要》等的相关规定与要求，依据幼儿园培养目标制订。该计划是在说明各年龄班的课程目标、对全园的教育资源做出统筹安排、考虑全园全年重大活动的基础上，对各年龄班全年的课程范围和进度制订出计划。

（2）学期计划。

学期计划由班级教师共同制订，它是依据年龄班的课程目标和年龄班计划订出学期的课程目标和学期各月（周）的活动安排。实质上是对全年计划按学期进行划分。

（3）月计划。

月计划由班级教师共同制订，它是在学期计划的指导下，制订出每月的教育重点。如

果采用"主题综合课程"则由主题计划代替月计划，即学期计划的下一级便是主题计划。主题计划要订出主题所需时间、主题活动导引、环境创设的内容等。

（4）周计划。

周计划也由班级教师共同制订，它是在学期计划、月计划的指导下，制订出周的教育要点，并将教育教学活动安排到本周的每一天中。如果月计划采用的是"主题综合课程"，则周计划也要订出主题名称、主题教学名称、活动，进行环境创设等。

（5）具体教学活动计划。

具体教学活动计划也由班级教师共同制订，包括一日活动安排和活动设计，它是计划拟定的重点。

一日活动安排是对一天的各个具体时段上的活动做出安排。这种安排一般应注意以下几个方面：各类活动综合考虑、平衡安排；遵循动静交替的原则；季节更替等。它可以通过周计划表体现出来。

活动设计以教案呈现，其具体内容包括设计意图、活动目标、活动重难点、材料准备、活动过程等。

2. 课程计划制订应注意的问题

幼儿园课程计划的制订是行动的指南，明确了教师、家长以及幼儿在某一时期的努力方向，但幼儿园课程计划制订需注意以下两个问题：

（1）课程计划的制订应具有灵活性。

课程计划的制订具有预期性、方向性的特点，制订课程计划时要考虑季节特点、偶发事件的发生等情况灵活安排。要有合理的每学期、每月、每周、一日计划等，保证各个计划中的每一项活动的时间和质量，减少消极等待的时间。同时也要注意计划本身具有弹性，不拘泥于一定的操作模式，教师要根据外在环境等的变化，充分运用教育智慧，因地、因时、因人、因材料，灵活地修订课程计划。

（2）课程计划的制订应具有整合性。

制订幼儿园课程计划应根据"幼儿为本"的理念，遵循幼儿身心发展规律和年龄特点，关注幼儿作为"整体人"的存在，既要考虑到外显的行为，也要考虑到内在的高级情感，满足幼儿全面和谐发展的要求。课程计划要体现整合性，应注意目标、内容、方法、活动以及资源的整合，体现课程的均衡，考虑各领域的有机联系，相互渗透，制订符合幼儿学习特点和认知规律的计划，推动幼儿在原有基本经验的基础上向前发展。

（二）幼儿园课程内容的编制

课程内容的编制是指对课程内容进行组合，形成一定结构的工作，幼儿园较常见的课程内容编制方式有三种：

1. 分科课程

分科课程是以科目为单位对课程内容进行编制的一种方式，如幼儿园采用健康、语言、社会、科学、艺术等分领域的组织方式。

这种方式强调一门科目逻辑体系的完整性，有利于幼儿获得系统的知识；有利于传承人类文化遗产；有助于组织教学与评价，便于提高效率。但容易忽视幼儿的需要、经验和生活；肢解幼儿完整的生活；忽略社会和生活的现实需要。

2. 核心课程

核心课程又称生活中心课程或单元课程，是围绕幼儿社会生活中的主题编制课程内容，目的在于使幼儿获得完整的生活经验，增强幼儿对生活的适应性。

这种方式打破了学科界限，使幼儿在运用已有知识解决问题的过程中主动学习，扩充新经验，并获得身心的和谐发展，但不利于幼儿掌握系统的知识。

3. 活动课程

活动课程又称经验课程或幼儿中心课程，是以幼儿的主体性经验为中心组织课程内容，以幼儿的兴趣和动机为课程编制的基本着眼点。

这种方式有利于幼儿个人直接经验的发展，有助于幼儿在解决所面临的各种问题的过程中建构经验与发展人格；但容易忽略学习内容本身的知识体系以及传统文化的价值，也要求教师具有相当高的教育艺术。

（三）幼儿园教育活动组织与指导方式的选择

对幼儿园教育活动组织与指导方式可从以下不同的角度进行划分。

1. 直接教学活动、间接教学活动

依据教师的指导方式，幼儿园教育活动可分为直接教学活动和间接教学活动。

直接教学指教师按照教育目标，直接把教育内容传递给幼儿。例如，给幼儿讲古今中外故事、讲科学家的发现；工具和物品的使用方法、画画涂色的技巧等；告诉幼儿他们能够理解的国家大事、新闻信息等。这种方式清楚明确、系统有序、省时经济，操作起来有一定的模式可循，但幼儿缺乏知识和经验，对言语的理解能力有限，因此对"教"的内容不容易真正掌握；容易形成教师向幼儿的单向灌输；幼儿自主学习机会少，其主动性、创造性难以得到发展。

间接教学是指教师利用环境中适当的中介，如玩具、榜样、幼儿关心的现象等，迂回地达到教育目的；幼儿通过动手操作、亲自实践、与人交往等获得直接经验、体验以及思维方法的学习方式。这种方式能较充分地发挥幼儿的自主性，通过尝试主动学习和发展，获得有意义的直接经验，有利于从根本上发展幼儿的兴趣、情感、能力。同时，增加教师与幼儿交往的机会，以自然的方式接近幼儿的生活，幼儿在潜移默化中接受教育影响。但幼儿获得的知识、经验容易变得零散、琐碎、表面、缺乏系统性。间接教学的指导比直接教学的指导困难得多，对教师来说具有一定的挑战性。

2. 集体活动、小组活动、个别活动

依据组织形式，幼儿园教育活动可分为集体活动、小组活动和个别活动。

集体活动是指全班幼儿在同时间以统一要求、统一步骤和方法进行同内容的活动。它是一种最为经济的组织形式。集体活动通过明确的教育目标、有效的活动过程来提高效率，帮助幼儿在短时间内实现对课程内容的认知和掌握，但随着时代的发展，社会要求个体具备自主学习和主动发展的能力和素养，此时集体活动难以照顾每位幼儿的需要。幼儿园集体活动如图5-6所示。

图5-6 幼儿园集体活动

小组活动是指由少数幼儿组成小组进行活动。小组活动可以是教师有计划安排的，可以是教师组织引导的，也可以是幼儿自发形成的。小组活动是相对于集体活动而言的，它的特征是人数相对较少，因而容易让幼儿按自己的速度和方式去操作材料，和同伴、教师交谈，做需要做的事；还可以让幼儿在小组活动中学会与他人分享、协商，有助于培养责任心。在小组活动中，以幼儿的主动学习为主，教师的责任更多地是观察了解幼儿并给予适当和必要的引导及帮助。

个别活动是幼儿单独或一两个幼儿在一起进行活动。个别活动可以是幼儿自发的，也可以是教师以幼儿现有的能力水平为基础，采取满足幼儿个体需要、兴趣和能力的活动组织与实施方式，以此来促进幼儿的个性化发展。个别活动如图5-7所示。

在具体组织活动时，我们要根据活动目标、内容以及有关情况对集体活动、小组活动、个别活动进行灵活选择。通常，一个活动中需要三种组织形式穿插综合运用。无论采用哪种组织形式，在活动当中都应该创造条件，努力发挥幼儿与教师、幼儿与材料、幼儿与幼儿之间的相互作用。

图5-7 个别活动

对幼儿园教育活动进行划分还可以有其他的维度。比如，依据活动的地点，可以把幼儿园教育活动分为室内活动、室外活动、园外活动；依据活动中的教育结构性程度，可以分为教师有计划安排并专门组织的活动、通过创设环境组织和引导的幼儿自选活动、幼儿的自发自主活动。

四、幼儿园课程评价

课程评价为课程实践者完善课程、提高课程的适应性提供调整的信息，并为教育行政部门鉴定课程方案提供决策依据。在课程实施前、实施过程中及实施完成后分别进行课程评价，便于调整课程目标、评估及诊断学习过程、检验目标达成程度。

（一）幼儿园课程评价的目的

指导和支撑幼儿园课程评价的首要问题是：为什么要对课程进行评价？即幼儿园课程评价的目的。

1. 了解幼儿的实际发展状况

对幼儿园课程全过程进行评价，可以帮助教师对幼儿的身心发展状况、经验基础、家庭背景等方面有一个初步的评价；帮助教师及时记录幼儿在教育过程的行为反应，全过程动态评价幼儿个别行为；帮助教师对照课程目标，测查评估幼儿身心各方面发展的整体性与均衡性，包括身体、认知、情感、社会性、语言等几个方面。

2. 了解课程实施各环节的合理性

对照预定教育目标，检查和评估幼儿教育活动计划在目标、内容、实施方法等各个环节是否合理；对照有关要求，了解教师的行为、态度，教师与幼儿的关系和互动方式等是否有利于课程目标的实现。

3. 反思和改进教学工作

在评价的过程中发现不足和问题，可以及时地通过信息反馈引起注意，使课程在不断修订的过程中尽可能得到完善，促进教学工作的改进，提高教学质量，为开发新的课程提供依据。同时，帮助教师了解自身发展的优势与不足，不断反思和调节自己的课程和教学行为，从而促进课程与教学的持续发展。

拓展延伸

评价的过程，实质上是判定课程与教学计划在多大程度上实现了教育目标的过程。然而，由于教育目标本质上是描述人的行为的变化，即是说，目标的用意在于使学生的行为类型产生某些期望的变化，因而，评价就是判定这些行为变化实际发生的程度的过程。

——泰勒

（二）幼儿园课程评价的内容

从一般意义上看，幼儿园课程评价的内容和范围是比较广泛的，大致可以分为课程计划评价、课程实施过程评价、课程效果评价。

1. 课程计划评价

课程计划评价是课程实施的起点。课程计划评价主要是指幼儿园在使用课程之前，为保证幼儿园课程的质量，必须对课程计划做出慎重的评价，看该课程的理念与《规程》《纲要》和《指南》的精神是否一致，课程结构是否合理，是否有助于促进幼儿的全面发展，课程资源是否丰富，是否方便教师使用，课程内容是否符合地方和幼儿园实际，等等。

2. 课程实施过程评价

对课程实施过程的评价是课程评价的中心内容。具体而言，课程实施过程评价主要包括对幼儿的评价、对教育活动和教师的评价。

（1）对幼儿的评价。

对幼儿的评价主要涉及：一是幼儿健康与动作发展，包括大肌肉动作（走、跑、跳、投掷等）、小肌肉动作（画、剪、折等）；二是认知与语言发展，包括感知能力（空间知觉、时间知觉、观察力等）、思维能力（分类、想象、推理、数概念等）、知识经验（季节、动物、植物等）；三是品德与社会应发展，包括社会情感（关心他人、责任感等）、社会认知（社会规则、社会认识等）、社会交往（适应能力、交往能力、人际关系等）、文明行为（礼貌、友爱、诚实等）、自我意识的发展（独立性、自尊心、主动性等）；四是艺术与情感发展，包括幼儿的情绪情感、对音乐和美术的感受和表现力等；五是习惯与自己能力发展，包括生活习惯（如厕、进餐、穿衣等）、学习习惯（学习兴趣、专注力等）、自我保护能力（安全意识、躲避危险等）。

（2）对教育活动和教师的评价。

对教育活动的评价包括教育活动目标、教育活动内容、环境创设、材料提供、运用与此相关联的教学方法和手段、师生互动的质量。通过对教育活动的评价，可以动态地了解幼儿对课程的适宜状况，发现课程存在的问题，及时调整课程。

对教师的评价涉及：一是活动的设计与组织，包括教师的教育观念、内容的选择和设计、教育方法的运用、教学重点安排、环境的创设、教师基本技能等；二是安全工作，包括预见发生危险的能力、应急能力等；三是卫生保健工作，包括课程安排是否符合生活作息制度等；四是对幼儿的管理，包括对幼儿的态度与方式、习惯养成等。

3. 课程效果评价

课程效果评价是一种终结性评价，主要是对课程实施在幼儿和教师身上所引起的发展变化的分析和评判，是衡量课程计划和教育教学适宜性的最终环节。课程效果评价是检验学前教育质量的重要一环。课程的效果主要从幼儿的发展、教师教育行为的变化这两个方面做出评价。

（三）幼儿园课程评价的过程

进行幼儿园课程评价，首先要确定评价的目的，某次根据评价目的搜集相关信息并及时组织材料、对照标准分析材料，最后报告评价结果。

1. 确定目的

幼儿园课程评价的目的是要了解幼儿园课程的水平和现状，为管理者决策服务。幼儿园课程评价目的的确定与评价者的需要直接相联系。如果评价者想了解课程工作的全貌，就从计划、实施、效果等进行全面的评价；如果只想了解课程某项工作或幼儿某方面发展水平，如教育活动环境创设情况、幼儿专注力情况等，则只要进行这些个别项目的评价即可。

2. 搜集信息

搜集信息是评价实施的中心工作，也是最为艰巨的工作，要求评价者以科学的态度、正确的方法和良好的工作状态开展这项工作，评价者要尽可能通过观察、测量、访谈、调查等多种方法从各方面搜集真实、客观的数据资料，为科学评价幼儿园课程服务。

> **拓展延伸**
>
> 根据幼儿园课程评价的目的，设计评价方案，这是实施幼儿园教育评价搜集信息的重要准备工作。评价方案的编制，一般要从如下几个角度进行：①分解目标，形成指标体系；②界定标准，形成标准体系；③形成计量体系。除上述以外，还应同时做好评价准备工作：①确定评价班子，评价前要对小组内的人员进行培训，并对参与评价的人员进行分工，使大家在实施评价时能做到各尽其责，各司其职；②文件、工具准备。即为评价的顺利进行而准备评价方案、评价登记表、资料汇总表以及所需的标准化测量工具等，也包括施测时所需的笔、纸等。

3. 组织材料

在掌握大量有关材料的基础上，需要组织材料，这包括两个方面：一是评价人员可以对每一个具体的项目进行评分，然后对多个项目的评分进行汇总，并进行初步的统计分析。二是对一些访谈记录、作品、观察记录等材料分门别类进行整理，以便对比分析。

4. 分析材料

评价人员要对评价结果进行科学、客观的分析，对照评价目的，分析幼儿发展状况、教师工作情况、课程实施各环节安排情况等。

5. 报告结果

科学分析材料后，报告评价结果。对教师教育工作的评价结果应该反馈给教师本人，以便教师了解自己的工作状态，调整自己的教育行为，扬长避短。对幼儿发展情况的评价结果也要及时反馈给教师和家长，教师对幼儿的评价也要反馈给本班的其他教师、园领导和家长，以便采取积极的应对措施，因人施教。

（四）幼儿园课程评价的原则

幼儿园课程评价需遵循以下四个原则：

1. 评价应有利于改进和发展课程

对幼儿园教育计划执行情况以及教育效果进行测量与评估，要侧重于发挥诊断与改进课程的作用，不适合把评价只作为对教师工作或幼儿发展的鉴定手段。评价是为了发现问题和解决问题，是为了改进工作，促进幼儿发展，达到预期的教育目标。如果发现了问题，要找出原因，提出改进的建议和措施，将问题解决掉，在一个新的起点继续努力。

2. 评价应以自评为主，充分发挥教师的主体性

一方面，激发教师对评价的自我需要。在某种意义上，课程评价主要是检查教师所采取的教育措施是否有效地实现了预定的目标，因此，教师被当作主要的被评价者。尽管如此，教师不应把自己看作"检查"的被动接受者，而应把评价作为不断改进教学、提高教育能力、有效地促进幼儿发展的一种需要和手段。在每一次教育活动结束后，自觉地对活动过程进行分析与评价，或自觉接受外来评价者对自己工作的评价，正是教师主体性的反映。

另一方面，发挥教师作为评价者的主体性。外部评价者要参与幼儿园的课程评价，但教师是课程计划与实施的主体，在评价过程中要尊重教师的主体地位，因为任何评价所提出的改进措施或建议都要通过教师的活动才能得到落实。外部评价者要充分与教师沟通，尊重他们的说明与意见，并把这个过程作为一个研讨的过程，共同研究解决的方法和今后发展的方向，把评价的结果作为发展中的一个新起点。

3. 评价应有利于幼儿的发展

首先，在涉及对课程目标、课程内容、教育计划、课程实施等方面的评价时，要把"对幼儿的发展是适宜的""有效促进幼儿的发展"作为根本标准。

其次，教师在对幼儿的学习和发展进行评价时要特别注意以下几点：

（1）评价目标要符合幼儿身心整体发展原则，避免偏重某方面而忽略身心其他方面的发展。

（2）评价内容及方法要符合幼儿的特点，应是幼儿可以理解的及能够接受的，评价应尽量在日常活动中进行，使幼儿感到舒适自然，毫无压力。

（3）要认识到幼儿的发展是各具特点的，评价要找出幼儿的优点，发现幼儿的潜能，以提供适宜的教育方案，而不是在幼儿中搞"排行榜"。评价要尊重幼儿的个体差异，最好以幼儿自己的早期表现与现在的情况作比较，不要轻率地对幼儿进行相互比较。

（4）评价时要给予幼儿足够的参与机会，要接纳幼儿的看法，发展幼儿的自我评价能力，让幼儿看到自己的优点和进步，增强自信心。

（5）评价要收集不同方面的资料，包括对幼儿的定期观察和记录、家长提供的资料、幼儿的作品等，客观地加以整理和分析，不存偏见。

（6）评价的结果要清楚、有系统，并正面地告诉家长，使他们了解幼儿的发展进度，增强对幼儿发展的认识，以利家园合作。

4. 评价应具有客观性

客观地进行评价就是不抱成见，没有偏见，以评价的标准平等地对待人和事，把通过观察、测量、访谈、调查等方法从各方面所收集的资料和数据，如实地加以描述，并以正确的教育观做出分析和判断。

总之，评价的主要目的就是改进和完善课程，为幼儿提供更适宜的教育机会和条件，促进幼儿健康和谐地发展。所以，评价要有利于发挥教师和园长不断改进课程、提高教育质量的主动性与积极性，提倡以研究的精神看待评价。

思考与练习

一、选择题

1. 决定着课程的方向和状态，是课程的其他要素的抉择依据和标准，并对整个教育过程起导向作用的是（　　）。

　　A. 课程目标　　　　B. 课程内容　　　　C. 课程形式　　　　D. 教育目的

2. 制定幼儿园课程目标的根本依据是（　　）。

　　A. 国家关于幼儿园的教育目标　　　　B. 幼儿的兴趣和需要
　　C. 幼儿园的环境条件　　　　　　　　D. 幼儿的身心发展规律和特点

3. 幼儿园课程内容最内在的形态是（　　）。

　　A. 活动　　　　B. 知识与经验　　　　C. 环境　　　　D. 人、事、物的现象与情境

4. 课程目标的载体是（　　）。

　　A. 课程内容　　　　B. 课程组织　　　　C. 课程编排　　　　D. 课程评价

5. 幼儿园课程编制的形式中，有利于幼儿直接经验发展的是（　　）。

　　A. 分科课程　　　　B. 核心课程　　　　C. 活动课程　　　　D. 选修课程

6. 幼儿园课程评价的根本标准是（　　）。

　　A. 有效促进教师发展　　　　　　　　B. 有效改进教学过程

C. 有效促进课程发展　　　　　　　　D. 有效促进幼儿发展

二、简答题

1. 简述制定幼儿园课程目标的依据。
2. 简述选择与确定幼儿园课程内容应遵循的原则。
3. 简述幼儿园活动组织与指导方式的选择。
4. 简述幼儿园课程评价需遵循的原则。

三、材料分析题

大班活动室里收集了纸板箱、鞋盒、药品盒等大大小小、数量众多的盒子，这些盒子吸引了幼儿，幼儿利用盒子自发地开展了很多活动，小强用鞋盒做了一辆漂亮的汽车，其他小朋友也想用纸盒做汽车，但不会做。看到幼儿对纸盒汽车感兴趣，张老师也用鞋盒制作了两辆汽车，让幼儿先观察，然后照着做。幼儿们在老师的指导和帮助下，利用纸盒制作了各种各样的汽车。

张老师对课程内容的选择，主要体现了选择与确定幼儿园课程内容的哪一项原则？

主题 6
幼儿园教学活动

> "人如同陶瓷器一样,小时候就形成一生的雏形。幼儿时期就好比制造陶瓷器的黏土,给予什么样的教育就会成为什么样的雏形。"
>
> ——[美国]塞德兹

主题导读

回顾十几年的学校生活,"教学"是伴随每位同学学习和发展的"老朋友"。一提到"教学",马上让我们联想到,每天七八节课,老师高站讲台,或照本宣科,或高谈阔论,或鞭策训斥,却很少关心我们是否感兴趣,是否能消化吸收;课上课下,我们或忙于写笔记却没时间消化,或努力跟上老师的节奏却被甩得很远……

多想回到人人欢声笑语、天天无忧无虑的幼儿园。在那里,我们学会了独立地吃喝拉撒睡,学会了与同伴交往,学会了唱歌跳舞,学会了认识或书写自己的名字,学会了大小多少和长短厚薄,学会了诚实勇敢,学会了赞赏和帮助他人,学会了种植花草和照料小动物,甚至学会了各种各样的玩法……

时光难忘,一去不返。庆幸的是,机缘给我们打开了一扇窗,让我们走进幼儿园成为幼儿教师。

学习目标

知识目标

1. 理解幼儿园教学活动的含义和特点。
2. 了解幼儿园教学活动的构成要素。
3. 掌握幼儿园教学活动的原则。
4. 理解幼儿园教学活动设计的类型。
5. 了解幼儿园教学活动设计的结构。
6. 掌握幼儿园教学活动的组织与指导策略。

能力目标

1. 能够初步运用理论知识分析幼儿园教学活动（案例）的价值或缺陷。
2. 能够分析判断教学案例中贯彻的教学原则和组织指导策略，并作出述评。

素质目标

1. 感知并认同以幼儿发展为本的多形式、多层次、全方位、民主的教学理念，自觉抵制狭隘的教学观。
2. 认同通过激发幼儿的主动学习和实践意识，发挥教师主导作用的科学教育观。

知识脉络

幼儿园教学活动
- 幼儿园教学活动概述
  - 幼儿园教学活动的含义
  - 幼儿园教学活动的特点
  - 幼儿园教学活动的构成要素
  - 幼儿园常用的教学手段
  - 幼儿园常用的教学方法
- 幼儿园教学活动的组织与指导
  - 幼儿园教学活动的原则
  - 幼儿园教学活动的设计
  - 幼儿园教学活动的组织与指导策略

探寻1　幼儿园教学活动概述

>>> 情境导入

专业实习之前，王小苗把自己精心准备的活动设计"植物的种子"交给实习单位的指导教师刘老师审阅。刘老师简略地看了王小苗的活动设计，也没有多说什么，问了一句"你熟悉这个班的孩子吗"，王小苗支支吾吾，不知如何回答。

在通过多次预演后，王小苗终于有勇气去独立地面对这些孩子了。

教学活动开始了，在主题导入环节，孩子们还算配合。进入主题后，王小苗运用了图片和实物向孩子们系统介绍各种植物的种子，孩子们对她的讲解没有兴趣，乱作一团。王小苗还是继续讲解，直到活动快结束前，王小苗发现没有一个孩子坚持听讲。

幼儿园教学活动是由教师的"教"和幼儿的"学"构成的双边活动。幼儿园教学是通过教师与幼儿的相互作用来实现的。教师的"教"与幼儿的"学"不可分割地交织在一起，离开了教师或幼儿任何一方的主动参与都是不行的。幼儿教师不仅要了解"教什么""怎么教"，还必须了解幼儿"需要学什么""想学什么""怎么学"。不了解幼儿的"学"，就不可能有效地"教"。

知识精讲 ZHISHI JINGJIANG

一、幼儿园教学活动的含义

（一）狭义的幼儿园教学活动

狭义的幼儿园教学活动是指一定时间内，幼儿教师设计的、多种形式的、有目的、有计划地引导幼儿主动获得知识经验，掌握技能技巧，并在此过程中发展能力、形成良好行为习惯的专门的教育活动。

【教育箴言】
教不等于告知。
——皮亚杰

（二）广义的幼儿园教学活动

广义的幼儿园教学活动是指教师从幼儿的兴趣和实际水平出发，根据幼儿园教育目标，有目的、有计划地组织和指导幼儿主动学习，以增进幼儿对周围环境的认识，培养学习兴趣，以获取有利于其身心发展经验的一切教育活动。

二、幼儿园教学活动的特点

相比中小学的教学活动和家庭社会的随机教育，受制于幼儿身心发展的实际及幼儿园保教任务的特点，幼儿园教学活动应是教师根据幼儿园教育目标，有目的、有计划地组织和指导幼儿主动学习的过程，任务是帮助幼儿获得大量的感性经验，其间尤其关注幼儿获得知识的过程和方法。具体地说，幼儿园教学活动的特点包括以下四个方面：

（一）目的性与计划性

幼儿园教学的目的性与计划性，是相对家庭教育和社会教育的随机性而言的，家庭教育和社会教育都是非正式教育，没有专门的教育内容与教育者，对于幼儿的影响虽然无处不在，但往往通过生活中发生的事情作为教育契机来实现。而幼儿园作为正规的系统的幼儿教育机构，具有明显的目的性、计划性。

1. 目的性

幼儿园教学的目的性首先表现在幼儿园各层次的教育目标上，通过主题2中学前教育教育目标的层次结构，可以看到幼儿园每一学年、每一学期以及幼儿在园的每月、每周、每日，甚至开展每个教育活动都有明确的教育目标。其次表现在具体教育活动中，开展教学活动之前，教师首先要根据该阶段或本班的教育目标，以及当前幼儿的发展水平、兴趣、需要，甚至个别幼儿的实际情况，制定本次活动的具体目标，并以此作为教育活动的轴心。

2. 计划性

同理，幼儿园教学活动的计划性首先表现在各层次的幼儿园教育计划上，与其各层次的教育目标相应，幼儿园是通过年龄班（学年）计划、学期计划、月（周）计划等对幼儿园教育教学工作进行统筹安排的。其次表现在对具体教育活动的设计上，教学的具体目标确定后，教师还要紧紧围绕以上目标，选择相应的教学内容、教学手段和方法，确定教育活动的组织形式和教育指导方式，设想教学活动的进程、步骤、可能出现的问题及解决的办法等，写出相应的教学活动设计方案（一种具体的教育计划），以此作为开展教学活动的重要依据。

（二）生活性与启蒙性

1. 生活性

受制于身心发展的实际，相比中小学生，幼儿缺乏相应的生活自理知识和技能，需要成人在生活、身体保健与锻炼、知识学习、能力培养等方面给予必要的帮助和引导。幼儿园作为社会保教机构，其教学必须从积累幼儿生活感性经验的任务出发，教学活动的设计必须针对幼儿生活的实际需要，以促进幼儿适应和认识生活为重要目标，教学的内容和途径贴近幼儿生活。只有这样，幼儿园才能完成自身的保教任务。

也正是基于以上原因，幼儿园教学不像中小学那样用学科教学的形式传授书本知识，更多的是引导幼儿认识周围环境、人际关系、获得基本经验。花草、虫鱼、穿衣、交往等都会成为幼儿园教学活动的主要素材。不仅如此，教师利用散步的机会引导幼儿观察周围植物的生长变化，利用生活中的阴晴风雨等自然现象引导幼儿感知天气的变化等，也是幼儿园教学活动生活性的具体表现。幼儿园教学活动的生活性如图6-1所示。

图6-1 幼儿园教学活动的生活性

2. 启蒙性

以具体形象性思维为主导，抽象逻辑尚未形成的发展现实，决定了幼儿不能像中小学生那样学习系统的、抽象的学科知识。所以，幼儿园教学应紧密联系幼儿的现实发展需要，以生活为教育的中心，引导幼儿在认识和适应周围环境的过程中，关注那些简单的事物和现象，认识事物及其关系，进而帮助幼儿学习并适应生活，获得粗浅的知识，拓展其经验和视野。例如，幼儿在学习"水的浮力"时，引导他们注意"不同的材质或形态构造会引起沉浮变化"，而不必告诉他们"浮力"的概念和阿基米德的沉浮定律。

幼儿是怎么学习的

（三）活动性与参与性

1. 活动性

活动是幼儿身心发展的基础和源泉。幼儿的身心发展特点决定了他们必须通过直接的活动去接触并认识各种事物和社会现象来实现自身的发展。因此，幼儿园教学是在幼儿积极主动的活动过程中，通过接触、观察、操作去认识周围环境中的事物；通过多种交往活动去学习社会规范，学会与人交往，从而获得有利于身心发展的直接经验。

2. 参与性

随着教育科学研究的深入，人们越来越重视受教育者在教学中的主体地位，以最大限度地发挥其主动性和潜能，提高教育教学的效率。幼儿园教学的参与性，首先强调的是尊重幼儿自身学习主体地位。只有让幼儿作为学习的主体主动参与到教学活动中，在做中学，才能促进幼儿真正的发展。其次要保证每个幼儿的参与权，让每一名幼儿都能主动参与活动，自主地去发现、感知、获取经验。

（四）游戏性与情境性

1. 游戏性

由于幼儿思维的具体形象性，及其注意力容易分散等原因，教师在组织幼儿园教学时，需要借助一定的游戏，加强幼儿注意的持久性，唤起和调动幼儿的有关经验和感受，吸引他们在游戏的假想情境中积极地交往、活跃地想象、主动地表达……在玩中学。只有这样，教育的内容才能为幼儿所理解。如教师引导幼儿学唱歌曲《小树叶》时，通常会以游戏的形式——请幼儿自由选择角色，将自己假想成一片树叶、秋风或大树，在歌声中自由表现——引导幼儿理解歌词和体验歌曲情感，这样做的效果比单纯的

说教好得多。

2. 情境性

幼儿的学习不是被动接受的过程，而是一个主动建构的过程。而这种主动建构离不开一定的情境。在这些情境中，幼儿被置于具体的人、事、物的现象之中，并与以上的人、事、物形成一种互动的关系。这种互动关系不仅符合幼儿的生活实际，而且能有效激发幼儿的兴趣，让其在与人、事、物的互动中，获得知识经验、学会技能、发展能力，从而满足了幼儿的操作、交往等多种认识的需要。

案例链接

入园时间，家长陆续送幼儿来园。当幼儿奔向教室时，不少家长仍站在教室外边目送幼儿。这时刘老师拉着一个幼儿亲切地交谈起来。

"舒淇，今天是妈妈送你来的吗？"

幼儿点点头。

"你能告诉我，那边哪一位是你的妈妈吗？"

"穿裙子的。"

"几位妈妈都穿着裙子，我怎么知道是哪一位呢？告诉我，你妈妈是长头发还是短头发？"

"是短头发。"

"穿什么颜色的衣服呢？"

"黄色的衣服。"

"裙子的颜色呢？"

"妈妈的裙子是黑色的，不是花格的。"

这时，正好走过来两个小朋友，刘老师又与他们搭话。

"你们认识舒淇的妈妈吗？"

"不认识。"

"那我们一起来猜猜哪一位是舒淇的妈妈。舒淇，给我们说说你妈妈什么样子好吗？"

舒淇高兴地介绍自己妈妈的梳妆打扮。刘老师倾听着并不时地用手指指头发、衣服、裙子，以提醒舒淇有条理地叙述。说完后，两个小朋友一下就猜中了，教师高兴地夸奖了舒淇。其他的幼儿兴致顿时上来了，接着向刘老师谈起妈妈怎样怎样。只几分钟，一次随机的个别的语言教学完成了。

分析： 这是某幼儿园某班级组织幼儿入园时的一个工作片段。要真正理解案例中刘老师这一工作片段的价值，首先应走出那种把教学等同于集体上课的狭隘的认识。站在广义的角度理解，这也是幼儿园教学活动的一种表现形式。案例中刘老师采用了个别活动的形式，运用了生活中的一个情境，引导幼儿运用有条理的语言概括"妈妈"的特征，不失时机地培养幼儿的语言表达能力和观察能力，充分体现了幼儿园教学活动的生活性和情境性。

三、幼儿园教学活动的构成要素

在幼儿园教学活动中，教师必须选取一定的教育内容与手段作为中介，才能与幼儿有效地相互作用，促进他们发展。因此，幼儿园教学活动是由教师的"教"、幼儿的"学"、教学的内容、教学的方法手段等四个基本要素构成的。

以上四个要素在教学活动中相互联系、相互作用，如果能将它们加以理想的组合，则可以最大限度地发挥教学活动的作用。尤其是教师和幼儿这两个主动因素之间的活动关系的处理，将直接影响教学的效果。

（一）教师

1. 教师在幼儿园教学活动中的地位

教师是教学活动的组织者、指导者和支持者，是教学过程的主导因素，是"教"的主体。这里的"教"是教师通过各种直接或间接的方式对幼儿施加教育影响的过程，绝不是教师高高在上对幼儿发号施令、强制灌输的过程。幼儿教师不只是知识的传授者，更是幼儿学习的支持者。幼儿教师不是知识的独裁者、秩序的维护者和教学活动的主宰者，而是作为与幼儿地位平等的一个人，通过组织、指导和支持幼儿的"学"，来实现"教"的一个主体，体现的是教育的主导性。

幼儿园是怎么实现"教"的

2. 教师在幼儿园教学活动中的作用及具体体现

在幼儿园教学活动中，教师需要根据教学任务和幼儿的实际需要，确定相应的活动目标，选择合适的内容，运用适当的方法，设计科学的环节来对幼儿实施有目的、有计划的教学。在教学过程中，教师绝不是一味灌输书本上的知识，而是紧密结合幼儿园教育目标和幼儿的实际，充分发挥自己在教学过程中的主动性和创造性，创设适宜的教育情境，激发幼儿的学习兴趣，鼓励幼儿主动学习，积极活动。因此，教学活动是教师体验和创造的过程。

（二）幼儿

1. 幼儿在幼儿园教学活动中的地位

幼儿是具有主观能动性的人。教师虽然是教育的主导者，但是不能强制幼儿接受自己的观点和经验。在教学活动中，幼儿作为与教师平等的一个主体，具有活动的参与权、体验权。在教师的组织、启发和指导下，幼儿充分发挥自身的主体作用，自主体验（操作、探索、交往），主动地构建自己的知识体系。无论是教师直接教还是间接教，幼儿都是自身学习的主体。

2. 幼儿在幼儿园教学活动中的作用及具体体现

教学活动不是幼儿被动接受的过程，而是幼儿主动学习（活动）、自主发展的过程。其具体体现在以下两个方面：

（1）幼儿是主动的学习者。幼儿会根据自己的经验和兴趣，对教师组织的活动内容做出选择。幼儿的学习，以直接经验为基础，是其情感与理智共同参与的全身心的学习，他们在活动中获得发展是多方面的、综合的。

（2）幼儿在学习方式上存在着种种差别。每个幼儿都有自己的学习进程和学习方式，而且他们会按自己的方式创造性地理解教育内容。

（三）幼儿园教学活动内容

1. 幼儿园教学活动内容的价值

幼儿园教学活动的内容是幼儿园教育目标的载体，是教师对幼儿施加教育影响，是完成教学目标的中介，是教师根据幼儿园教育目标和相应年龄阶段幼儿的身心特点和发展需要选定的幼儿应该学、能够学和适宜学的有关知识和经验。教学内容的选定是否合适，将直接影响到教育目标的实现程度。

2. 幼儿园教学活动内容的构成

幼儿园教学活动内容涉及幼儿园教育的健康、语言、社会、科学和艺术五大领域（图6-2）。各领域的内容相互渗透，从不同的角度促进幼儿情感、态度、能力、知识、技能等方面的发展。

图 6-2 幼儿园教学的内容

（四）幼儿园教学活动方法

1. 幼儿园教学活动方法的价值

幼儿园教学活动方法是教师为了实现教学目标，完成教学任务，在教学活动中运用的方法和手段的

总称。幼儿园教学活动方法是教师激发幼儿学习兴趣、有效传递信息、帮助幼儿理解学习内容、保证教学活动顺利进行、实现教育目标的一个重要的中介因素。幼儿园教学活动方法的选用是否合适，将直接关系到教学效果的优劣和教学任务的成败。

2. 幼儿园教学活动方法的构成

幼儿园教学活动方法包括教学方法和教学手段两部分。一般来说，教学手段是物化的教学方法，教学方法是非物化的教学手段，二者在活动中总是结合使用。例如，在游戏中提供的一切操作材料、图书、玩具等实物形态的物品就是手段，而怎么提供这些物品，如何根据幼儿的兴趣和需要提供，如何把握材料的难度，在什么时候投入等，则属于方法。

四、幼儿园常用的教学手段

教学手段是师生在教学活动中相互传递信息的工具、媒体或设备。传统教学手段主要包括教科书、粉笔、黑板、实物教具、模型和挂图等。现代化教学手段主要包括各种电化教育器材、互联网教学平台、电子教材、在线课程等。

与中小学生通过听讲、阅读学习不同，幼儿既是感官学习者，也是皮肤记忆者。因此幼儿园的主要教学手段不是教科书、参考书，而是为幼儿的生活、游戏以及其他教育教学活动所提供的一切物质资源，包括供操作的成品和半成品材料、自然物、玩具、工具、媒体或设备等，即通常所说的教具。幼儿园的常见教具如图6-3所示。

图6-3 幼儿园的常见教具

教具是幼儿理解抽象概念和事物的桥梁，对于集中幼儿注意力，帮助其理解、接受和记忆，发展其观察力、形象思维能力、动手动脑能力，具有不可替代的作用。从教具的形态上说，教具可分为以下三类：

（一）实物类

1. 实物类教具的含义

实物是真实存在的东西，是指具体而真实的事物。实物类教具是在幼儿园教学活动中，用以帮助幼儿直接感知事物属性，进而认识事物、形成初步概念的真实存在的物品或材料。幼儿园常见的实物类教具包括动植物、矿物岩石、废旧物品、生活用具等。

2. 使用实物类教具的注意事项

（1）根据教学的目的和任务确定实物类教具的数量。

实物类教具并非越多越好，要依据教学的实际目的和任务，按需适量提供，例如，在引导幼儿对照两种实物的异同，或引导幼儿根据实物作画时，就不能给予过多的实物类教具，否则会分散幼儿的注意力。

（2）依据活动的目的和内容来选择实物类教具的使用方法。

如果以观察事物的外形特征活动为目的，那么教师可以选择展示实物类教具的方法。例如，通过展示一盆盛开的菊花，让幼儿仔细观察菊花开放的样子。如果以观察事物发展变化为目的，教师可使用演示实物类教具的方法。例如，向幼儿演示磁力现象。

（3）依据活动的需要，选择运用实物类教具的时机。

实物类教具可以在活动导入环节出示，可以在师幼谈话之后出示，可以在活动结束环节出示，还可以在幼儿遇到困难时出示等。最关键的前提是观察幼儿活动发展的需要。

（4）要注意引导幼儿的观察。

运用实物教具的目的是让幼儿通过观察获得具体的、较全面的感性经验。因此，在使用实物教具时，教师要注意通过语言或动作来引导幼儿仔细观察，尤其要避免投入太多教具和忽视引导幼儿观察的情况。

（二）模具类

1. 模具类教具的含义

模具类教具是为了适应幼儿园教学的场景，而按照以一定比例制作的实物模型或图像。幼儿园中常见的模具类教具包括各类挂图、拼装玩具、结构模型、沙盘、贴绒教具、图书等。

2. 使用模具类教具的注意事项

（1）模型类、玩具类教具的使用，与实物类教具大体相同。

（2）挂图类教具在语言、科学、社会等领域教学活动中使用较多。挂图类教具的使用，也要依据教学活动发展的需要适时适当出示。

（三）媒体类

1. 媒体类教具的含义

媒体类教具是指用于幼儿园教学的声音、图像、动画、视频材料及其播放设备。幼儿园中常见的媒体类教具包括音视频材料、课件、幻灯、录音机、电视、电脑等。

2. 使用媒体类教具的注意事项

（1）要依据教学活动的实际需要选用媒体类教具。

媒体类教具是一把"双刃剑"。如果使用得当，媒体类教具能直观地展现抽象的教学内容，集中幼儿注意力，激发幼儿学习兴趣，拓展幼儿的视野等。但过度依赖媒体类教具，易降低师幼互动频率，制约幼儿想象力和思维能力发展，甚至会损害幼儿的健康。因此，媒体类教具的运用并非多多益善，当用则用。如果用实物类教具或图片能达成活动目标，就用实物类教具或图片。如果不必使用媒体类教具，却硬要使用，反而会给人以画蛇添足的印象。媒体类教具必须依据教学的实际需要选用，例如，很难找到有关实物类教具、图片又无法说明时，为了让幼儿了解一些现象发生、变化的过程，且当时不具备亲身体验条件时，可选用媒体类教具。

（2）使用媒体类教具前要做好充分的准备。

在教学活动前，教师通过预放，检查媒体类教具的完整性，熟悉其运用方法和展现内容，以减少在实际教学活动过程中的"意外"环节和时间浪费，从而更好地达到教学活动的目标。

（3）注意媒体类教具的使用时机。

媒体类教具既可在导入环节运用，也可在教学过程中使用，还可在整个活动中贯穿使用。最关键的是教师要把握媒体类教具的使用时机，当用则用，用完及时关闭，以免分散幼儿注意。

五、幼儿园常用的教学方法

幼儿园教学活动方法是幼儿园教学活动设计基本要素中最核心最灵活的要素，主要是指为完成一定的活动任务所运用的方式与手段的总称，一般包括教师"教"的方法和幼儿"学"的方法，即教法和学法。

组织教学活动时，教学方法的选用要综合考虑活动的目的、性质、内容、幼儿年龄特点、幼儿园环境和设备条件等多种因素。在一个教育活动中，通常综合运用多种教学方法，使之恰当结合，互相补充，以取得较好的效果。

幼儿园教学方法主要包括以下三大类别：

（一）活动法

活动法是一种以幼儿的实践活动为主的教学方法。在教学活动中，教师通过创设环境和提供材料，

引导幼儿自己实践、探索和发现。

幼儿园常用的活动法主要是实验法、游戏法和操作练习法。

1. 游戏法

游戏法是指教师以游戏的口吻或用有规则的游戏组织教学的方法。例如，在教学中，教师通过智力游戏"谁跑得最快"来发展幼儿的推理能力。游戏法能够将教育目标和幼儿兴趣结合起来，在幼儿感兴趣的形式中轻松完成任务，符合幼儿天性，深受幼儿欢迎。

运用游戏法时应注意以下几点：

（1）教师既可以将游戏作为教学中的一个环节，也可以用一个游戏贯穿于整个教学活动中。

（2）使用游戏法时，教师应清楚地认识到所采用的游戏是为教学服务的，所选游戏的目标和规则应与教学要求相吻合。

（3）教师应该研究如何通过所选游戏更好地完成教育目标。如果幼儿被某个无关的游戏情节吸引，使游戏偏离教育目标，教师应在尊重幼儿的基础上，灵活地将他们的注意力吸引过来，以保证游戏作用的充分发挥。

2. 实验法

实验法是教师提供一定的仪器设备，鼓励幼儿通过亲自动手操作来观察和寻找这些变化或产生变化的原因，验证自己的设想的方法。实验法多用于科学活动中。例如通过给皮球打气和放气实验，让幼儿获得对"空气"的直接经验，验证或推翻他们对球内填充物的猜测。

实验法可使幼儿通过动手获得直接经验，有利于其兴趣的激发和动手能力的培养，同时萌发幼儿一丝不苟、实事求是的科学精神和意识。

运用实验法时要注意以下几点：

（1）实验的安全性。实验所用的器具必须符合安全、卫生的原则，实验程序应当是幼儿在教师的指导下可以独立操作的。

（2）教师要预先操作实验，以形成完美的实验指导计划，并观察幼儿实验的全过程，提供有针对性的指导，促使幼儿在实验过程中获得成功感。

（3）实验法强调幼儿亲自动手，所以，在实验过程中，应让每个幼儿都有操作的机会；实验结束后，要引导幼儿自己寻找和归纳实验结果。

案例链接

皮球为什么会弹起来

一个幼儿抱着大皮球神秘地告诉老师："老师，皮球还能拍呢。""你知道皮球为什么能拍吗？"老师反问她。她一本正经地说："因为它里面有弹簧。"边说边用两手按了按球。老师问："你怎么知道有弹簧呀？"她认真地说："我们家气筒上面有一个小弹簧，妈妈把小弹簧一打，就打进去了。皮球就能弹起来了。"原来，在气筒上有一小节弹簧，在打气的过程中，弹簧被压下去又弹上来，她便认为弹簧被打到球里去了。与小女孩交谈后，老师找来一个打气筒，鼓励她自己给一个瘪瘪的皮球打气。操作开始，老师引导她将气筒口对着自己的手心打气，看看到底有没有弹簧出来；打好气之后，又让她将皮球中的气挤到手心，看看打进皮球里去的到底是什么……最后，小女孩终于确认皮球里装的不是弹簧，而是空气。

分析：在上述活动中，针对幼儿"皮球为什么会弹起来"的疑问和设想，教师没有站在说教者的角度，以所谓正确的知识纠正幼儿的"稚嫩"想法，而且是充分考虑到幼儿的认知特点，运用了实验法，为幼儿创造了验证想法的机会，鼓励幼儿通过"气筒口"和挤压"皮球"对着自己的手心吹气的操作，让幼儿获得了对空气的有关直接经验，同时也打消了埋在幼儿心中的疑惑，满足了其求知的欲望。

3. 操作练习法

操作练习法是指幼儿在教师的指导下，通过多次实践练习而巩固和掌握某种技能的方法。在幼儿园各领域的教育活动中，操作练习法运用较多。例如，数学活动中对学具的摆弄操作，以及手工活动中的剪纸等。

运用操作练习法时应注意以下两点：

（1）明确练习的目的、要求和方法，以幼儿感兴趣的方式进行练习。如教师以猫妈妈带猫宝宝找老鼠的口吻，指导幼儿在草地上爬行。

（2）观察幼儿练习的情况，及时做出反馈。教师要观察幼儿练习的情况，针对幼儿练习中出现的问题，及时做出反馈，必要时，教师可进行示范。

（二）直观法

直观法是一种让幼儿直接感知认识对象的教学方法。幼儿园常用的直观法主要有观察法、参观法、演示和示范法。

1. 观察法

观察法是指教师有目的、有计划地引导幼儿运用视觉、听觉、味觉、嗅觉等多种感官去感知客观事物与现象，使之获得感性经验，并在此基础上逐步形成概念的方法。观察可以是对个别物体的观察，也可以是对几个不同事物的比较观察，还可以是对事物发展变化过程的观察。

观察可以丰富幼儿的感性经验，刺激其各种感官，引导他们关注周围事物，培养其积极的态度和观察力，同时也能激发幼儿的求知欲，对培养幼儿的学习兴趣很有好处，因此观察法是幼儿园教学活动的一种重要方法。

运用观察法时应注意以下几点：

（1）根据教学要求，做好观察前的准备，包括确定观察目的、选择观察对象、拟订观察计划、创设观察的环境条件等。

（2）观察开始时，教师要向幼儿提出观察的目的，用设疑等方法引起幼儿观察的兴趣，先让幼儿自由观察，允许他们相互交谈，并鼓励他们发现问题、提出问题。

（3）观察过程中，教师要充分发挥语言、手势的指导作用，从幼儿的兴趣点切入，启发幼儿从不同方面感知，并用语言描述观察的对象及其观察的方法。

（4）观察结束时，要总结观察的印象，让幼儿将观察到的知识进一步巩固和条理化。

案例链接

认识正方形与长方形（中班）

1. 教师出示正方形（彩纸）：

这张纸有几条边、几个角？

四条边一样长吗？

四个角一样大吗？

这种图形就是正方形。

2. 教师出示长方形（彩纸）：

这张纸有几条边、几个角？

四条边一样长吗？

四个角一样大吗？

那这种图形就是长方形。

3. 让幼儿思考一下：

正方形和长方形有哪些相同的地方？有哪些不同的地方？

分析：以上案例，教师先后出示正方形和长方形的彩纸，运用三个问题作为幼儿的观察任务，引导幼儿观察并归纳正方形和长方形的特征，初步理解这两类图形的概念。在以上基础上，教师引导幼儿运用比较观察法，去发现正方形与长方形的异同，这不但能巩固这两类图形的概念，而且对正方形和长方形的关系有了更深刻的认识。

2. 参观法

参观法是教师组织幼儿到园外，如自然界、生产现场、社会生活场所等，去直接感知的有关事物或现象的学习方法。参观能使幼儿通过对实际事物和现象的观察、探究而获得较丰富的直接知识和经验。

运用参观法时应注意以下几点：

（1）组织参观要注意有明确的目标，参观前做好充分的准备。

（2）参观时特别注意幼儿的安全，并指导幼儿围绕参观的主要内容收集信息。

（3）参观后可组织多种形式的交流，如围绕参观内容的谈话、绘画作品、手工作品交流等。

3. 演示和示范法

演示是指教师向幼儿展示各种实物、直观教具或做实验。例如，教师逐一出示并介绍各种结构材料，或者边讲故事边操作故事中的各种角色玩偶等，都属于演示法。

示范是指教师通过自己的表演，为幼儿提供榜样。例如，在体育活动中教师对体操动作的示范，在讲故事时对角色说话语气的示范，都属于示范法。示范分语言示范和动作示范两种。

运用演示和示范法时应注意以下几点：

（1）演示和示范经常结合起来进行。

（2）演示的直观教具和实物要求形象生动、色彩鲜艳，演示过程要清楚可见，便于幼儿观察。

（3）教师的示范要富有情趣，要能引起幼儿的兴趣，而且力求化繁为简，突出难点重点。

（三）口授法

口授法是一种运用语言进行教学的方法。幼儿园常用的口授法有谈话和讨论法、讲解和讲述法等。

1. 谈话和讨论法

谈话法是教师和幼儿双方围绕某一个问题或主题，自由地发表自己的想法和意见，表达自己的感受和体验，进行相互交流、相互学习的方法。

讨论法是为解决某个问题，教师指导幼儿，以全班或小组为单位，各抒己见，通过讨论或辩论，辨明是非真伪以获取知识的方法。

运用谈话和讨论法时应注意以下几点：

（1）谈话和讨论必须在幼儿已有经验的基础上进行。例如，大班谈话活动"恐龙"，就应该在幼儿积累了有关恐龙知识的基础上进行，否则与幼儿的谈话将无法进行。

（2）教师应鼓励幼儿大胆说出自己的想法，并充分尊重他们的意见。教师不能将谈话和讨论变成教师的"一言堂"，而要注意倾听，引导幼儿当谈话的主人，鼓励和引导他们大胆交流、争论，围绕谈话的中心，不断拓展和深入。

（3）教师要有明确的要求和步骤。组织谈话前，教师应围绕主题设计出具体明确、富有启发性的提问。谈话过程中，既要面向全体，又要注意个别差异；既要引导幼儿围绕中心讨论，又要注意及时拓展话题。谈话结束时，教师应针对谈话主题作简短明确的小结，帮助幼儿形成正确的概念。

2. 讲解和讲述法

讲解是运用口头语言向幼儿说明、解释事物或事情。例如，教师向幼儿讲解小鸭子的画法。讲述则是运用语言向幼儿叙述事实材料或描绘所讲的对象。例如，教师向幼儿讲述三只蝴蝶的故事。

运用讲解和讲述法时应注意以下两点：

（1）讲解与讲述都要求教师语言生动、形象、清晰、准确，富有感情，简明扼要，能引起幼儿的兴趣，容易理解和接受。必要时还可适当重复。

（2）根据需要，可将讲解法与其他方法结合起来使用，以收到更好的效果。例如，讲解与操作相结合，讲解与设疑相结合，讲解与讨论相结合。

拓展延伸

学校与儿童的生活

为了说清楚旧教育的几个主要特点，我或许要说得夸张些：消极地对待儿童，机械地使儿童集合在一起，课程和教法的划一。概括地说，学校的重心是在儿童之外，在教师、在教科书以及在其他你所高兴的任何地方，唯独不在儿童自己即时的本能和活动之中。在那样的条件下，就说不上关于儿童的生活。也许可以谈一大套关于儿童的学习，但认为学校不是儿童生活的地方。现在，我们教育中将引起的改变是重心的转移。这是一种变革，这是一种革命，这是和哥白尼把天文学的中心从地球转到太阳一样的那种革命。这里，儿童变成了太阳，而教育的一切措施则围绕着他们转动，儿童是中心，教育的措施便围绕着他们而组织起来。

——杜威《民主主义与教育》

思考与练习

一、选择题

1. 关于幼儿园教学活动，下列表述正确的是（　　）。
   A. 教学活动等同于上课　　B. 让幼儿接受系统的科学知识
   C. 幼儿以学习直接知识和经验为主　　D. 幼儿的学习是被动的接受

2. 实习的王老师在向幼儿系统介绍水的形态时，幼儿对王老师的讲解没有兴趣，乱作一团，王老师还是继续讲解。王老师忽视了幼儿园教学的（　　）。
   A. 系统性　　　B. 具体性　　　C. 目的性　　　D. 双边性

3. 幼儿园教学强调幼儿的实践，鼓励他们多看、多听、多动手摆弄，这体现了幼儿园教学活动（　　）的特点。
   A. 游戏性　　　B. 情境性　　　C. 活动性　　　D. 启蒙性

4. 在幼儿园教学基本要素中，（　　）之间关系的处理，将直接影响教学的效果。
   A. 教师和教学内容　　B. 幼儿和教学的方法
   C. 教师和幼儿　　D. 教学的内容和方法

5. 教师让幼儿摸一摸、尝一尝冰块，从而认识到冰是"滑溜溜的""凉丝丝的"，以上运用的教学方法是（　　）。
   A. 讲述法　　　B. 观察法　　　C. 操作练习法　　　D. 游戏法

二、简答题

1. 幼儿园教学活动有哪些特点？
2. 幼儿园常用的直观法有哪些？运用观察法需注意哪些事项？

探寻2　幼儿园教学活动的组织与指导

情境导入

去年的春天，中三班里的男孩子迷上了动画片《葫芦兄弟》。强强从姥姥家带回了一个小葫芦，这不，几个男孩正和强强商量着，让强强把葫芦捂到棉袄袖子里，期待能孵化出更多的小葫芦。主班的王老师得知后，专门设计了"小葫芦的奥秘"教学活动。首先，王老师带来十几个成熟的小葫芦，让孩子摇一摇小葫芦，听一听有什么动静。其次，王老师打开了一个葫芦，让孩子们看一下，是什么在小葫芦里蹦蹦跳跳的，发出响声……原来是葫芦的种子。接着，王老师和孩子们一起讨论了葫芦种子的功能，并种下几颗葫芦种子……

学习兴趣和好奇心，是幼儿最宝贵的学习动力，它使幼儿渴望认识世界，喜欢探索、交往、自我表达，使学习充满愉快和满足。好的教学活动不仅能了解和捕捉幼儿短暂的兴趣，更重要的是能引发和培养幼儿持续而稳定的兴趣。从这个意义上来说，幼儿教学活动的科学设计和教学活动的恰当组织指导，就显得特别重要。

知识精讲

一、幼儿园教学活动的原则

教学活动的原则是人们在掌握教学规律的基础上制定的教学活动的基本准则，它反映教学规律的要求。教育的一般原则、幼儿园教育的特殊原则都是幼儿园教学活动的原则，除此之外，还应重点掌握以下五个原则：

（一）科学性和思想性相结合原则

1. 科学性和思想性相结合原则的内涵

在这里，"科学性"包括两个方面的内涵。一是教学内容的科学性，是指向幼儿传授的知识技能是正确的和符合客观规律的。所谓"正确"，是指不能出现知识性错误，符合客观实际。所谓"符合客观规律"，是指教学内容的安排应由浅入深、由易到难、由具体到抽象，符合幼儿的感知特点和需要。二是教学方法的科学性，是指教师所采用的教学组织形式和教学方法应符合幼儿的认识特点。

思想性是指在教学过程中应实施德育，促进幼儿的品德和社会性发展。例如，教师在组织幼儿练习平衡木时，除了指导幼儿掌握正确的技能外，还应根据这一活动内容的特点，运用激励和表扬的方法鼓励他们，培养其勇敢的品质和意志力。

在教学过程中，科学性和思想性应该是统一的，不能顾此失彼。教师应将两者有机地结合起来，也就是说教师既教给幼儿正确可靠的知识、技能，提高其认知能力，又要进行品德教育，这样才能有效地完成幼儿园教育任务。

2. 科学性和思想性相结合原则的贯彻

（1）教师加强学习，加强自身修养。

教师的思想水平和专业能力是贯彻科学性和思想性相结合原则的前提。为保证教给幼儿科学的知识，引导幼儿获得正确的经验,幼儿教师必须不断学习,加强自身修养。

(2)发挥教师的榜样作用,科学回答幼儿的提问,帮助幼儿形成对待科学的正确态度。

幼儿对客观事物和现象充满好奇,经常向教师提出稀奇古怪的问题,教师应尽量给予科学且正确的回答。对于幼儿通过努力能够自己解决的问题,教师应当反问他们,促使他们思考。当教师不知如何回答幼儿的问题时,不妨直接告诉他们,让幼儿感受到教师对待科学问题的严谨态度。

(3)注重情感渗透,切忌说教。

在教学活动中,教师要设置与幼儿生活经验相关的情境,使幼儿置身其中,激发他们的情感,使之在无形中受到影响,而不是简单生硬地说教。例如,诗歌《小熊过桥》讲的是小熊起初害怕过桥,后来得到鼓励和帮助而勇敢过桥的故事。在引导幼儿欣赏诗歌时,如果简单地教育幼儿学会勇敢,就显得枯燥无味,幼儿更无法理解。相反,如果教师能够创设"独木桥"的情境,请幼儿尝试过"桥",然后让幼儿分享"过桥"和获得他人帮助的心情,不仅能促进幼儿对诗歌的理解,而且能体现教学过程的育人价值。

(二)积极性原则

1. 积极性原则的内涵

学习是幼儿主动地探索周围的社会环境、自然环境和物质世界的过程。幼儿的学习虽然离不开适宜的家庭和幼儿园的教育,但是如果忽视幼儿学习的主动性,同样是没有成效的。学习的主动性是幼儿终身学习的重要基础。

所谓积极性原则,是指教师在教学中应注意激发幼儿主动学习的愿望,引发和促进幼儿积极地与环境相互作用,使其得到发展。

【教育箴言】
儿童不是应该填满的瓶子,而是正要燃烧的火焰。
——蒙田

在幼儿园教学活动中,教师"教"的主导作用,是通过幼儿这一主体的"学"来实现的。如果教师忽视幼儿这一主体的"学",而一味地"教",那么这种"教"无疑就是一种单向灌输,就会失去教学的意义。教师只有视幼儿为平等的主体存在,理解并激发幼儿的兴趣,才能调动他们的主动性,使之积极地活动,主动地发展。

2. 积极性原则的贯彻要求

(1)科学选材、精心设计、灵活调整。

教师应注意研究如何将自己的"教"转化为幼儿的"学",精心选择和编排教学内容,精心设计教学活动计划。

教学中,不仅注意调动幼儿原有的生活经验,多运用启发式教学,还应注意观察幼儿在活动中的反应,随时调整自己的教育指导方式,以最大限度地发挥幼儿的积极性。

(2)加强师幼交流,建立平等的师生关系,鼓励幼儿多通道参与和创造。

在教学活动中,教师要用多种方式与幼儿交流,建立平等的师生关系:既可以用语言激励表扬幼儿,也可以用眼神或手势暗示幼儿,甚至用一个拥抱,让幼儿感受到教师的关爱。在平等的师生关系中,教师应调动幼儿的多种感知通道,使之利用看、听、说、摸、闻、尝、运动等多种途径,积极主动地学习。

(3)关注幼儿与众不同的行为,允许幼儿出错,促使幼儿在学习过程中获得积极的情感体验。

每个幼儿都有自己的探索特点,在探索过程中,幼儿难免会出错,甚至会出现"怪异"行为。而这些出错或"怪异"行为,恰恰可能是其创造的火花,可能是其积极主动学习的表现。教师应充分认识这些行为对幼儿的发展价值,关注幼儿与众不同的行为,允许幼儿用不同方式尝试和表达,使其在学习中获得积极的情感体验。

(三)发展性原则

1. 发展性原则的内涵

发展是一种向人们和社会期待的方向的积极的变化。幼儿的发展不仅体现在其身体的发展上,更表现在其心理的发展上。具体地说,幼儿发展既可以是身体的发育、机能的发展、体质的增强,也可以是知识技能的获得、认知能力的提高,还可以是人际交往能力和审美素养的提升,更可以是良好态度和习惯的形成等。

所谓发展性原则,是指教学要能使每个幼儿在原有基础上得到最大限度的发展。也就是说,一切教学活动必须以促进幼儿的发展为根本目的。

2. 发展性原则的贯彻要求

(1)树立终身可持续发展观念。

在教学活动中,应特别注意培养幼儿积极主动的态度、强烈的学习兴趣、有效地与环境互动的能力、责任感、自信心等终身可持续发展所必需的基本素质。

(2)了解幼儿的发展需要,科学选材。

教师要深入调查研究幼儿的发展水平和发展潜力,了解每个幼儿的认知特点和发展需要,找到教育他们的最佳切入点,面向全体,因材施教,使每个幼儿得到最大限度的发展。

(四)直观性原则

1. 直观性原则的内涵

直观,顾名思义,就是直接地观察、直接地感知。幼儿身心发展的现实,决定了幼儿的学习主要通过感知和动作,获得有关的直接经验来实现。因此,在幼儿园教学中,要为幼儿提供丰富的操作材料和机会,引导他们运用感官和动作去学习。

所谓直观性原则,是指在幼儿园教学活动过程中,教师应当利用实物或教具材料,充分调动幼儿的各种感官,丰富其感性经验,使他们获得直接的具体的感知。

2. 常见的直观手段

幼儿园常见的直观手段,包括实物直观、模具直观、电化教具直观、语言直观。

3. 直观性原则的贯彻要求

(1)根据教学目标、内容及幼儿实际,恰当选择和运用直观手段。

教师应根据不同的教育目标、内容及年龄班的要求,灵活地选用直观手段。

教师的情境性语言对于帮助幼儿理解学习内容、激发学习动机有较好的作用,适用于各年龄班,尤其在大班教学活动中运用较多。对于小班幼儿来说,教师除了情境性语言外,还要较多选用色彩鲜明、会响会动、特点突出、清晰可见的直观教具,以更好地实现教学目标。

所用教具要有代表性,并紧扣活动内容,且教具不宜过多。教具过多,会分散幼儿的注意力。

(2)直观手段要与训练幼儿感官和动作结合。

运用直观手段时,应让幼儿有较多机会摆弄物体,看、听、摸、闻、尝、做,供幼儿操作的材料力求人手一份或每组一份,以训练幼儿的感官和动手能力。

(五)活动性原则

1. 活动性原则的内涵

活动是幼儿身心发展的基础和源泉。心理发展的现实,决定了幼儿不像中小学生那样学习书本、记忆大量抽象符号,而必须通过实际操作、亲身体验、模仿、感知、探究获得有关的直接经验来实现学习。

所谓活动性原则,是指教学活动中,应保证幼儿有充分的活动,使他们在主动的活动中学习并获得发展。

2. 活动性原则的贯彻要求

(1)教师在教学时要为幼儿提供丰富的材料和充分的活动时间,以及较多的同伴交往机会,吸引幼儿选择参加，让他们成为活动的主人。

（2）教师组织的活动要全面多样。教师在组织多种活动的同时，要放手让幼儿进行多种多样的操作、探索和实践活动。还要注意根据幼儿的个性特点进行指导，以促进幼儿全面发展。

（六）整合性原则

1. 整合性原则的内涵

整合就是把不同类型、不同性质的事物组合在一起，使它们成为一个整体。幼儿全面发展的需要，决定了幼儿的学习和发展必须是综合性的，因此在幼儿园教学中必须重视对幼儿的综合的全面的影响。

所谓整合性原则，是指从幼儿全面发展的需要出发，通过对活动目标、活动内容和实施途径的整合，不断丰富幼儿园教学活动的内涵和教育影响，更好地实现幼儿学习和发展。

2. 整合性原则的贯彻要求

（1）活动目标和内容的整合。教学活动目标和内容的组织，应充分考虑幼儿的学习特点和认知规律，各领域的内容要有机联系，相互渗透，注意综合性，使幼儿从多方面获得信息，从而建立对事物的全面、完整的认识。

（2）多种活动形式的整合。教师应根据不同的教育目标和内容确定相应的活动形式，并注意将集体活动、固定小组活动、自选小组活动、个别活动等组织形式有机结合，使教学活动生动有效。

（3）活动环境的整合。一方面为幼儿创设一个各方面和谐的、富有美感的、便于幼儿活动的固有大环境，另一方面在有关教育活动中创设符合该活动要求的特定的小环境。只有两种环境有机结合起来，才能让幼儿得到更好的发展。

二、案例链接

观察竹子（中班）

教师将幼儿带入竹林。

师：小朋友，这是什么？

幼：竹子。

师：竹叶是什么颜色？什么形状？

幼：老师，这是什么？（用手指着竹笋）

师：先看竹叶。（有些不高兴）

幼：这根竹子被人砍断了，里面是空的。

师：先看竹叶。（很不耐烦的语气）

幼：竹叶是绿色的，是长长的。

师：对。

幼：竹叶是黄色的。

师：错了，竹叶怎么会是黄色的呢？竹叶是绿色的。

师：再看看竹竿是什么样的？

分析：幼儿园教学活动绝对不能等同于以集体活动、教师授课为主的中小学学科教学。幼儿的生理和心理特点决定了幼儿园教学活动的内容必须是丰富多彩的，教学活动形式必须是多种多样的。在幼儿园教学中，教师主导作用的发挥是以充分尊重幼儿的学习主体性为前提的。在以上案例中，该教师尽管为幼儿的学习创设了一定条件，但是在处理教师"教"和幼儿"学"的关系时，很明显没有尊重幼儿的学习主体地位，机械武断地掌控着幼儿活动的过程和结果，显然违背了幼儿园教学活动的积极性原则、发展性原则、直观性原则、活动性原则，甚至"教"给幼儿的知识都是错误的。

二、幼儿园教学活动的设计

幼儿园课程的实施是通过拟订各层次教育计划，并执行这些计划（开展一日生活活动以及一系列具体的教育活动）来实现幼儿园教育目标的过程。按时间的范围，幼儿园的教育计划可以分为年龄班（全年）计划、学期计划、月（周）计划和具体教育计划。其中具体教育计划作为计划拟定的重点，包括一日活动安排和教学活动设计。

幼儿园教学活动设计是根据幼儿园教育目标和幼儿的实际情况，制订或修订具体教育活动计划的过程。依据教学活动设计所形成的具体教育计划，又被称为教案或活动方案。

活动方案虽然是指导幼儿学习活动，并实现有关教育目标的依据，但是不能脱离幼儿发展的实际和需要而独立存在，也不可能一次性完成后机械地执行下去。因此，教师应把教育教学活动设计视为一个研究过程，树立"为幼儿的发展而设计"的观念。

（一）幼儿园教学活动设计的类型

"为幼儿发展而设计"的科学设计观应体现为：制定方案→实施方案→调整方案→修订方案→实施方案的循环过程。由于教师对幼儿的兴趣、需要和活动特点的了解不可能全面充分，加之幼儿又是活动变化着的，所以预先设计的活动目标、活动内容、方法环节很难完全适合于班内的所有幼儿。因此，幼儿园教学活动设计也必然是一个围绕"幼儿的发展"这一中心，不断设计或调整活动方案的过程。也就是说，教师既需要在教学活动之前进行预先设计，又需要在教育活动过程中，依据幼儿活动反馈灵活调整原有方案，进行现场设计，更需要在活动结束后，根据教育活动实际效果反思和研究活动的过程，进一步修订原有方案，进行反思设计，从而为下一次的实施做好准备。因此，幼儿园教学活动设计的类型可以相对划分为预演设计、现场设计和反思设计三种。

1. 预演设计

预演设计是指教师在分析幼儿目前知识、能力、发展特点和需要的基础上，结合教育目标的要求，选择适当的内容和方法，设想活动进程、步骤、可能出现的问题以及解决方法等，写出方案并预演的过程，即备课并写出教案（活动方案）的过程。

预演是指对方案中涉及的某些问题、活动、材料的具体执行进行预演操作，及教师对其所期待的幼儿操作、动作或活动预先设想或尝试一遍，以便在实际教学中有针对性地指导幼儿，保证方案的顺利实施。一般来说，对要求幼儿自主操作的活动材料，教师应通过预演来验证材料的可操作性和操作步骤的合理性；在集体谈话活动中，对要求幼儿回答的问题，教师应预先作答；有时还需要对幼儿在活动中可能出现的反应以及由此而产生的系列活动做联想式或推理式的预演。

预演设计能加强工作的目的性和科学性，对缺乏经验的教师来说，显得更重要。预演的步骤一般为：确定目标→选择内容→根据目标和内容选择适当的方法和手段→书写方案→进行预演→修改方案。

2. 现场设计

作为教育对象的幼儿，时刻都在发展变化着，他们虽然是受教育者，但也是学习的主体，因此，在实际教学中，教师不能机械地照搬计划，而应将自己当成一个体验者和创造者，留意幼儿活动情况，随时调整方案。

现场设计就是教师在教学活动现场，针对活动中出现的问题、现象和价值，所进行的临时设计。这种设计既可以是对预定的某个环节的临时调整，也可以是针对幼儿自发学习而进行的临时设计。现场设计往往是教师在活动过程中所激发的灵感所致，需要教师在短时间内对"幼儿活动中所蕴含的价值""教师所要开展的活动是否符合幼儿的发展需要"做出分析判断，并迅速地凭经验联想到几个可以开展的活动，然后选择一个切入点，引导幼儿讨论，以实现当前活动向下一个活动的自然过渡。现场设计的步骤一般为：分析幼儿某种活动所蕴含的教育价值，确定教育目标（目标不一定与原计划相吻合）→选择活动的起点，设计由此引发的系列活动→通过谈话引导幼儿自然地过渡到接下来的活动中。最后还需要对后面活动的总体目标和局部目标、活动内容与形式等做出分析与调整。

现场设计对教师个人的生活经验、教学经验、直觉能力以及对目标的宏观把握都提出了较高的要求。教师只有从细节和整体上都熟悉教育目标和幼儿身心发展的要求，才能具体判断"哪些是有价值的经验""幼儿什么样的表现是值得展开的"。这样的现场设计才有教育价值。

3. 反思设计

反思设计是教学活动结束后，根据对幼儿在活动中的兴趣和反应的观察记录，对自身行为分析和思考以及自己在组织教育教学过程中的体验等，对已完成的活动方案进行修改和补充。

对上一次活动的反思，是为了更好地组织下一次的活动。这种不断的反思会促使教师投入更大的热情来研究教学，不断积累经验，改善和提高自身的教学技能，实现自我成长。

（二）幼儿园教学活动设计（方案）的结构

幼儿园活动设计方案是教学活动设计所形成的具体教育计划，包括活动目标、活动准备、活动过程和活动延伸等。

1. 活动目标

活动目标是幼儿园各层次的教育目标中，最具操作性、最具体的目标。活动目标主要阐明期望幼儿通过某一次具体教育活动所能达到的目标。因为具体教育活动持续时间短，活动内容少而集中，所以活动目标既要尽量贴近全面发展的要求，又要突出活动的重点。一般来说，幼儿园教学活动目标要从知识和能力，过程和方法，情感、态度与价值观三个维度设计。即明确该具体教育活动中，幼儿应获得哪些情感体验与态度，掌握怎样的学习过程与方法，哪些方面的能力得到发展，增进哪些知识与技能等。

2. 活动准备

活动准备是指为保证活动顺利进行，在该活动开展之前所要做的准备。包括精神准备和物质准备两方面。精神准备，又称幼儿的经验准备，是指幼儿参加活动需要具备的知识经验和体验。例如，幼儿学习画小动物之前，通过参观动物园或观看视频、图片等，对有关小动物的了解。物质准备，又称环境材料的准备，是指幼儿参加活动需要的活动场地的选择和布置，教具的选用和制作，有关设备、设施、器材的种类和数量，人员配备等。一般先写精神准备，再写物质准备。

3. 活动过程

活动过程主要体现教学目标的实现过程和步骤，包括开始部分、基本部分和结束部分。

（1）开始部分。

开始部分又称导入环节。一般可以通过猜谜语、讲故事、设置情境、生活中的问题、出示教具等方式来实现。主要任务是创设情境，导入活动，激发幼儿参与活动的兴趣。该环节要自然导入，时间不宜过长，应占整体活动的5%~10%。

（2）基本部分。

基本部分又称中间环节，是教师引导幼儿主动学习、积极探索，以实现活动目标的过程。在这一过程中，可以根据需要采用操作、练习、游戏、谈话、讨论等教学方法和手段，促进幼儿积极活动，完成预定的各项活动目标。该环节要求紧紧围绕目标，有序推进，时间相对较长，一般占整体活动的80%~90%。

（3）结束部分。

结束部分又称结束环节，一般在活动的结尾，或通过评价幼儿表现，或通过展示活动成果，或通过师幼共同总结评价，归纳本次活动的内容。主要任务是总结幼儿学习的情况，并对幼儿的学习经验给予评价，引起幼儿再学习的愿望。该环节要自然结束，时间不宜过长，应占整体活动的5%~10%。

4. 活动延伸

活动延伸又称延伸活动。在某项教育活动结束后，如果尚有未完成的内容，或其他的相关内容，可利用其他时间完成，以促使以上活动目标更好地达成。活动延伸属于机动部分，是幼儿园教学连续性的具体体现。

案例链接

沙雕游戏

(一)活动目标

(1)感知沙细小、松散的特性,知道沙与水的关系。

(2)学会简单的沙雕方法,尝试共同建构和改进结构物。不扬沙,防范沙粒入眼;

(3)在游戏中,互助友爱,勇于探索。

(二)活动准备

(1)经验准备:了解沙子的外形、流动性、粗细等特征;

(2)物质准备:师幼共同收集游戏材料:玩沙工具(筛子、铲子、瓶子、盆、木板)、沙雕工具(刀、叉、棍)、小桶、硬纸、木板等,并做好小组标记。

(三)活动过程

(1)欣赏沙雕图片,激发幼儿参与活动的兴趣;

(2)幼儿自由结伴分组,选择场地,商量沙雕内容;

(3)幼儿分组制作沙雕:运沙、和沙、制作沙雕;

(4)欣赏沙雕作品。

①教师和幼儿一起分享沙雕游戏经验;

②请小朋友相互欣赏作品,可以自由了解、询问其他伙伴在游戏过程中的体会和经验。

(5)活动自然结束

(四)活动延伸

(1)了解沙与人类的关系(作用、土地沙化及沙尘暴现象);

(2)世界上的沙漠;

(3)沙漠里的动植物。

分析:专门组织的教育教学活动是幼儿园课程实施的一个重要途径。此类活动需要在事前做好计划——明确目标、精选内容、安排步骤,属于高结构性的教育活动。以上案例,就是一则典范的幼儿园教育活动方案,该教师首先根据幼儿园教育目标的要求,从幼儿的兴趣和需要出发,合理确定了活动目标;其次,从经验和物质方面做了充分的准备;最后,其活动过程紧紧围绕目标要求,步骤清晰,易于操作,能充分调动幼儿的积极主动性,不断获取新经验,学习新的知识与技能。

三、幼儿园教学活动的组织与指导策略

(一)科学运用直接教学和间接教学方式

1.直接教学的含义

直接教学是以实现知识直接传授、引导幼儿接受学习为主要特征的教学方式,包括教师的直接教和幼儿的接受学习两方面。

2.间接教学的含义

间接教学是以利用物质环境和人际环境、引导幼儿发现学习为主要特征的教学形式,包括教师的间接教学和幼儿的发现学习两方面。与直接教学相比,间接教学更能调动幼儿的兴趣和创造性,使之在主动积极的活动中得到发展,因此在幼儿园教学活动中应较多运用这种方式。

【教育箴言】

在教育上,环境所扮演的角色相当重要,因为孩子从环境中吸取所有的东西,并将其融入自己的生命之中。

——蒙台梭利

3. 直接教学和间接教学的科学运用策略

（1）运用直接教学时，教师应注意在了解幼儿的兴趣和原有经验的基础上，充分调动幼儿的情感体验，利用直观教具和材料，较多地运用启发、暗示和游戏的方法，与幼儿进行言语和非言语的多种方式的沟通，充分调动幼儿的多种感官，引导幼儿主动思考，切忌简单地灌输。

（2）运用间接教学时，应注意灵活地协调物质环境、幼儿同伴和教师自身的关系，准确把握和抓住幼儿的兴趣所在，给予及时有效的支持。

（3）直接教学和间接教学各有优缺点和适用范围，在一个教学活动中，无论是直接教学还是间接教学，都很难独立地完成教学任务。在教学中，教师要依据教学的实际需要，交替运用两种教学方式，充分发挥其优点，以有效支持和促进幼儿的学习活动。

二 案例链接

小班"好玩的塑料袋"活动中，教师首先出示塑料袋，告诉幼儿塑料袋除了可以装东西外，还是一样很好的玩具。接着，教师演示将一个塑料袋的袋口扎紧，变成"气球"，并鼓励幼儿自由选择大小不同的塑料袋并探索它的多种玩法（交代探索的任务并演示，这是直接教学）。幼儿很快找到了很多玩法——将塑料袋抛向空中，扎紧袋口当球踢，背在背上当背包，将两只脚套进袋中学袋鼠跳……（促使幼儿自主发现，这是间接教学）。当一个幼儿介绍自己用袋子扮"蒙面人"的玩法时，教师提醒幼儿应注意安全（教给幼儿自我保护知识，是直接教学）。几分钟后，由于找不到更多玩法，大部分幼儿显得无所事事了，在这种情形下，教师马上请幼儿看一看她的新办法——撕开袋口，将塑料片围在腰际变成"裙子"（运用直接教学，暗示幼儿在新的思路下探索并拓展玩法）。在教师的提醒下，一些幼儿马上用撕开、捆扎、粘贴等方法将塑料袋变成了"头巾""衣服""袋子娃娃""塑料袋长绳"等，其他幼儿也纷纷效仿（促使幼儿自己探索新的玩法，这是间接教学）。

分析：直接教学和间接教学是教师指导幼儿学习活动的两种重要方式，它们虽然各有优缺点，但是不能厚此薄彼，或者互相替代，更不能把它们截然对立起来。以上案例中的教师根据教学的需要，把直接教学与间接教学结合起来，有效地支持和促进了幼儿的学习。

（二）指导幼儿自主学习

1. 自主学习的含义

自主学习是与传统的接受学习相对应的一种现代化学习方式。自主学习是指学习者作为学习的主体，通过其独立的分析、探索、实践、质疑、创造等方法进行的主动学习活动。"未来的文盲不是不识字的人，而是没有学会怎样学习的人"，自主学习已成为21世纪人类生存的基本能力。引导学习者自主、主动学习，是教育的重要使命。

幼儿的自主学习更多是指向学习品质的，也就是说，自主学习的幼儿应有强烈的学习兴趣，有主动学习的表现，善于发现问题并自己寻找解决问题的途径和方法，而不是等待和依赖教师的帮助等。一般来说，幼儿在活动中表现出专注的神情、对事物产生疑惑并向他人发问、探索行为、就某问题进行争辩等，都是幼儿自主学习的表现。图6-4为幼儿的自主学习。

图6-4 幼儿的自主学习

2. 幼儿自主学习的组织指导

（1）充分利用和创设环境，根据幼儿兴趣和原有经验提供不同的可操作材料，并有机融入教学目标，鼓励

幼儿主动地组合操作材料，力求通过幼儿操作活动实现教学目标。

（2）放手鼓励幼儿探索和操作，关注幼儿在探究中的表现，使幼儿在活动中能够主动自主地选择、参与、探索、决定和表达，获得愉快的学习体验。

（3）观察幼儿的操作探索情况，及时发现他们所面临的困难，通过问题情境与开放性问题的提供，促使幼儿与环境相互作用，掌握解决问题的途径和方法，对幼儿的学习给予及时有效的支持。

案例链接

户外活动时，张老师组织小朋友参观了动物园。回来后，根据孩子们的意愿，张老师在班上开展了沙上建造"动物园"的活动。第一次活动时，孩子们遇到的问题还真不少，刘佳琪说："老师，动物园里没有动物，怎么办？"李乐乐和王帅说："我们没有东西给小动物盖房子，怎么办呢？"牛丽丽说："没有海豚和海狮的家，怎么办呢？"

对孩子们这么多的"怎么办"，张老师鼓励他们自己想办法，试着去解决问题。

第二次活动时，张老师发现刘佳琪带来橡皮泥来做小动物；李乐乐、王帅等带来一大筐积木给小动物盖房子；牛丽丽带来一个空的塑料桶，埋在沙地里做海豚和海狮的家……

分析：幼儿在学习活动中常常会遇到这样那样的问题，对此教师应有意识地为其创设问题情境，鼓励他们自主解决，这对幼儿的终身发展很有价值。要让幼儿成长为一个有智慧的问题解决者，教师就需要为幼儿创设一个自主学习的环境，放手鼓励他们去探索和操作，当他们碰到困难或准备放弃时，教师就要引导、激励他们通过不断尝试去寻找解决问题的方法。

（三）组织形式多样化

无论是生活经历和活动方式，还是兴趣和需要，一个班级的幼儿之间都存在着很大的个体差异，小班的幼儿尤其如此。因此，面向全体，重视个别差异才成为幼儿园教育的一个重要原则。在组织幼儿园教学活动时，需要将集体活动、小组活动和个别活动有机地结合起来。具体来说，包括以下四个方面：

1. 集体活动

集体活动作为一种以全班幼儿统一学习为主的活动，能较好地保障教学的效率，使幼儿从集体中较容易地学到新经验，同时幼儿也将自己的已有经验无私地贡献给集体。因此，教师应将同伴群体视为幼儿学习的宝贵资源。

2. 小组活动

为更好地照顾幼儿之间的个别差异，调动每名幼儿学习活动的积极性，小组活动应成为幼儿园教学活动的重要组织形式。在组织幼儿的小组活动时，需注意以下几点：

（1）教师是幼儿学习的观察者、支持者与合作者，要结合幼儿的差异进行个别指导，促使小组成员之间有效地相互作用，这样才能保证小组学习的成功。

（2）教师应根据幼儿的年龄特点和教育内容的特点，确定分组的原则和各小组教学目标。分组应有层次、有特色、有变化。

（3）要建立必要的纪律和规范，使各小组的活动都朝期待的目标发展。

（4）根据幼儿活动情况，确定对不同小组的指导策略和指导的先后顺序等。

（5）在小组活动结束时，还应该集体讲评各组活动的情况。

3. 个别活动

教师应注意针对幼儿的个性特点来设计和实施个别教学，并试图找到和每个幼儿相互交流的特殊方式，以满足每个幼儿学习和发展的需要。

4. 各种组织形式在幼儿园教学活动中的科学运用

集体活动、小组活动、个别活动不能截然分开。在教学活动中，这三种组织形式是有机结合、灵活交替使用的。例如，在手工作业课上，虽然大部分为集体活动，但是也常有分组讨论、小组实验等小组活动，以及操作学具等个别活动的配合，从而让集体活动取得更好的效果；在区角活动时，虽然以幼儿的个别、小组活动形式为主，但活动结束时，也常以集体活动形式进行交流或总结，这非常有利于提高幼儿小组学习、个别学习的质量。

（四）注意教育内容的综合

教育内容的综合是整合性教学原则的具体体现。幼儿作为自身学习的主体，他们的学习和发展都是综合的。需要教师树立"为幼儿的发展而设计"的教学观念，把幼儿园教学活动视为引导幼儿自主发展和主动建构的基本过程。具体来说，可以从以下两个方面入手：

1. 综合和整合教育内容对幼儿学习和发展的价值

幼儿园教学应该具有鲜明的综合性和整合性。从大的方面说，不同于中小学的分学科教学，幼儿园是以生活教育为中心的，因此幼儿园教学要紧紧围绕幼儿健康成长这一中心，通过各领域教学内容的有机联系和相互渗透，对幼儿实施综合性的影响。从细节上说，幼儿在生活中需要运用的知识都是综合性的，即使是一个洗手环节中也包含着对水、香皂、毛巾的用法，安全便捷洗手的方法，甚至包括节水意识、盥洗秩序等多方面的内容。因此，幼儿所学的内容最好是有联系的、综合的知识。

2. 综合挖掘多种教学因素的策略

一方面，教师需要挖掘每个活动素材中所蕴含的各种教育因素，力图在一个活动中促使幼儿得到多方面的学习和发展。另一方面，教师应注意在整体上考虑一定时段内各个领域、各方面教育内容的平衡和安排。

（五）将教育任务有机渗透在游戏和日常生活环节中

1. 游戏和日常生活的教育价值

一方面，游戏是幼儿特别喜欢，且能满足其身心发展需要的特殊学习方式，游戏不仅是幼儿的基本活动，更是幼儿园课程实施的基本形式。另一方面，日常生活活动是保教结合最紧密的幼儿园课程形式，特殊的发展阶段决定了幼儿必须把进餐、盥洗、如厕、午睡等日常生活活动作为重要的学习内容和途径，从而为其终身的学习和发展奠定基础。因此，幼儿园的教学活动应该紧密结合游戏和日常生活灵活开展，激发幼儿学习的趣味性和积极性，促进幼儿认识并适应生活。

2. 运用游戏和日常生活开展幼儿教育活动的策略

（1）游戏和日常生活环节中渗透教育内容，对巩固幼儿的知识很有好处。把教育的目标有机地融合在幼儿喜闻乐见的游戏中，能使幼儿在尽情的"玩"中，自然地实现目标的要求。例如，可以通过幼儿的体育游戏来发展幼儿动作，培养坚强、勇敢和遵守规则等良好的品质。而生活活动作为幼儿最重要的学习内容和学习途径，对幼儿身心健康、良好习惯的养成、知识和技能的掌握、社会性的发展和积极的生活态度的培养，都有重要而深刻的影响。

（2）应重视对幼儿游戏和生活活动的指导。幼儿是积极的学习主体，他们在日常生活和游戏中经常会有学习的表现。例如，幼儿对塑料袋尝试更多的玩法，幼儿对葫芦里面声响的探索，都是其自发学习的表现。教师应注意观察幼儿的此类学习行为表现，善于在情境中辨别这些学习行为的发展意义，捕捉随时交流机会，促使其学习活动向纵深发展（图6-5）。

（3）教师应注意利用生活中的突发事件进行随机教学。例如，下雪天是引导幼儿认识雪的好时机，教师可以将幼儿带到户外，让幼儿

图6-5 游戏中的幼儿园教学

感受漫天飞舞的雪花，鼓励他们用手接住雪花，摸一摸，闻一闻，比一比，再想一想，雪花是棉花吗？是糖吗？雪花是盐吗？为什么不是？还可以鼓励幼儿在雪地上跑步、打雪仗等，这种生动的教学活动不仅让幼儿兴奋不已，也令他们对雪留下深刻的印象。

案例链接

听雨教学活动计划（大班）

（一）活动目标

（1）感受作品优美的语言和喜悦的情趣，培养乐观的生活态度。

（2）倾听雨点落在不同物体上的声音，感受声音的强弱变化，增强对声音的敏感性。

（3）尝试用多种方式表达自己的发现，体验发现的乐趣。

（二）活动准备

（1）活动前，教师用录音机录下大小不同的雨点声音。

（2）雨伞、塑料盆、铁桶若干，沙锤、碰铃、三角铁若干。

（3）选择一个下雨天组织此活动。

（三）活动过程

（1）教师有感情地朗诵散文诗《听雨》，引起幼儿的兴趣，并通过提问引导幼儿思考：你听过小雨的歌吗？小雨的歌是怎样的？

（2）在户外观察下雨的情景，建议幼儿在雨中走一走，看一看雨点在空中像什么？落在地上又怎么样了？踩一踩地上的雨水，说一说有什么感觉？用手接雨水，说说不同大小的雨点落在手上的感觉。

（3）仔细听一听不同大小的雨点落在地上的声音有什么不同？雨点落在水泥地、草地、大树、池塘和雨伞等不同物体上的声音有什么不同？

（4）鼓励幼儿将自己看到的雨景和听到的雨声以及雨点的节奏画在观察记录本上，自由地和同伴互相交流。

（5）教师再次朗诵散文诗《听雨》，鼓励幼儿将自己的体验编进诗句并集体朗读。

（6）教师播放自己事先录下的雨点声音，幼儿根据自己听到的大小不同的雨点声，编出各种各样的节奏，并尝试用声音、动作和一些玩具、废旧物品、打击乐器等表现下雨的情景或不同大小的雨点的声音、节奏。

（7）教师从幼儿创编的节奏中挑选一些有特点的加以组合，编成一首节奏乐，并引导幼儿讨论：用什么样的动作、声音或乐器表现小雨、中雨和大雨呢？鼓励幼儿和同伴一起合作表演。

（8）幼儿讨论：下雨天，我们还可以做些什么？

（四）活动延伸

幼儿根据自己的体验创作以"下雨"为主题的绘画。

分析：这是一个非常成功的语言领域（大班）的教育活动方案。在这个方案中，该教师依据幼儿园教学的直观性、活动性、发展性和积极性等原则，选取日常生活中下雨的场景，提供多种教学具，灵活运用观察、操作练习和谈话等多种教学手段和方法，采用"科学运用直接教学和间接教学""组织形式多样化""指导幼儿自主学习""在日常生活中渗透教育任务""注重教育内容的综合"等多种教学策略，以期充分调动幼儿感知、表达、表演和创造的积极性，进而通过一个语言教育活动，实现促进幼儿多方面发展的目的：既可以使幼儿感受优美的语言（语言领域目标），又可以培养幼儿乐观的生活态度（社会领域目标），还可以鼓励幼儿倾听不同的雨点声以及雨点落在不同物体上的声音，增强其听力，增进他们对声音的认识（艺术、科学领域目标），等等。

（六）研究教学行为

教学研究是教育工作者针对教学过程、教材、教具、受教育者的学习情况等因素而进行的系统研究，旨在发现并解决教学过程中的问题，提高教学效果和质量。教学研究是教师通过不断实践和反思，有效积累教学经验，实现自身专业发展和能力提升的重要途径。

1. 研究幼儿园教学活动的价值

作为自身学习的主体，幼儿有着其他年龄段不可比拟的发展潜力，加之不同的遗传因素、家庭教养和生活经历的影响，形成了他们在习惯、兴趣、态度、行为方式等方面的巨大差异。面对全体幼儿，教师对教育的目标和内容虽已成竹于胸，然而，能否满足幼儿的发展需求，能否激发幼儿的活动兴趣，能使幼儿产生哪些学习行为，每名幼儿能否实现应有发展，这些都是未知数。幼儿教育工作永远充满未知，永远值得教师不懈地研究。

2. 幼儿园教学行为研究的策略

教师要抱着探究和体验的态度，组织每一个教学活动，善于根据幼儿新的学习兴趣和需求，灵活地修改和调整自己的指导策略，支持与促进幼儿的学习活动，形成合作研究式的师幼互动。在教学活动之前、之中、之后，注意研究自己的教育教学行为，并不断改善，逐步提高自己的教育教学能力。

（七）重视家园合作，取得家长对教学活动的支持

幼儿园和家庭是影响幼儿发展的两大环境，双方都蕴含着丰富的教育内容，需要双方以幼儿发展为中心，整合教育资源。家园合作是指幼儿园和家庭双方积极主动地相互了解、支持、配合，共同促进幼儿身心和谐发展的双边活动。

1. 家园合作对幼儿园教学活动的价值

家庭教育以生活为主要内容，对幼儿生活习惯与行为习惯的养成都有着重要而深远的影响，而且家长以亲情为纽带，对幼儿的教育有着别人难以替代的优势，因此，除了在幼儿园中组织好教学活动外，教师还应调动家长的积极性，取得家长的支持和配合，引导家长理解家园共育的意义，主动参与幼儿园教育工作，以更好地实现教育目标，促进孩子的健康成长。

2. 通过家园合作提升幼儿园教学活动质量的策略

教师可有计划地向家长公布本班的教育要求与教育活动的进度，请家长配合班级教育活动做一些工作。例如，可以鼓励家长向幼儿园提供家中已有的材料（物质材料和资讯等），给予教师力所能及的支持；也可以促使家长配合幼儿园的教育，巩固幼儿的有关知识；还可以鼓励家长从孩子的兴趣表现来反馈教育效果，提出建议；等等。

拓展延伸

蒙台梭利论儿童

我们应注意到，儿童具有自己的个性，并谋求发展自己的个性。他们充满了创造力；他们选择自己的工作并坚持完成它，按自身的需要改变它；儿童锲而不舍、不懈地探索，并十分愉快地克服力所能及的障碍。儿童友善地希望与每一个人分享自己的成功、发现小小的喜悦。因此，教师没有必要介入，"全神贯注地观察"是教育者的座右铭。

让我们耐心地等待并随时准备分享儿童的欢乐以及他们遇到的困难吧！他们需要我们的同情，我们应尽力做出回应并为此感到高兴。让我们以无比的耐心等待他们缓慢的进步，并以热情和欢悦对待他们的成功！如果我们已能够说："我们对儿童是尊重的，有礼貌的。我们待他们如同待我们自己一样。"那么，无疑地，我们已掌握了一大教育原则，并树立了一个良好的教育典范。

然而，一般来说，我们并不尊重儿童。我们总是力图强迫他们服从，而不顾及他们的特殊需要。我们对他们傲慢、粗鲁，并且要求他们毕恭毕敬。

为了解儿童的需要，我们必须进行科学的研究。因为他们的需要常常是无意识的。这种需要是生命发展过程中的内在需求，它会按照神秘的自然规律而不断变换，我们对此实在是所知甚少。

思考与练习

一、选择题

1. 袁老师这样讲解下雨的原因：云彩在天上挤呀挤呀，挤在一起，遇到冷空气，就变成雨落下来了。孩子们就很容易接受。该教师遵循了（   ）。

   A. 科学性原则　　　　B. 发展性原则　　　　C. 积极性原则　　　　D. 思想性原则

2. 华盛顿儿童博物馆格言"我听见就忘记了，我看见就记住了，我做了就理解了"，主要体现了教学的（   ）。

   A. 科学性原则　　　　B. 活动性原则　　　　C. 积极性原则　　　　D. 直观性原则

3. 手工活动前，教师除了准备好要求幼儿自主操作的活动材料外，还亲手验证材料的可操作性和操作步骤的合理性，这是幼儿园教学活动设计的（   ）。

   A. 预演设计　　　　　B. 现场设计　　　　　C. 反思设计　　　　　D. 计划设计

4. 对于现场设计的理解，下列说法错误的是（   ）。

   A. 是在教学现场，对活动中的问题、现象和价值进行的临时设计

   B. 可以是针对幼儿的自发学习的举动进行的临时设计

   C. 是教学现场派生出的临时设计，会改变原教学设计，尽量不用或少用

   D. 可以是对预定的某个环节的临时调整

5. 教师在幼儿园教学活动中较多运用的指导方式是（   ）。

   A. 直接教学　　　　　B. 间接教学　　　　　C. 集体教学　　　　　D. 课堂教学

二、简答题

1. 幼儿园教学活动的原则有哪些？
2. 什么是直观性原则？在幼儿园教学活动中，如何贯彻直观性原则？
3. 幼儿园教学活动的组织与指导策略有哪些？
4. 幼儿园教学活动中，如何科学地运用直接教学和间接教学方式？

主题 7 幼儿园游戏

"游戏是儿童的第二生命,它是儿童的本能,是儿童的需要,是儿童的权利。"

——[德国]福禄培尔

主题导读

《纲要》明确指出:"幼儿园教育应尊重幼儿的人格和权利,尊重幼儿身心发展的规律和学习特点,以游戏为基本活动,保教并重,关注个别差异,促进每个幼儿富有个性地发展。"《指南》也强调了要让幼儿在游戏和日常生活中通过直接感知、实际操作和亲身体验获取经验。游戏是学前教育领域的核心概念,不仅是幼儿积极主动地探索、认识周围世界的基本活动形式,也是幼儿与周围的成人和伙伴交往的基本途径。

什么是幼儿游戏?幼儿为什么喜欢游戏?教师怎样做才能真正满足幼儿游戏的需要并使游戏成为幼儿园的基本活动?这是本主题要学习的主要内容。

学习目标

知识目标
1. 理解幼儿游戏的含义、特点及其类型。
2. 了解幼儿游戏的教育作用。
3. 掌握幼儿游戏的组织与指导策略。

能力目标
1. 能够运用相关游戏理论知识分析幼儿园游戏中的实际问题。
2. 会正确分析和评价幼儿园的各类游戏,具备在幼儿游戏中进行观察的能力。

素质目标
1. 正确认识游戏对幼儿发展的独特价值和意义,树立以游戏为基本活动的理念。
2. 注重自身专业素质的提高,乐于主动探索和研究幼儿园游戏的相关理论与实践。

知识脉络

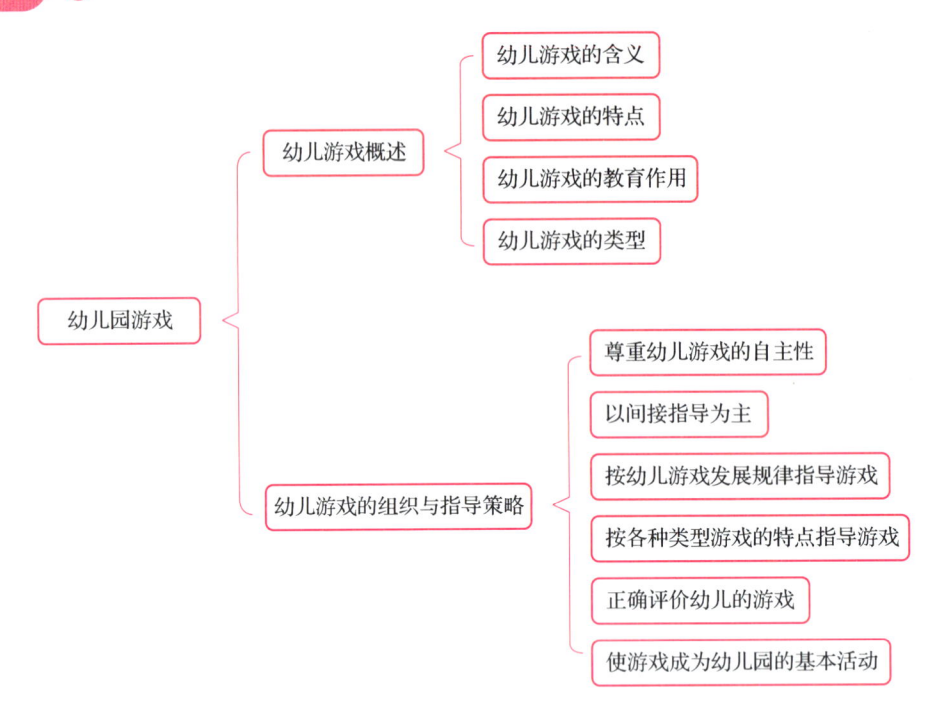

- 幼儿园游戏
  - 幼儿游戏概述
    - 幼儿游戏的含义
    - 幼儿游戏的特点
    - 幼儿游戏的教育作用
    - 幼儿游戏的类型
  - 幼儿游戏的组织与指导策略
    - 尊重幼儿游戏的自主性
    - 以间接指导为主
    - 按幼儿游戏发展规律指导游戏
    - 按各种类型游戏的特点指导游戏
    - 正确评价幼儿的游戏
    - 使游戏成为幼儿园的基本活动

探寻1 幼儿游戏概述

情境导入

区域游戏时间到了，娃娃家里新投放的材料吸引了小朋友们的目光。希希、冰冰和诺诺约定好一起来到了娃娃家，于是属于她们的娃娃家趣味游戏开始了……

诺诺手里抱着娃娃看了看摆放在床头柜上的电话，想了想说："今天我们一起扮演一家人吧！"话音刚落，冰冰说道："我来当妈妈，希希你来当爸爸好不好？"另一边诺诺轻轻地将手里的小宝宝放在床上，用手一直抚摸着小宝宝的肚子，还一直说着："乖乖，睡觉觉。"

幼儿的生活就是游戏，寓教育于游戏之中是幼儿教育的一大特征。因此，教师必须了解幼儿游戏的教育作用，掌握幼儿游戏的特点及类型，以便充分发挥游戏在幼儿身心发展中的作用。

知识精讲

一、幼儿游戏的含义

古今中外，无论男女老幼，皆乐于游戏。在游戏已然成为现代大众娱乐文化一大组成部分的今天，各种游戏纷然杂陈、良莠不齐。对幼儿来说，游戏在他们的生活中具

【教育箴言】
游戏是儿童最正当的行为，玩具是儿童的天使。
——鲁迅

有特殊意义。我们一般认为，幼儿游戏是一种主动、自愿、愉快、假想的社会性活动，是幼儿获得知识最有效的手段。

（一）游戏符合幼儿身心发展的特点与需要

幼儿喜爱游戏并且不断进行游戏，是由其身心发展的特点与需要所决定的。从总体上来说，幼儿身心发展水平较低，但发展的速度却很快，是以多种需要——运动的需要、操作和探索的需要等的满足为前提的。由于幼儿的年龄小，实际能力较差，他们的多种需要很难在真实生活中得到充分满足。因此，为解决这一矛盾，幼儿须创造并参与游戏，到游戏中去满足需要，适应生长。幼儿身心发展的水平决定了其游戏的水平，幼儿游戏的内容、形式等与其实际身心发展水平是相一致的。因此，也可以说游戏是与幼儿身心发展水平相适宜的主要活动。

（二）游戏是幼儿生活的主要内容

幼儿在一日生活中，除了吃饭、睡觉等日常生活活动外，绝大多数的时间都在游戏（图7-1），而且相比其他活动，游戏的次数也很多。不过，游戏化的活动并不是真正意义上的游戏。应当说，幼儿的生活的确不只是游戏，但没有游戏的生活绝不是幼儿的生活。游戏是幼儿生活的主要内容，甚至可以说是幼儿的一种生活方式。

图7-1 游戏中的幼儿

（三）游戏是幼儿特有的一种学习方式

对幼儿来说，游戏不仅仅是一种消遣，"玩中学"是其主要的和有效的学习方式。那种认为游戏与学习是对立的，甚至认为游戏是"不正经事"的观念完全是错误的。幼儿在游戏中学习，在游戏中健康成长，游戏作为幼儿自发的学习方式，具有以下特点：

1. 学习的目标是隐含的

幼儿在游戏中，往往没有清晰明确的学习目标，不能明确意识到通过某个游戏自己要了解什么、掌握什么或学会做什么等。他们并非为着学习而游戏，而是为着"玩"而游戏。幼儿积极、主动地投入到游戏中，就能自然地实现某些方面的发展目标。

2. 学习方式是潜移默化的

由于幼儿在游戏中总是伴随着愉悦的情绪体验，积极性、主动性较高，因而幼儿在游戏中的学习是潜移默化的，甚至幼儿自己也不知道是在学习。例如，积木以其独特的价值深受幼儿的喜爱，幼儿在搭建、抓取、搬运积木过程中，手部肌肉得到了发展，对各类积木的形状和规格也有了初步认识，在潜移默化中进一步丰富了幼儿的科学经验。

3. 学习的动力来自幼儿自身

幼儿在游戏中的学习是为了满足自身的好奇、好动、操作摆弄物体、与人交往等需要，完全是由兴趣、喜好、探索等内部动机推动的。

二、幼儿游戏的特点

案例链接

今天是中一班"美美餐厅"开张营业的第一天,来就餐的人很多。小宝忙着上菜(小朋友剪的蔬菜纸片),贝贝忙着给客人拿餐具,招待几位客人后,菜没了。贝贝对小宝说:"我去买菜。"只见他跑向玩具架,端了一盒雪花片回来,边跑边兴奋地说:"菜买回来了!菜买回来了!"于是,小宝又开始给客人上菜,贝贝则继续给没有餐具的客人分餐具。分到最后,餐具也没有了,贝贝对没有餐具的两位客人说:"餐具没有了,你们用手拿着吃吧。"客人当当说:"啊? 用手拿着吃有细菌啊!"另一位客人瓜瓜则伸出两个手指头说:"这样吃!"只见他把手指当成筷子,夹起一片雪花片"啊呜啊呜"地吃了起来。当当看到后,也连忙伸出手指,夹起一片雪花片吃起来,边吃边和瓜瓜咯咯地笑。

幼儿游戏之所以不同于其他活动,是由它自身的特点决定的。幼儿游戏的特点主要有以下几方面:

(一)自由性

幼儿正处在身心迅速发展的时期。幼儿3岁后体质日趋强健,基本动作有了一定的发展,能进行手的操作活动;思维和想象力有了一定的发展,并能使用语言进行交往;独立活动的能力增强,具有参加活动的需要。在游戏中,幼儿完全可以自由自在地进行游戏,玩什么、怎么玩,均由幼儿自己决定,而不是在外在的强制下进行游戏,自由选择或自主参加是幼儿游戏的第一个标志性特征。所以,幼儿乐于从事游戏,游戏是幼儿自主自愿的活动。

(二)愉悦性

游戏是幼儿快乐的源泉。在游戏中,幼儿能控制所处的环境,表现自己的能力和实现自己的愿望,因而能够使幼儿获得愉悦感、胜任感和满足感。幼儿的游戏活动没有强制的目标,因而降低了幼儿为达到目标而产生的紧张感,耗费精力少,也能使幼儿从中感到轻松、愉快。事实上幼儿总是在情绪积极时才做游戏,游戏也给幼儿带来了积极的情绪体验。

(三)想象性

幼儿在游戏过程中能够充分发挥想象力,创造不同的玩法。例如,幼儿在玩沙、玩泥时,会想出不同的玩法,并且玩得津津有味。游戏的假想性是以模仿现实生活的某一个侧面为基础,但又不是照样模仿,而是加入了幼儿的想象活动。幼儿可以依靠想象不断变换物体的功能,不断变换人物的角色,不断变换游戏的情节,幼儿在想象中把狭小的游戏场所变成无比广阔的天地。可以说,正是幼儿的想象和创造性,才使游戏的方式千变万化、多姿多彩,富有趣味性。

(四)非功利性

幼儿重视的是游戏的过程,而非游戏的结果,幼儿游戏没有任何功利的目的,既没有外部目标,也没有内在约定。幼儿参加游戏就是为了享受游戏的过程,在于游戏活动本身,是为了好玩而游戏,而非追求游戏的结果。因此,成人在评价幼儿的游戏时,应注重幼儿参与游戏的过程,而非最终的成果或结果。当然,成人在设计、指导幼儿游戏时,仍然可以给游戏外加一定的目的,如通过在游戏中扮演警察培养幼儿遵守规则的意识;通过扮演医生,引导幼儿学会关心他人等。但这并不需要幼儿在游戏中明确这个目的,追求实现这个目的,幼儿的兴趣仍然在于游戏的过程。事实上,幼儿游戏活动的目的是随着游戏活动过程的展开自然而然实现的。

(五)虚构性和社会性

幼儿的游戏具有假想成分,是指幼儿的游戏是想象与现实的结合,是幼儿在假想的情境中对生活经验的创造性反映。幼儿游戏的成分、角色、情节、行动以及玩具或游戏材料,往往只是象征性的,具有明显的虚构性。但幼儿的游戏并不是主观臆断或者空想,而是以客观现实为依据,通过想象将日常生活中的表象形成新的形象，用新的动作方式去重演别人的活动，可以不受现实环境中具体时间、地点、条件的限制，幼儿游戏的假想表现在以下几方面：

1. 对游戏角色的假想（以人代人）

幼儿在游戏中必须凭借想象，把自己想象、装扮成某个角色，并接受游戏伙伴所想象、装扮的角色。比如，扮演警察、医生、病人等角色。幼儿扮演"厨师"如图 7-2 所示。

2. 对游戏材料的假想（以物代物）

幼儿的游戏离不开游戏材料。有的材料较接近于真实的事物，有的材料则和真实物体有较大的差异。幼儿在运用这些游戏材料时，需要把它们想象成真的，并对其施加类似成人的真实动作。比如，把木棍当成筷子、把橡皮泥当成面团。

3. 对游戏情景的假想（情景转换）

幼儿在以人代人和以物代物的基础上，通过动作把现状想象成生活中的某一个情境。比如，把活动室的一角当作医院。

图 7-2　幼儿扮演"厨师"

【教育箴言】

儿童游戏中常寓有深刻的思想。

——席勒

游戏的主要心理结构

三、幼儿游戏的教育作用

教育家马斯洛认为："幼儿期是奠定智力发展基础最有效的时期，游戏的过程正是智力发生的非同一般的过程，这就是游戏作用之所在。"游戏是幼儿最喜爱的活动，幼儿在游戏中学习和成长，游戏的特点决定了游戏对幼儿的发展具有重要的价值，能有效地促进幼儿身体、智力、创造力、情感、社会性、美感等各方面的发展。

（一）促进幼儿体力的发展

在游戏中，幼儿身体各器官处于积极的活跃状态，幼儿的许多游戏都含有生理活动，这能够锻炼幼儿的身体，促进幼儿正常的生长发育，增强幼儿的体质。游戏有利于幼儿大肌肉、小肌肉、躯干肌肉的发展，有助于幼儿感觉运动技能的提高，有助于幼儿对身体机能的认识。例如，当幼儿玩玩具、扭扭转转、剪剪贴贴、拼拼画画、做做玩玩时，他们的手部肌肉就得到了训练，手指活动变得越来越精确。幼儿搭建积木如图 7-3 所示。

图 7-3　幼儿在搭建积木

（二）促进幼儿智力的发展

游戏是幼儿智力发展的动力，对幼儿智力的发展有重要的影响。通过游戏，幼儿开始认识世界，了

解事物之间的关系，知识、技能都得到了相应的发展。游戏进一步丰富了幼儿的知识，提高了幼儿的感知能力，激发了幼儿的想象力，发展了幼儿的思维能力，培养了幼儿的语言能力。例如，幼儿通过玩水，了解了水具有无色无味、透明、会流动、有质量等特性。

（三）促进幼儿创造力的发展

幼儿对游戏充满了兴趣，在游戏中，幼儿能够无拘无束地玩耍，产生许多新颖的想法和独特的行为，激发了幼儿创造性的萌生和发展。幼儿能变换各种方式来对待物体，通过对同一游戏材料做出不同的设想和行为，或对不同的物体做出同一种思考和动作，能够扩大与游戏材料相互作用的范围，使求异思维得到充分的训练。游戏为幼儿提供了宽松的心理氛围，进一步催发了他们的探究行为，激发了他们的发散性思维，提高了他们的创造性水平。

（四）促进幼儿情感的发展

游戏在幼儿的情感发展中有重要作用。它不仅能满足幼儿表达自己情感的需要，而且能使幼儿的良好情感得到发扬光大，不良情感得到控制和矫正。游戏使幼儿有机会表现自己的情感，给幼儿带来极大的欢愉，帮助幼儿克服恐惧情绪，使幼儿进行情感宣泄。例如，害怕打针的幼儿可以通过在角色游戏中扮演护士给娃娃打针来克服由真正的经历所带来的害怕感（图7-4）；那些害怕某些东西或与父母分离的幼儿也可以在游戏中面对和控制这些恐惧的情感，战胜现实中他们所不能战胜的事物。

图7-4 "我是小医生"

（五）促进幼儿社会性的发展

游戏是幼儿进行社会交往的起点，并为幼儿提供了大量交往的机会，使幼儿逐步学会认识自己和同伴，并能正确地处理和同伴之间的关系，社会交往能力得到提高，加快幼儿的社会化进程。游戏有助于克服幼儿的自我中心意识，提高了幼儿的交往技能，发展了幼儿遵守规则的能力，锻炼了幼儿顽强的意志。例如，在"红绿灯"游戏中幼儿要遵守交通规则，下棋时要遵守下棋的规则。幼儿还逐渐学会了如何制定规则，甚至他们会根据他们的理解修改规则，这使幼儿对规则有了初步的了解和认识，有利于幼儿理解、适应各种社会生活。

（六）促进幼儿美感的发展

游戏是幼儿产生美感的重要源泉。在游戏中，幼儿反映着自然界和社会生活中美好的事物，以及艺术作品中的美好形象，幼儿能自由自在地感受美、表现美和创造美。游戏设施有利于幼儿领略美，游戏内容有利于幼儿欣赏美，游戏成果有助于幼儿再现美，游戏过程有利于幼儿大胆创造美。例如，在户外自主游戏中，幼儿喜欢利用自然材料把自己制作的"花环""项链""手镯"等戴在自己的头上、脖子上、手腕上，以此来打扮自己，使自己变得更漂亮（图7-5）。

图7-5 漂亮的头饰

四、幼儿游戏的类型

幼儿的游戏是千变万化、丰富多彩的。站在不同的角度，选择不同的参照标准，就会有不同的游戏类型，各种类型的游戏伴随着幼儿的成长而不断地发展变化。实际上，游戏类型往往蕴含着游戏发展不同水平或阶段的界定和诠释。由于人们所采用的研究角度不同，对幼儿游戏本质的理解不同，所依据的分类标准各异，于是也就有了多种多样的游戏类型。

（一）以幼儿对游戏的体验形式为依据的游戏分类

这种分类以奥地利心理学家比勒的观点为代表。比勒认为游戏是幼儿全面发展的一个手段，他从幼儿对游戏的体验形式，以游戏活动中占优势的心理成分为依据将游戏分为四类。

1. 机能游戏

这种游戏是2岁前幼儿的典型游戏，幼儿反复做某个动作以示快乐和满足，乍一看像是无意义的活动，但是它能自然地锻炼感觉运动器官，有效地发展身心机能。婴儿期的游戏多属于这种游戏，三四岁以后完全消失，如动手脚、伸舌头、上下楼梯、躲猫猫等。

2. 想象游戏

这种游戏又称为"模仿游戏""角色游戏"等，是利用玩具来模仿各种人和事物的游戏，一般从2岁左右开始，随着年龄的增加而逐渐增多。它是整个幼儿期常见的重要游戏。幼儿开始时是模仿周围成人的某些行为，进而有意识地扮演成人的角色，以后逐渐能够按角色的要求行动和协调相互关系，如做饭、木偶戏等。

3. 接受游戏

这种游戏又称为"鉴赏游戏"，是一种幼儿通过看画册、看电视、听音乐、听故事等活动来获得乐趣的相对被动的游戏。一般看画册是在幼儿1岁以后开始的，2岁以后就可以看到其对收音机和电视的特定节目发生兴趣。不过，幼儿真正对听故事、看电视剧和木偶戏感到有趣，是在幼儿期即将结束的五六岁以后。

4. 结构游戏

这种游戏又称为"创造游戏"。幼儿运用积木、黏土、沙或纸等各种材料主动地进行创造并欣赏结果的游戏。从2岁开始，5岁左右较多，如搭积木、折纸、玩沙等。

（二）以幼儿社会性发展为依据的游戏分类

这种分类以帕登的研究为代表。帕登认为幼儿之间的社会性互动随着年龄的增长而增加，他把游戏分为以下六种：

1. 非游戏行为（0~2岁）

东游西逛，行为缺乏目标，没有同任何事物或任何人进行游戏，在房间里闲荡，注视碰巧引起兴趣的事情，玩弄身体，在椅子上爬上爬下。这种行为不属于游戏。

2. 旁观游戏（2岁以后）

观看同伴的游戏，偶尔同他们交谈，有时向他们提出问题，但行为上并不介入他们的游戏。

3. 独立游戏（2岁6个月以后）

能自己玩玩具，进行游戏，不参与别人的游戏，似乎没有意识到其他幼儿的存在，使用与旁边伙伴不同的游戏材料，专注于自己的游戏，不注意伙伴做什么。

4. 平行游戏（2岁6个月~3岁6个月以后）

在其他幼儿的旁边游戏，幼儿玩着和附近伙伴相同或相近的玩具、材料和活动，虽然把主要精力放在自己的游戏上，但并不和其他幼儿共同活动，其游戏方式却类似于其他幼儿，仍是单独做游戏。

5. 联合游戏（3岁6个月~4岁6个月以后）

幼儿谈论共同的活动，但相互之间没有明确的分工与合作，没有围绕目标进行组织，都是根据自己

的愿望来游戏的。

6. 合作游戏（4岁6个月以后）

幼儿在游戏中围绕一个共同的主题，在小组中与大家共同游戏，有预期的目的和目标，采取分工合作的、有组织的方式游戏，如要搭建一个城堡或比跑得更快。

（三）以幼儿认知发展为依据的游戏分类

以皮亚杰等为代表的认知学派倾向于将认知发展作为幼儿游戏分类的依据。他们认为游戏的发展是沿着认知发展的线索而展开的，在不同的认知发展水平上，便会出现不同水平的游戏形式。可将游戏分为以下四种：

1. 感觉机能性游戏

感觉机能性游戏又称为练习性游戏。它是幼儿发展中最早出现的一种游戏形式，其动因来自感觉器官所获得的快感，由简单的重复运动所组成。例如，奔跑、跳跃、拨浪鼓、敲打和摆弄物体等。这类游戏往往以独自游戏或各自游戏的形式发生，随着幼儿年龄的增长这类游戏的比例逐渐下降。

2. 象征性游戏

象征性游戏是处于前运算阶段（2~7岁）幼儿常进行的一类游戏。它是把知觉到的事物用它的替代物来象征的一种游戏形式。幼儿将一物体作为一种信号物来代替现实的客体，这就是象征游戏的开始。初级阶段就是以物品的替代而获得乐趣，随着幼儿年龄的增长和知识经验的不断丰富，幼儿的象征功能也在不断发展。他们会通过使用替代物并扮演角色来模仿真实生活。这时的象征性游戏进入角色游戏阶段，最常见的"过家家""医院""商店"等游戏，都借助了一些替代物品通过扮演角色并反映种种社会生活、场景和人物。象征性游戏是幼儿最典型的游戏形式。

3. 结构性游戏

结构性游戏又称建构游戏，是指幼儿运用积木、积塑、金属材料、泥、沙等各种材料进行建构或构造，从而创造性地反映现实生活的游戏。这类游戏有三个基本特点：

（1）以造型为基本活动，往往以搭建某一建筑物或物品为动因，如搭一座公园的大门、建一个汽车的模型等。

（2）活动成果是具体的造型物品，如飞机、坦克、卡通形象等。

（3）它与角色游戏存在着相互转化的密切关系。一般认为结构游戏的发展呈现了如下顺序：

① 1岁6个月左右，幼儿开始简单堆叠物体；

② 2~3岁时，幼儿往往先动手后构思，主题不明，成果简单、粗略、轮廓化；

③ 3~4岁时，幼儿逐渐能预设主题，成果的结构相对复杂，细节相对精细；

④ 5岁以后，幼儿结构游戏中的计划性有所增强，并可以多人分工、合作完成大型的建构；

⑤ 5~8岁时，结构性游戏的比例达到了顶峰。

4. 规则性游戏

规则性游戏是一种由两人以上参加的，按一定规则从事的游戏。规则可以是由成人事先制定的，也可以是按照故事情节要求的，还可以是幼儿按他们假设的情节自己规定的。这类游戏一般是4~5岁以后发展起来的。规则性游戏是幼儿游戏的高级发展形式。

（四）以教育的目的性为依据的游戏分类

游戏可以是一种幼儿自发、自愿的活动，没有任何的功利和目的，但同时，游戏也可以成为一种有效的教育手段，利用游戏的手段，达到教育的目的和功效。因此，依据游戏中的教育目的性成分，可以将幼儿的游戏分成自发游戏和教学游戏。

1. 自发游戏

自发游戏是幼儿自己发起的、自愿参加的、自主支配的游戏。它一方面反映了幼儿的认知特点和社会性等方面的发展水平，另一方面也反映了幼儿的兴趣爱好。幼儿的自发游戏对于幼儿创造性的发展是极有价值的。游戏的主题、材料、规则都是幼儿自己规定、自己确立的,这些都源于幼儿创造性的萌芽和发展。当然幼儿的自发游戏有时也需要成人加以适当的引导,使游戏的题材和内容更加健康、有趣、积极。

2. 教学游戏

教学游戏是指在幼儿园中,游戏被作为一种教育手段和教育组织形式而加以运用。教学游戏就是在幼儿园教育中,教师根据一定的教育目标和幼儿发展的需要,有目的地采用游戏的形式进行教学而设计和开展的游戏(图7-6)。游戏因素与非游戏因素相结合是教学游戏的本质特点。

(五)学前教育机构常见的游戏分类

心理学把幼儿心理发展作为着眼点,研究幼儿自然的游戏。教育学把游戏作为教育手段作为着眼点,既注意幼儿自然的游戏,又注意为幼儿编制有规则的游戏。为了便于教师在学前教育机构运用和指导,根据游戏关键特性的不同,可将游戏分为两大类:

图7-6 "运送雪花片"游戏

1. 创造性游戏

这类游戏是幼儿从兴趣爱好出发,自主选择,自由玩耍的。在这类游戏中幼儿可以无拘无束、自由自在地操作、摆弄玩具材料,充分表达自己的情感,实现自己的愿望,创造性地解决各种问题。幼儿的创造性、积极性在这类游戏中获得了极大的发展。主要包括角色游戏、结构游戏、表演游戏。

2. 有规则游戏

这类游戏是成人在幼儿自发游戏的基础上,依据一定的教育任务而设计编定的,一般都有游戏的目的、玩法、规则和结果四个部分,其中游戏规则是此类游戏的核心。这类游戏大都由教师组织幼儿进行,也可由幼儿自主进行,主要包括体育游戏、智力游戏、音乐游戏。

思考与练习
SIKAO YU LIANXI

一、选择题

1. 关于幼儿游戏内涵的说法不正确的是( )。

   A. 是幼儿生活的主要内容　　　　　　B. 符合幼儿身心发展的需要

   C. 是幼儿特有的一种学习方式　　　　D. 游戏的动力来自教师的要求

2. 害怕打针的幼儿可以通过在角色游戏中扮演护士给娃娃打针来克服由真正的经历所带来的害怕感,这体现了幼儿游戏的教育作用是( )。

   A. 促进幼儿身体的发展　　　　　　　B. 促进幼儿良好情感的发展

   C. 促进幼儿社会性的发展　　　　　　D. 促进幼儿智力和语言的发展

3. 在幼儿园教育中,教师根据一定的教育目标和幼儿发展的需要,有目的地采用游戏的形式进行教学称为( )。

   A. 创造性游戏　　　　　　　　　　　B. 有规则游戏

   C. 教学游戏　　　　　　　　　　　　D. 幼儿园教学活动

4. 幼儿玩动物拼图积木，此类游戏属于（　　）。
A. 角色游戏　　　　　B. 结构游戏　　　　　C. 表演游戏　　　　　D. 规则游戏

二、简答题

1. 简述幼儿游戏的特点。
2. 简述幼儿游戏的类型。

探寻2　幼儿游戏的组织与指导策略

>>> 情境导入

区域游戏开始了。

在"小超市"，售货员甜甜正在"超市"里无聊地摆弄着货架上的瓶瓶罐罐，因为此时还没有客人光顾。正在这时，张老师进了小超市，"你好，我想要一瓶矿泉水和一袋饼干，一共多少钱？"张老师以一名顾客的身份问甜甜。"矿泉水是5元，饼干是10元。"甜甜说。"好的，给你20元。"张老师递给甜甜一张20元的代币，甜甜转身放入了收银盒。"售货员，你还没有找我零钱呢？"张老师追问。"对了，对了，得找钱。"甜甜拿过收银盒，认真地计算应找给顾客多少钱。

在美工区，洋洋和天天尝试着用毛笔和水彩画画，可是刚画两下，宣纸就湿漉漉的了，根本就上不了颜色。王老师看到这种情况说："你们试试在调颜料的时候少放一些水，再拿一个画毡垫在画纸下面，可能会好一些。"

在积木区，小朋友们在热火朝天地搭建"幼儿园"，李老师在区域外仔细地观察着每一位幼儿的表现。

游戏是幼儿自主的活动，并不是说幼儿的游戏不需要教师的指导。相反，教师的指导在幼儿游戏中起着非常重要的作用。从上述情景中可以看出，张老师以"顾客"的角色主动参与到幼儿的游戏中，推动了幼儿游戏的发展；王老师在小朋友遇到困难时给予了及时的帮助；李老师作为游戏的旁观者，默默地观察每一名幼儿的表现。教师对幼儿游戏的指导必须以保证体现幼儿游戏的特点、不违背幼儿游戏的意愿为前提，才能更好地促进幼儿游戏水平的提高。否则，一切指导都可能是徒劳的，甚至可能成为幼儿发展的障碍，不利于幼儿的发展。

>>> 知识精讲

一、尊重幼儿游戏的自主性

（一）尊重幼儿游戏的意愿和兴趣

幼儿是独立的人，因而有着他们自己的意愿和兴趣。显然，幼儿在按照自己的意愿和兴趣活动时，他们对活动有很高的自主性。他们在游戏开始、进行、结束的过程中都有自己的想法，教师应予以尊重，而不能因为不符合自己的想法、经验或实际生活就不予以理睬、批评，甚至强行制止。

（二）尊重幼儿游戏中的想象、探索、表现、创造

幼儿游戏时的氛围是幼儿积极主动参与游戏的结果，是幼儿游戏"假象"的特点在游戏中的体现。

教师不能因是游戏就随意去破坏这种氛围，否则会使游戏索然无味。幼儿在游戏中想象、探索、表现、创造时，也是幼儿自主性得到极大提高和体现的时候，是游戏作用正在实现的时候，所以教师应予以尊重和鼓励。

二、以间接指导为主

在幼儿园教育中，较之于"直接教"，更多使用"间接教"的方式，这是幼儿园教育的特点之一。鉴于幼儿游戏规律与特点，幼儿游戏指导更是如此，幼儿游戏的间接指导主要从以下几个方面着手：

（一）丰富幼儿的生活经验

幼儿游戏是对幼儿生活的反映，幼儿的生活经验丰富是游戏丰富的重要基础。为了发展幼儿游戏，教师要善于利用幼儿园的各种活动，利用园内外的各种教育资源，利用家园的密切合作，如通过参观、观察、劳动、娱乐、看书、讲故事等来不断丰富幼儿的知识经验，充实幼儿的日常生活，使幼儿在每天的生活中都有新的收获，同时也要指导家长，利用家庭中个别教育的优势，丰富幼儿的生活经验。

【教育箴言】
　　游戏是小孩子的"工作"。
　　　　　　——莎士比亚

（二）观察并合理参与幼儿游戏

教师对幼儿游戏的观察不仅是为幼儿创设游戏环境、进行游戏准备的基础，而且是教师参与幼儿游戏、进行游戏指导的前提。

第一，教师通过细致的观察，可以了解幼儿的发展水平，并以此作为教育的依据。

第二，通过观察，进一步了解幼儿游戏的现状（如发现何时需要增加游戏时间、地点、材料和经验等），从而使教师的参与、指导更有效益。

教师应该有观察幼儿游戏的意识，重视对幼儿游戏的观察。观察时，应对幼儿的游戏行为进行思考，如幼儿的某一个行为表示什么、意味着什么，为什么会做出这个反应，对幼儿的发展有什么价值等。同时，应观察幼儿对游戏的需要和兴趣，观察幼儿在游戏过程中的自主性和创造性，观察幼儿在游戏过程中体现出来的社会性发展水平、交往水平，观察幼儿在游戏过程中使用玩具的情况等。

在观察的基础上，教师应参与幼儿的游戏。第一，通过参与幼儿的游戏，可以进一步观察、了解幼儿；第二，可以使幼儿获得心理上的支持，增加幼儿对游戏的兴趣，促进游戏的发展。

（三）适时适当地介入幼儿游戏

1. 教师介入的时机

教师对幼儿游戏干预时机的选择主要取决于两个因素：第一，幼儿客观的需要，即看幼儿的游戏行为是否自然顺畅，是否需要帮助。第二，教师的主观心态和状况，即教师希望幼儿在游戏中表现出的水平、态度和情绪体验，也包括教师是否具备投入幼儿游戏的热情和精力。在介入之前，教师一定要仔细观察，选择适宜的时机再介入。

（1）当幼儿游戏出现困难时介入。

当幼儿不知道自己该做什么游戏、如何去游戏时，教师的介入是引导幼儿开始游戏的关键。

（2）当必要的游戏秩序受到威胁时介入。

当必要的游戏秩序受到威胁时，教师可用游戏口吻自然地制止幼儿的干扰行为，并提出活动建议。

（3）当幼儿对游戏失去兴趣或准备放弃时介入。

这时教师的介入可以帮助幼儿拓展游戏内容，提高游戏技能，进一步激发幼儿的游戏兴趣。

（4）在游戏内容发展或技能方面发生困难时介入。

在这种情况下，教师可以作为游戏同伴介入游戏给予幼儿示范，或者让幼儿相互启发，相互影响，以帮助幼儿克服困难，拓展游戏。

2. 教师介入的方式

教师介入幼儿游戏的方式主要有以下两种划分方法：

（1）根据教师在幼儿游戏过程中影响活动的形式划分。

①平行式介入。

教师在幼儿附近和幼儿玩相同或不同材料的游戏时，引导幼儿模仿，起着示范指导的作用，属于隐性指导。例如，教师在美工区投放了一些废旧纸盒，目的是让幼儿进行装饰设计，但却无人问津。这时，教师可以用这些材料制作温馨的小房子，引导幼儿充分利用这些材料更好地开展游戏活动。

②交叉式介入。

当幼儿认为教师有参与的需要或教师认为有指导的必要时，由幼儿邀请教师作为游戏中的某一角色或教师自己扮演一个角色加入幼儿游戏，通过与幼儿角色间的互动，指导幼儿游戏。当幼儿处于主动地位时，教师可扮演配角。例如，在幼儿的乘车游戏中，后车厢空无一人，教师以乘客的角色加入游戏，并告诉幼儿："我要去医院，找谁买票呀？"这时，幼儿找来同伴扮演售票员，游戏继续进行。

③垂直式介入。

幼儿在游戏中出现严重违反规则或攻击性等行为时，教师直接介入游戏，对幼儿的行为进行直接干预，教师要建立在观察的基础上，视情况而定，属于显性指导。例如，幼儿因争抢玩具发生肢体冲突时，应直接干预，加以引导。

（2）根据教师在幼儿游戏过程中介入媒介的不同划分。

①语言指导。

这是在幼儿游戏过程中，教师以发问、提示、鼓励与表扬等方式对幼儿的游戏进行语言干预的形式。例如，当幼儿遇到困难进行不下去时，教师可以给予提示性语言"我们一起来给小船加点漂亮的装饰吧！"

②非语言指导。

这种方式以行为暗示为主，教师可利用身体动作、提供材料、布置场地等方式给予幼儿游戏的支持和指导。如在表演游戏中，教师可通过动作示范将各种表演技巧展现给幼儿，调动幼儿表演游戏的积极性。

无论采用何种介入方式指导幼儿的游戏，一旦幼儿开始表现出所期望的游戏行为，教师就应转而扮演无指导性的共同游戏者，或完全从游戏中退出，以便让幼儿重新控制游戏，成为游戏的主人，从而培养幼儿的独立性和自信心。

三、按幼儿游戏发展规律指导游戏

幼儿游戏会随着幼儿年龄的增长、身心的发展变化而发展，即在不同年龄阶段幼儿游戏的发展水平不同，需要不同的指导方式，教师对幼儿游戏的指导应考虑这种发展。

（一）小班幼儿的游戏特点

1. 目的性不强

小班幼儿游戏，只是无计划地摆弄各类材料，只有在他人的提问下才会注意自己的结构物，并开始思考"这是什么"。按照帕顿依据幼儿社会性发展的分类，小班幼儿大多处于无所事事、旁观或者独立游戏的状态。小班后期的幼儿在成人的指导和示范下，游戏逐渐有了主题，但主题很不稳定。

2. 兴趣不稳定，持续时间短

小班幼儿年龄为 3~4 岁，这个阶段的幼儿自控能力较差，容易转移兴趣，且幼儿对游戏产生的兴趣持续时间比较短。在游戏前，教师会按计划表的安排提供相关游戏材料，幼儿会积极地投入到游戏中，尝试不同的玩法，充分感受游戏给他们带来的快乐。但是这种积极的状态一般只有 10~15 分钟，过了这段时间，他们就会失去兴趣，即使教师再组织，效果也不佳。每个幼儿都是独立的、有思想意识的个体，对于相同的事物会表现出不同的反应。如果教师提供的游戏材料是幼儿感兴趣的，幼儿在游戏时就表现得积极、主动，认真地投入游戏，否则就会表现得漫不经心。

3. 重内容，轻规则

不管是哪种游戏，小班幼儿都会按照自己的意愿进行游戏，而对于游戏过程中应当遵守的规则，幼儿时而遵守，时而不遵守。

（二）中班幼儿的游戏特点

中班幼儿的动作能力有明显发展，幼儿活动的范围大大扩展，活动积极性有了极大的提高。其游戏特点主要表现在以下几方面：

1. 游戏水平极大提高，需要不断拓展游戏空间

中班幼儿非常喜欢象征性游戏。在选择中班的教育形式时，要考虑提供促进幼儿不断发展的条件，注重发挥活动区的作用。

2. 幼儿的自主性与主动性进一步发展，需要宽松、安全的探索环境

中班幼儿活动的自主性和主动性有了进一步的发展，他们能够提出自己的活动想法，有主动参与活动的热情与能力，能努力完成自己选择的活动。活动的自主性在活动区、游戏以及其他活动中都明显地表现出来。教师应为幼儿创设一个宽松、自主、有规则的活动环境，让幼儿真正成为活动的主人。

3. 幼儿同伴交往需求与能力进一步发展，需要良好的社会性发展氛围

中班幼儿游戏能力与水平都有所发展，与同伴的合作性游戏也逐步发展起来。他们已不再满足于自己玩，而开始喜欢找同伴一起玩。中班幼儿有着强烈的交往需求，这种需求在自主游戏活动中得以实现。因此，教师为幼儿提供可以交往合作的游戏氛围，是促进幼儿社会性发展的重要手段。户外锻炼、表演游戏、角色游戏以及各种活动区的游戏，都能为幼儿的这一发展需要提供帮助。

4. 幼儿想象的有意性水平提高，需要更大的表达与创造空间

中班幼儿的想象力丰富，教师应提供有利于幼儿充分发挥想象力的活动空间，如活动区。幼儿在活动区的活动，可进一步发展成所有幼儿都非常投入的集体活动。

5. 幼儿的具体形象思维表现突出，需要具体的活动情景与活动形式

中班幼儿思维的形象性最为突出，这一思维特点不仅表现在幼儿解决问题、判断事物时，而且表现在幼儿的各种活动中。在游戏中，幼儿容易沉浸在形象化的思维活动中。区域活动为幼儿的具体形象思维提供了自由活动的空间，满足和实现了幼儿的需要。

（三）大班幼儿的游戏特点

大班是幼儿从幼儿园到小学的转折期，教师需要了解大班幼儿的游戏特点，以帮助其在游戏中发展学习能力。

1. 幼儿游戏的自我评价能力逐步提升

5岁以后，幼儿的个性特征有了较明显的表现，其中最突出的是幼儿自我意识的发展。这一时期，幼儿自我意识的发展主要体现在自我评价的能力上。幼儿在评价自己时，不再轻信成人的评价，当成人的评价与幼儿的自我评价不一致时，他们会提出申辩。同时，幼儿可以从多个角度进行自我评价，如大班幼儿在评价自己时会说："我会唱歌跳舞，但画画不行。"

2. 幼儿的合作意识逐渐增强

大班幼儿开始有了合作意识，他们会选择自己喜欢的玩伴，也能与三五个小朋友一起开展合作性游戏。他们逐渐明白公平的原则和需要服从集体约定的意见，也能向其他伙伴介绍、解释游戏规则。例如，在小舞台表演游戏中，几个小朋友能一起分配角色、道具，能以语言、动作等进行表现，并有一定的合作水平。

3. 幼儿的规则意识逐渐形成

大班幼儿的规则意识逐步形成，他们开始学习控制自己的行为，遵守集体的共同规则。例如，游

结束后要把玩具整理好放回原处，上课发言要举手等。大班后期的幼儿特别喜欢有规则的游戏，如体育游戏、棋类游戏等。对在活动中违背规则的行为，幼儿常常会"群起而攻之"。但这一时期的幼儿对于规则的认识还没有达到自律，规则对幼儿来说还是外在的，因此幼儿在规则的实践方面仍会表现出自我中心。

4. 幼儿的动作灵活，控制能力明显增强

大班幼儿的走路速度基本与成人相同，平衡能力明显增强，可以用比较复杂的运动技巧进行活动，还能伴随音乐进行律动与舞蹈。手指小肌肉快速发展，能自如地控制手腕，运用手指活动。所以，大班幼儿开始热衷于结构游戏与创造性游戏。

四、按各种类型游戏的特点指导游戏

由于不同种类的游戏有着不同的特点，所以教师对幼儿游戏的指导还应考虑到游戏的种类。例如，角色游戏和结构游戏都是幼儿对其生活的反映，但角色游戏主要反映的是幼儿周围的社会生活，而结构游戏则是幼儿对物体造型的一种反映。因此，在两类游戏的指导策略上，在丰富生活、提供材料、场地布置以及指导方法上都会有所差异。教师应在活动中把握好自己干预游戏的"度"，考虑到不同类型游戏的特点，施以不同的指导。

（一）幼儿创造性游戏的指导

1. 角色游戏

幼儿根据自己的兴趣和愿望，以模仿和想象，通过角色扮演，创造性地表现其生活体验的活动，如娃娃家、商店、医院等，所以又称为主题角色游戏。角色游戏是幼儿期最典型、最有特色的一种游戏。"我是售货员"游戏如图 7-7 所示。

（1）角色游戏的指导。

角色游戏的指导工作主要围绕游戏前、游戏过程中和游戏后三个阶段开展。

① 游戏前的准备。

第一，要丰富幼儿的生活经验，拓展角色游戏的情节。幼儿的生活经验越丰富，经验感知越充分，角色游戏的材料、情节也就越充实、越新颖。教师要与家长密切合作，在日常生活、教育活动的各个环节中，利用一切机会引导幼儿观察周围生活，丰富幼儿的见闻，拓展幼儿的视野，加深幼儿对周围生活的体验和理解。

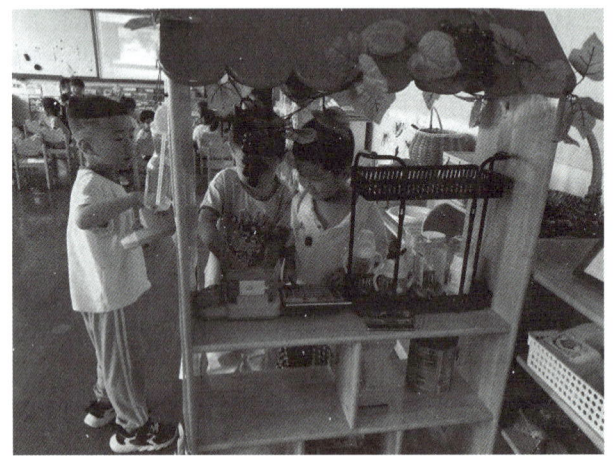

图 7-7 "我是售货员"游戏

第二，要提供充足的游戏时间，促进游戏的深入开展。幼儿的角色游戏所需时间一般都较长，每次不能少于 30 分钟。只有在较长的时间里，幼儿才能有寻找游戏伙伴、商量主题和情节、分配角色、准备材料等的机会。

第三，要创设材料丰富、有挑战性的游戏场地。游戏场地设备、玩具和材料是幼儿开展角色游戏的物质条件，同时也是满足幼儿游戏愿望和兴趣，发展幼儿想象力的重要载体。因此，适宜的游戏材料不仅反映幼儿的发展水平，也渗透教师的教育意图。

案例链接

照相馆游戏中的生活经验

在"照相馆"里，我们投放了玩具照相机、相册、空化妆品瓶等材料。孩子们似乎对这里很感兴趣，"照相馆"里一下子热闹起来了，可没过多久就出现了混乱无序的现象。在游戏开展前，我认为孩

子们都有到照相馆拍照的经验，他们喜欢装扮自己，也爱摆出各种姿势拍照，对照相的过程乐此不疲。由此我想当然地认为他们肯定了解照相馆的工作程序，明白不同角色的分工。可事实上，孩子们的表现与我的期望相差甚远。

我决定带孩子们参观幼儿园附近的一家照相馆，了解照相馆里的区域划分、物品摆放、工作内容和流程等。回到幼儿园，我又组织孩子们开展讨论。

师：你们觉得我们的照相馆该怎么布置？

幼：现在我们的照相馆里没有接待室和选样照区，应该加上；真正的照相馆里的布景很丰富，而我们只有一种；我们的服装也太少，应该再收集一些。

师：那我们收集些什么材料好呢？

幼：可以收集假发、发卡、项链、手链、布娃娃、小伞、帽子、假花……

师：我们是否还要做一个柔光灯呢？

幼：我们可以去美工区订货。

师：照相馆里的叔叔阿姨是怎样工作的？和我们哪里不一样？

幼：叔叔和阿姨每个人都在做自己的工作，他们对顾客很热情，会为顾客倒水，会记录顾客的要求，会安排顾客照相的时间，化妆师会领顾客先选择服装再化妆……

分析： 正是由于教师对幼儿游戏现状的反思，才引发了教师对幼儿已有生活经验的关注，通过针对性地组织幼儿开展参观活动，以及对幼儿讨论的有效指导，从丰富幼儿的生活经验入手，有效地支持了幼儿角色游戏的开展。

②游戏过程中的现场指导。

第一，要细致地观察幼儿游戏，适时适度介入指导。观察是教师开展角色游戏指导工作的重要前提，目的在于关注幼儿角色游戏的动态和进展情况，了解和掌握幼儿已有的游戏经验和发展水平，捕捉和把握教育的时机，适时适度地介入，实施有效的指导。

第二，鼓励和启发幼儿按照自己的意愿自主确定游戏主题。角色游戏是幼儿自主自愿的游戏，其主题应来自幼儿的需要。教师应该成为幼儿游戏的促进者、支持者和引导者。

第三，指导幼儿自主选择和分配角色。幼儿的角色意识是逐渐发展起来的，存在着个体差异。有的幼儿角色意识较强，明确知道自己是"警察"或"医生"，有的幼儿角色意识则较弱，游戏中常出现在不同游戏区之间来回转的现象。教师需要指导幼儿增强角色意识。

第四，指导幼儿丰富游戏内容和情节，提高游戏水平。教师可采用参与游戏、以所扮演角色的身份来指导幼儿游戏，也可以用提供玩具和材料的方法来促进游戏内容和情节的丰富与发展。

第五，加强角色之间的内在联系，增强游戏的合作性。角色的职责及其相互关系，是角色游戏的重要规则，也是反映幼儿游戏水平的重要指标。教师要指导扮演各个角色的幼儿，加强与其他角色之间的联系与交往，使游戏的内容更加丰富。

第六，认同幼儿的游戏规则，培养幼儿的规则意识。在指导时，教师首先要学会认同幼儿的感受，然后再引导幼儿发掘角色的任务，与幼儿共同参与制定规则，这样幼儿比较容易接受。

案例链接

方便面的价钱

一天，东东玩起了卖方便面的游戏："哎，卖方便面啦！买一包不要钱，买两包要一元！"很快，娃娃家的"妈妈""警察"和"修理工"都来花"一元"买走了两包。这时，老师扮成顾客故意说："我买方便面，只要一包。"孩子很高兴地给了一包，没要钱。其他老师也来买，但都只买一包方便面。很快,他的方便面就卖完了。游戏结束后的分享中,当老师说,东东今天把全部方便面卖光了,卖了三元时,全班孩子都给他鼓起掌来。

分析: 幼儿认同的是"方便面全部卖完很棒"的游戏境界,与"不做赔本买卖"的成人社会规则完全不同。角色游戏是幼儿独立自主的活动,其根本出发点是幼儿是否成为游戏的主人。所以,教师要学会以同理之心认同幼儿,认同幼儿自己的游戏规则,而不是强迫幼儿按照成人的价值观,遵守成人的规则。

③游戏结束后的指导。

第一,让游戏在愉快自然的状态下结束,能保持幼儿下次继续游戏的积极性,教师可根据游戏内容的情节发展来灵活掌握。例如,老师说:"现在时间到了,该下班了。"这时如"售货员"没卖完东西,"医生"没看完"病人"……可以教他们对对方说:"请明天再来吧,今天下班了。"这样也便于幼儿自然而然地收拾玩具,结束游戏。

第二,做好游戏后的整理工作。游戏结束后整理场地、收拾玩具既是为游戏的下次开展做准备,又是培养幼儿良好生活习惯的重要时机,教师千万不能包办代替。针对不同年龄班幼儿的特点,教师应该采取不同的指导方法。

第三,讲评、总结游戏。教师可以针对游戏情节、游戏材料和玩具的制作与使用、游戏中幼儿的行为等方面进行讲评,为幼儿进行下一次游戏指明方向。

(2)各年龄班幼儿角色游戏的特点与指导要点。

不同年龄班的幼儿角色游戏发展的层次、水平各不相同。教师应针对不同的年龄班,选择不同的侧重点进行指导,以达到开展角色游戏的目的。

①小班幼儿角色游戏的特点及其指导要点。

游戏特点:

A:幼儿处于独自游戏、平行游戏的高峰期,主要与游戏材料发生联系,与伙伴之间的交往少;

B:幼儿角色意识不强,对操作游戏材料或模仿成人动作较感兴趣;

C:游戏主题单一、情节简单。

指导要点:

A:教师要根据幼儿的游戏特点和生活经验,为幼儿提供玩具种类少,但每种玩具的数量较多的材料,避免幼儿因相互模仿而争抢着玩玩具,满足幼儿平行游戏的需要;

B:教师以游戏者的身份介入游戏,引导和培养幼儿的规则意识,让幼儿逐渐学会在游戏中进行自我管理;

C:通过游戏评价不断丰富幼儿的游戏经验。

案例链接

忙碌的医院

幼儿很喜欢医院游戏,这一游戏我们从小班一直进行到中班。在小班时,我为幼儿准备了多套听诊器、针筒、白大褂、帽子和口罩。通过观察,我发现幼儿最喜欢玩针筒,因为在现实生活中他们对医院最深刻的印象就是去打针和输液,在游戏中也就经常会出现模仿医生打针的情节。在这一阶段,我们可以投放更多针筒和吊针等材料来满足幼儿的操作愿望。

小班幼儿缺乏交往能力,当"病人"不来光顾时,他们就无所事事。但他们扮演"医生"为"病人"看病的愿望很强烈,于是,我投放了布娃娃和动物玩偶等,引导"医生"在没人来看病时照顾这类住院"病人",以满足幼儿的游戏愿望。小班幼儿尚不明白医生真正的工作是什么,我们也不必强求他们去真实地再现医生诊断的过程，毕竟游戏不是纯粹的生活演练。

分析：在游戏中，教师要考虑的是幼儿当前感兴趣的是什么以及幼儿的生活经验达到了何种水平，等幼儿有了足够的经验铺垫和游戏愿望时再进一步提高要求。

②中班幼儿角色游戏的特点及其指导要点。

游戏特点：

A：幼儿认识范围不断扩大，游戏的内容与情节较小班不断丰富，持续时间延长；

B：幼儿处于联合游戏阶段，游戏主题丰富，但不稳定，幼儿经常出现半路换场的现象；

C：希望与别人交往，但欠缺交往技能，常与伙伴发生冲突；

D：角色意识较强，能够按照自己选定的角色开展游戏。

指导要点：

A：教师应结合幼儿的社会经验，为幼儿提供丰富且富有变化的游戏材料，鼓励幼儿不断丰富游戏主题；

B：仔细观察并认真分析幼儿发生冲突的起因，以游戏者的身份介入游戏，指导游戏；

C：通过幼儿讨论等形式展开游戏评价，增长幼儿游戏经验，丰富游戏内容；

D：指导幼儿在游戏中逐渐掌握社会规则和交往技能，逐渐学会独立解决问题。

案例链接

医院的体验中心

进入中班后，由于幼儿有了一定的交往意识，不需要那么多平行游戏材料了，我们就在原先的"医院"中隔出一间专门的"诊疗室"，同时只保留一套原先的材料，其他平行材料则放入"宝贝橱"，方便幼儿需要时取用。我还通过与幼儿聊天，了解他们的游戏兴趣及愿望。我发现他们还是相当喜欢打针和输液的，同时，由于有了几次体检经验，他们希望在自己的"小医院"里开辟一间"医务室"，用来检查视力、听力及测量身高等。我满足了幼儿的愿望，在"医院"中创设了小型的"体检中心"，并提供了相关的游戏材料。例如，我制作了各种视力表，视力表上的图形不是单调的"E"字，而是各种动物、生活用品、交通工具等，幼儿可以根据自己的喜好自由选择。

分析：游戏中，教师为幼儿提供了多种游戏内容并不代表幼儿在某一次游戏中必须从头到尾玩一遍，该教师遵循了自主性原则，让幼儿根据自己的愿望以及生活经验有选择地开展活动。

③大班幼儿角色游戏的特点及其指导要点。

游戏特点：

A：随着幼儿对社会生活认知的不断积累，游戏经验丰富，主题新颖，内容丰富，游戏所反映的人际关系较为复杂；

B：大班幼儿处于合作游戏阶段，喜欢与伙伴共同游戏；

C：幼儿能按照自己的愿望主动选择游戏主题，并有计划地开展游戏；

D：幼儿在游戏中独立解决问题的能力增强。

指导要点：

A：教师应与幼儿一起准备游戏环境，侧重语言引导，培养幼儿的自主性；

B：认真观察幼儿游戏，给幼儿提供必要的条件和机会以及适当的引导；

C：允许并鼓励幼儿在游戏中进行创造，培养幼儿的创造性；

D：通过多种形式开展游戏讲评，让幼儿在分享中取长补短、开拓思路，发挥游戏的教育作用。

2. 结构游戏

结构游戏又称建构游戏，是幼儿利用各种不同的结构玩具或结构材料（如积木、积塑、金属片等），构造物体形象，反映现实活动的一种游戏（图7-8）。结构游戏始于3岁前后，一般从简单的积木游戏开始。

图7-8 幼儿们搭建的"大楼"

（1）结构游戏指导的基本任务。

在指导幼儿开展结构游戏过程中，教师可以从以下几方面进行指导：

①通过建构作品激发幼儿参与结构游戏的兴趣，关注和把握幼儿的兴趣点并帮助幼儿维持建构兴趣（图7-9）；

图7-9 好玩的螺母积木

②引导幼儿对物体进行多渠道、多方位、多角度的观察，加深幼儿对生活环境中物体和建筑物的印象；

③为幼儿的游戏提供必要的物质条件，如游戏时间、场地、材料等；

④帮助幼儿掌握建构的基本知识和技能，包括识别材料的能力、操作的技能、设计构思的能力、分工合作的能力；

⑤教给幼儿创造的方法，引导和鼓励幼儿创造性地建构，提高游戏水平；

⑥帮助幼儿养成爱护结构材料、有序收放结构材料等良好行为习惯。

案例链接

拼插区为何如此冷清

与热闹的其他游戏区相比,拼插区鲜少有人问津。记得我是通过让幼儿数雪花片与雪花片之间空几个孔的方法来教幼儿拼插的,当时就有不少孩子说"老师,我不会"。那时我想:这是拼插环形的最简单的方法了,怎么会学不会呢?有经验的陈老师告诉我,她是借助"小鸡过桥"的情境故事教幼儿拼插的,幼儿很喜欢听,学得也很快。我决定尝试用情境讲述的方法来组织幼儿学习环形拼插。

当我讲到"我请小鸡到我家里来做客,可是小河挡住了小鸡的去路,我们想个办法帮帮它"时,二十多双眼睛都在看着我,他们对帮助小鸡去我家非常感兴趣。我继续提问:"桥面如果全是平的,小鸡能不能到达地面,能不能到达我家?""不能!"孩子们异口同声地说。"那你们想一个好办法,让小鸡从桥上走到我家吧。"这时孩子们被问住了,他们只是瞪着眼睛看着我。正当我准备将答案告诉他们时,一个坐在后面的小男孩大声地说:"让小桥弯一弯,这样小鸡就能从桥面上下来了。"刚刚还很安静的活动室顿时出现了"高潮",大家讨论着如何让小桥"弯一弯"。接着,孩子们的操作结果让我看到了情境教育的魅力。我很高兴,没想到效果这么明显。

分析:教师使用"情景讲述"能够激发幼儿参与拼插游戏兴趣的关键在于,提供了一个可以帮助幼儿更好地理解拼插环形方法的情境性支架,实现了从教师的"教"向幼儿的"学"的跨越。

(2)各年龄班幼儿结构游戏的特点与指导要点。

①小班幼儿结构游戏的特点及其指导要点。

游戏特点:

A:小班幼儿在结构游戏中对结构的动作感兴趣,没有特定的目的,只是无计划地摆弄结构元件;

B:常喜欢把结构元件垒高然后推倒,不断重复,从中体会乐趣;

C:在成人的指导和示范下能初步完成作品;

D:由于幼儿手指力量不够,所拼插的作品牢固性差,拼插中对颜色选择较随意,对大型作品缺乏耐心,主题很不稳定。

指导要点:

A:引导幼儿认识结构材料,有意识地构造简单的物体给幼儿看,提供模仿的机会;带领幼儿参观中大班幼儿的建构活动,引起幼儿对建构活动的兴趣;

B:为幼儿安排场地,准备足够数量的结构玩具;

C:在游戏中指导幼儿学习基本的构造技能,建构简单的物体;

D:建立结构游戏简单的规则,如爱护材料;

E:教给幼儿整理和保管玩具的简单方法,使幼儿学习参与、整理玩具,养成爱护玩具的习惯。

案例链接

从小花到电风扇

豆豆是一个性格内向的孩子,他做事认真,但思维不够活跃、缺乏变化。最近几天,豆豆一直在建构区玩雪花片,每天都在拼小花。我要求孩子们充分发挥自己的想象,用雪花片搭出更多以前没有搭过的东西。可我发现一连两天豆豆在区角活动时还是选择了搭雪花片,每天都搭小花。于是,我来到他的身边:"豆豆,今天你又搭小花了?""这不是小花,是电风扇。"看得出豆豆非常兴奋。"怎么我看上去还是像小花一样?你看电风扇放在桌上好像站不住,你再想想办法让它站稳。"过了一会儿,我再去看豆豆,只见他在搭一个四方的底座,这是他在搭小花园时已有的经验,他已经知道可以把电风扇固定在底座上。看到他在连接电风扇时遇到了困难,我适时给予帮助。"豆豆,你看电风扇站稳了,现在要打开电扇了,怎么开呢?""这里按一下。""哪里按一下?我看不清,你是否可以做个开关?"最后豆豆终于拼出了雪花片电风扇,他特别高兴。

分析: 拼插雪花片是幼儿较为喜爱的结构游戏,具有较大的想象空间和可创造性,案例中教师对豆豆的游戏过程进行了仔细观察并给予了适宜的指导,鼓励豆豆大胆进行探索,从而促进了幼儿的学习与发展。

②中班幼儿结构游戏的特点及其指导要点。

游戏特点:

A:目的比较明确,能初步了解结构游戏的计划;

B:对操作过程有浓厚的兴趣,关心结构成果;

C:能围绕结构物开展游戏,会按主题进行构建,初步利用材料美化结构物;

D:能独立地整理玩具。

指导要点:

A:丰富幼儿的生活经验,增加幼儿对事物结构造型方面的知识;

B:引导幼儿学习设计结构方案,有目的地选材,学会看平面图进行构造;

C:可采用示范、讲解相结合的方法,也可用建议和启发的方法,指导幼儿掌握结构技能并会应用技能塑造物体;

D:鼓励幼儿独立地进行创造性的建构活动;

E:组织结构活动小组(3~4人)进行集体建构活动,引导幼儿共同讨论、制定方案,进行分工,友好合作开展活动;

F:组织幼儿评议结构成果,鼓励他们独立、主动地发表意见,促进幼儿语言表达能力和创造性思维的发展。

③大班幼儿结构游戏的特点及其指导要点。

游戏特点:

A:结构游戏的目的性、计划性和持久性增强,建构内容丰富,使用材料增多,有一定的独立构造能力;

B:集体观念增强,能合作选取丰富多样的材料,围绕主题大胆动手、尝试,灵活应用多种技能进行一定的设想规划,围绕主题进行较复杂的建构;

C:追求结构的逼真和完美,希望自己的作品有新意。

指导要点:

A:丰富幼儿的结构造型知识和生活印象,引导幼儿为结构活动收集素材;

B:指导幼儿学习表现物体的细节和特征,使用结构材料和辅助材料美化构造物;

C:指导幼儿的集体建构活动,学会制订计划(包括协商确定主题、商量结构步骤及方法、如何分工合作等);

D:多采用语言提示的方法教会幼儿掌握新的建构知识和技能,重点指导幼儿运用新的技能去实现自己的构思;

E:教育幼儿重视结构成果,通过开展各种游戏,提高幼儿对建构成果意义的认识并提高他们分析、评价的能力;

F:引导幼儿开展参加人数多、持续时间长的大型结构活动,不断鼓励幼儿运用创造性思维并为他们提供材料,帮助他们克服困难,教师也可加入幼儿的活动,共同完成建构任务。

案例链接

我们的小区

有一次,我带孩子们进行拼插"我们的小区"这个大型的游戏活动时,我提供了很多材料。由于第一次拼插这种大型的建筑物,孩子们对材料的选择仅仅局限于我们以前曾用的大型雪花片和积木,他们觉得用这个材料足以拼出"我们的小区"。拼的时候,他们只拿雪花片和积木,其他材料他们一动不动,甚至都不看一眼。看到这个现象,我就开始带孩子们观察材料,认识材料,然后商量这些材料的用处。当我拿出牙膏盒时就问:"你在小区里看到了什么?""你们觉得牙膏盒可以拼插'我们的小区'里的什么东西呢?"当问题提出以后,孩子们就七嘴八舌地说:"牙膏盒可以当砖头砌墙""牙膏盒可以做小区里的小桥"。我的这一声问话激起了孩子们一连串的联想,他们开始学着利用这些材料进行拼插了。经过短时间的引导,孩子们终于用提供的材料拼出了大型作品。当作品展现在眼前的时候,他们都非常兴奋。

分析: 如图7-10所示,结合上述案例可以看出,教师通过对幼儿拼插游戏的观察,采用语言提示的方式引导幼儿充分利用各类材料进行拼插,从而更好地推进了幼儿结构游戏的不断发展。

图7-10 "我们的小区"游戏

3. 表演游戏

表演游戏是幼儿根据文艺作品中的内容、情节、角色,通过自己的语言、表情、动作创造性地进行表演的一种游戏(图7-11)。

(1)表演游戏指导的基本任务。

①协助幼儿选择表演游戏的主题。适于进行表演游戏的作品应思想内容健康活泼,具有明显的表演性、起伏的情节、较多的对话,如"三只小猪""小熊请客"等。

②创设适合表演的游戏环境,提供表演游戏的物质条件。表演的舞台和布景,以及服饰和道具应当简单大方、经济适用。可以充分利用现有的游戏材料,同时因地制宜地利用废旧物品进行设计和改造。如图7-12所示,幼儿利用纸箱制作的相机在为同伴拍照。

图7-11 "小小表演家"游戏

图7-12 "我是小歌手"游戏

③帮助幼儿组织表演游戏，指导幼儿分配角色。要尊重幼儿的选择，小班可由教师指定角色，或幼儿自选；对于中大班幼儿，应鼓励他们按照自己的意愿进行表演。

④指导幼儿表演的技能，鼓励幼儿自然生动地表演。

⑤启发幼儿创造性地表演，切莫变成"导演"，可通过多种形式拓展游戏，提高幼儿表演游戏的水平。

（2）各年龄班幼儿表演游戏的特点与指导要点。

①小班幼儿表演游戏的特点及其指导要点。

游戏特点：

A：小班幼儿对表演游戏有极大的兴趣，愿意参与表演；

B：表演时具有一定的创造性，表现在幼儿常常改动故事中的句子，有时会创造出意思相同的不同语言来表现作品；

C：幼儿在进行表演游戏时语音不够准确，听辨能力差；

D：表演欲强，角色意识不强，交往欲望较低，表演能力弱。

指导要点：

A：教师应帮助幼儿选择感兴趣的故事作为表演游戏的内容；

B：选作表演游戏的故事应该对话简洁且多重复，动作表现性强，场景最好只有一个，如"拔萝卜"；

C：角色扮演方面，教师应更多地给予示范表演，采用逐步放手的办法帮助幼儿解决角色选择中的困难；

D：材料准备方面，应多投放形状逼真的服装和道具。

②中班幼儿表演游戏的特点及其指导要点。

游戏特点：

A：中班幼儿可以自行分配角色，但角色更换意识不强；

B：游戏的目的性、计划性差，嬉戏性强，任务意识不强，需要教师给予一定的提示才能坚持游戏主题；

C：以一般性表演为主，以动作为主要表现手段。

指导要点：

A：教师应为中班幼儿提供适宜的游戏时间和空间，并注意材料的结构化程度；

B：为幼儿设置一个相对固定的表演区或小舞台，并保证幼儿有30分钟以上的游戏时间；

C：为幼儿提供的材料要简单易操作，一般以2~4种为宜；

D：在游戏最初的开展阶段，教师要在尊重幼儿意愿的前提下做好分组工作，讲解角色轮换的原则；

E：不要过多干预幼儿的游戏，要耐心等待幼儿协商、讨论，提醒幼儿坚持游戏主题；

F：在游戏展开阶段，教师应帮助幼儿提高角色表现意识，可以参与游戏，为幼儿提供适当的示范。

③大班幼儿表演游戏的特点及其指导要点。

游戏特点：

A：能独立完成角色分配任务，有很强的角色更换意识；

B：游戏的目的性、计划性较强，能自觉表现故事内容；

C：具有一定的表演意识，但尚待提高；

D：具备一定的表演技巧，能灵活运用多种表现手段，但表演水平尚待提高。

指导要点：

A：教师可以为大班幼儿提供种类较多的游戏材料以鼓励和支持他们进行多样化探索；

B：在游戏的最初阶段，教师除了提供时间、空间和基本材料外，应尽可能少地干预幼儿；

C：教师应及时为幼儿提供反馈，提高幼儿表现故事、塑造角色的能力，反馈的侧重点应是如何塑造角色。

案例链接

如此"战胜"大灰狼

在开展大班主题活动"三只小猪"时,孩子们因为对这个故事非常感兴趣,主动提出要开展表演活动。面对孩子们的兴趣和需求,我准备借机鼓励孩子们大胆创编或拓展故事情节。我先抛给孩子们一个问题:"虽然三只小猪赶走了大灰狼,但大灰狼以后可能还会来。到时候三只小猪该想什么办法继续战胜他呢?你们来帮小猪想想办法吧。"面对这个问题,孩子们非常热烈地讨论开了,有的说:"在小猪家附近挖一个陷阱,里面铺满钉子,大灰狼再来的时候就会掉下去,被钉死。"有的说:"让老三在河边装死,等大灰狼靠近他想要吃他时,大家把他推到河里,淹死他。"还有的说:"挖一个坑,埋上地雷,在上面放一只假猪,大灰狼看到后会以为是真的,就会扑上去,结果会被炸死。"孩子们乐此不疲地讨论着,我一边帮助孩子们记录想法,一边感到不安。孩子们的设想是否极端了?他们设想的方法是否过于狡猾和残忍了?我感到困惑:尽管孩子们讨论的是童话世界而非真实的生活世界,但对于如此"战胜"大灰狼,作为教师的我是应该尊重、肯定他们的想法,还是应该给予他们正面的引导呢?我们究竟该如何鼓励和引导幼儿进行创编活动呢?

分析: 大灰狼在幼儿心中是一个典型的反面角色。上述案例中,幼儿全心全意地要帮助小猪,反映了他们天真善良的本性。所以,幼儿的表现是正常的,问题出在教师的引导上。"三只小猪"这个故事主要是启发幼儿做事情要动脑筋,不能懒惰、图一时省力,更多的是鼓励幼儿做事时不怕辛苦,努力建造最牢固的房子保护自己,而不仅仅是反映小猪和大灰狼之间的输赢较量。大灰狼被打败也不是因为三只小猪的暴力抗争,而是因为房子足够牢固。所以教师指导幼儿创编时,要紧扣童话故事的主题,不要天马行空。如果教师的引导能够紧扣主题,而不是强调对立和斗争,相信幼儿的创编不会如此离题。

(二)幼儿规则性游戏的指导

1. 智力游戏

根据一定的智育任务设计的,以智力活动为基础的一种有规则的游戏。它以生动、新颖、有趣的游戏形式,使幼儿在轻松愉快的活动中完成增进知识、发展智力的任务,是帮助幼儿认识事物、巩固知识、发展智力的一种十分有效的手段。如图7-13所示,幼儿利用材料在进行点数游戏。

图7-13 "我来数一数"游戏

(1)智力游戏的指导。

①选择和编制合适的智力游戏。应充分考虑幼儿的生活经验与接受能力,既要符合幼儿的智力发展水平,又要照顾到幼儿智力发展的个体差异。因此,要引起幼儿足够的兴趣和活动的积极性,必须将智力游戏的难度控制在幼儿经过一定的努力能够达到成功的程度,即"跳起来能够到的高度"。

②帮助幼儿构建规则意识。教师要用简明生动的语言和适当的示范，将游戏的目的、要求、玩法及规则介绍给幼儿，如"百宝箱"游戏，教师可以边演示边讲解。在游戏中教师要督促幼儿遵守游戏规则，要求他们按既定的玩法和步骤去认真地完成任务，并对游戏时机的掌握与游戏方法的运用进行评价。

③培养幼儿的游戏策略意识，使每个幼儿在游戏中得到充分发展。在智力游戏中，教师应根据游戏的教育任务，不断地向幼儿提出新问题，启发他们开动脑筋进行思考，促使幼儿的思路更开阔，想法更独特，使他们的思维力和创造力得到提高，从中培养幼儿的游戏策略意识。

（2）各年龄班幼儿智力游戏的特点与指导要点。

①小班幼儿智力游戏的特点及其指导要点。

游戏特点：

A：游戏任务容易理解，易于完成，游戏方法明确具体；

B：游戏规则要求低，通常只有一个规则，游戏趣味性大于实际操作性，启发性大于知识性；

C：游戏注重幼儿的兴趣及参与意识的培养，激发幼儿学习知识的愿望。

指导要点：

A：游戏所涉及的知识要适应小班幼儿的接受能力，智力游戏的玩具和材料应该颜色鲜明，品种简单，形象生动，同一种材料可以投放相同的若干个；

B：要选择规则简单、趣味性较强的游戏，对个别幼儿，可以让他们玩一些难度较大的游戏；

C：教师应熟悉智力游戏的目的、难点、重点、规则和游戏中的相关知识，以发挥其开发智力的作用。

②中班幼儿智力游戏的特点及其指导要点。

游戏特点：

A：游戏任务知识性大于娱乐性，注重幼儿在完成游戏任务的同时遵守规则，并在游戏中给幼儿一定的知识概念，注重趣味性及对幼儿实际操作能力的培养，游戏方法复杂多样；

B：游戏规则带有更多控制性，要求相对提高。

指导要点：

A：使幼儿在智力游戏中产生愉快的情绪，注意激发幼儿学习的积极性，努力完成任务的坚持性，以及思维的敏捷性和灵活性；

B：注意培养幼儿动手动脑的习惯，以发展幼儿智力为最终目的；

C：应考虑中班幼儿的生活经验与接受能力，难度适当；

D：在为幼儿选择智力游戏时，要循序渐进，由易到难，激发幼儿思考，鼓励幼儿积极参加智力游戏。

二 案例链接

锁在箱子里的答案

我们班益智区有一份破译电话号码的智力游戏材料，孩子们并不感兴趣，玩的人很少。怎样让孩子们对它感兴趣呢？利用孩子们的好奇心重的特点，我尝试将答案锁在了一个个小箱子里，孩子们需要找到匹配的钥匙才能打开箱子，取出答案检验自己破译的电话号码是否正确。这下，孩子们有兴趣了，越是被藏着、锁着的东西他们越要一探究竟。于是，锁着的箱子促使他们去开锁，为了去开锁激起了他们破译密码的热情。当他们掌握游戏方法后，我又让两名幼儿自愿组成小组，合作玩游戏：一人将自家的电话号码编成加减题，让另一人破译号码，然后两人交换，继续破译。就这样，简单的材料因多种玩法而增色不少。

分析：上述案例中可以看出教师特别留意了幼儿活动的动机、目标和困难，在适当的时候提出建议，从而更好地促进了幼儿游戏的深入开展。

③大班幼儿智力游戏的特点及其指导要点。

游戏特点：

A：游戏任务较为复杂，有时一个游戏有多项任务，知识性大于娱乐性，创造性增强，游戏方法多且难度较大；

B：游戏规则可改变，幼儿可以在活动中通过协商制定新的规则。

指导要点：

A：在选择智力游戏内容时，应注意游戏本身的趣味性和吸引力，使幼儿愿意积极参加游戏；

B：智力游戏的内容应有一定的难度，幼儿通过动脑思考后完成游戏任务，以发展幼儿的智力；

C：组织智力游戏时，教师主要依靠语言讲解游戏，并要求幼儿独立开展游戏，培养幼儿独立思考的能力，教师对幼儿游戏的引导应多于指导；

D：幼儿在智力游戏活动中应遵守规则，同时允许幼儿制定新规则。

案例链接

介绍新玩具

以前我在投放新的玩具时，会在前一天给小朋友们展示它的玩法，希望吸引他们第二天去益智区玩，可是效果并不好，有些孩子会说："没意思，不好玩。"实践中我发现让孩子来介绍新玩具、演示新玩法，不仅能满足他们的表现欲望，对于其他的孩子更具吸引力——"他会玩，我也一定行"。比如在提供玩具"和谐小乐园"时，我没有提前介绍，而是在幼儿选活动区时，有意向最爱动脑筋的子轩透露："今天益智区有一个新玩具，特好玩，但是挺难的，你敢挑战吗？"子轩听了说："真的？有什么不敢！"于是他选择了益智区。我指导他学会了"和谐小乐园"的玩法后，他非常有成就感，要求在区角活动结束后，向小朋友们介绍这个新玩具和玩法。这也正是我想做的。通过他的介绍和展示，孩子们不仅认识了一个新玩具，了解了它的玩法，更激起了他们的兴趣。第二天，果然有人选择了"和谐小乐园"的玩具。这时子轩当起了小老师，教同伴怎样玩。

分析： 从上述案例中可以看出，教师对于投放的新玩具，尽可能地考虑了幼儿的个别差异，很好地激发了幼儿参与游戏的积极性，子轩小朋友在教同伴玩游戏时，不仅能够使其自身的思维能力得到提高，也能促使每个幼儿在参与游戏中获得相应的发展，真正体现了幼儿是游戏的主人。

2. 体育游戏

体育游戏是根据一定的体育任务设计的，由身体动作、情节、角色和规则组成的一种活动性游戏，是幼儿体育活动的一种主要形式，是以发展幼儿动作为主的游戏，并能培养幼儿勇敢、坚强、遵守规则等优良品质。体育游戏大多是规则游戏，如"木头人""老狼老狼几点了"等，有一些体育器械游戏（图7-14），如滑滑梯、拍皮球、踢毽子，其规则的特点不是很突出，但在几个人玩时，也包含某种规则。

图7-14 孩子们在玩单杠游戏

体育游戏符合幼儿身体活动的需求，其内容往往比较固定，有许多是民间流传下来的，如"捉迷藏""丢手绢"等。

（1）体育游戏的指导。

幼儿园的体育游戏有自主体育游戏和体育教学游戏两种主要形式，这两种形式的体育游戏都离不开教师的组织和指导，其指导的内容和任务各有不同，体现在以下几方面：

①幼儿自主体育游戏的指导。

《指南》明确指出："幼儿每天的户外活动时间一般不少于2小时，其中体育活动时间不少于1小时。"因此，幼儿园户外活动成为幼儿健康教育的重要组成部分，在幼儿自主体育游戏中，更离不开教师的观察与指导。

第一，应为幼儿提供丰富、安全的活动材料，以满足他们的游戏需要。教师要注意经常检查这些材料的安全性，避免安全事故的发生，同时，还需要注意材料的投放应具有层次性。例如，幼儿从家里带来的大小各异的易拉罐结实又好看，有的幼儿想到用它们做"梅花桩"，有的幼儿尝试把它们变成高跷。教师应支持幼儿的创意，帮助他们实现愿望，这样既能增强游戏的趣味性，又能满足不同幼儿游戏的需要，还锻炼了幼儿的想象力和动手能力。

第二，帮助幼儿建立规则意识，鼓励幼儿自己建构规则。教师不应对幼儿的自主游戏做过多的限制，但要帮助幼儿建立规则意识，并在游戏中自觉遵守规则。例如，玩大型运动器械时，应按秩序轮流进行，不能插队。

第三，观察幼儿游戏，适时介入指导。教师应明确哪些是幼儿共有的问题，哪些是个别问题。在观察的基础上，介入指导应把握恰当的时机，在体现幼儿主体性的前提下，提供适时的帮助和指导。

案例链接

教亮亮拍皮球

亮亮是个做事认真、谨慎的孩子，在平时的学习过程中经常因为怕出错而退缩，不愿意尝试。一个多月过去了，他还是没有学会拍皮球。于是，我拉着他的手说："亮亮，我们两个一起玩吧！"他一边向后躲一边说："我不想拍皮球。""我们不拍皮球，我陪你一起玩一玩好吗？"听我这么说，他才接受了我的邀请。首先我们两人面对面站好，我用双手将皮球拍到地上后让他把球接住，然后请他再把球拍给我让我接。玩了一会儿，亮亮渐渐消除了紧张的心理，并且能够拍、接皮球了。接着，我将游戏改为一个人拍、接皮球，另一个人帮助数数。每当亮亮没接住球时，我总是笑着对他说："快去抓住它。"帮助他放松心情。十几分钟后，亮亮就能轻松地拍、接皮球了，而且心情明显放松了，拍皮球的力度也掌控得较好。在此基础上，我自然地演示了拍皮球的方法，请他帮我数数。我故意在拍了五六下后让皮球跑掉，这样便自然地换成他拍皮球了。我一边帮他数数，一边不住地赞叹："你太厉害了，比老师还要棒呢！"这时，亮亮更有信心了。又过了十几分钟，亮亮竟然能连续拍六七下皮球了。

分析：从上述案例中可以看出，教师在观察的基础上，结合亮亮的特点，通过耐心的引导、支持和鼓励，使亮亮学会了拍皮球，进一步增强了亮亮的自信心。

②幼儿体育教学游戏的指导。

幼儿体育教学游戏的组织指导工作主要包括以下几方面：

第一，游戏的选择要注意循序渐进，坚持由浅入深、由易到难、由简到繁的原则，应有不同的活动量和活动内容，以使幼儿劳逸结合，全面发展。

第二，重视游戏前的准备活动。教师要在了解全班幼儿特点的基础熟悉游戏的内容，领会游戏的教育作用，应有效地激发幼儿参与游戏的兴趣。

第三，做好幼儿游戏的组织与教学工作，包括组织幼儿集合、新授游戏的讲解与示范、游戏角色的分配等方面。

第四，注重对幼儿游戏过程中的指导，包括根据幼儿在游戏中的精神情绪和完成动作的情况来判断活动量的大小；认真培养幼儿自觉遵守规则的良好习惯；注意观察和指导幼儿身体姿势和动作的正确性；随时检查场地器械是否安全，在游戏中给予幼儿必要的保护与帮助。

第五，把握游戏的结束时机。最佳时机应是：幼儿虽未感到充分满足，但已有适度疲劳，或虽未产生适度疲劳，但幼儿已感到满足。

二 案例链接

一组变一家

游戏活动的时间到了，我带孩子们玩起了"狼和小兔"的游戏。根据对教材的理解和对孩子的了解，我将游戏规则中要求幼儿"三人一组、两人搭窝、一人躲进窝"作为本次活动的学习难点。游戏前，我组织幼儿反复练习了难点动作。当"狼"来了的时候，我反复提示，却没有几组"小兔"能顺利完成搭窝、进窝的动作。对难点再次进行练习并强调规则之后，第二次游戏时"小兔"们依然不能很好地合作。看着他们乱成一团，似乎总不能明确自己的任务，我突然灵机一动：如果给他们定好角色，孩子们是不是就可以避免这种混乱的局面呢？于是，我让孩子们重新自由组合，每三只"小兔"组成一个家，有"爸爸""妈妈"和"宝宝"，并让他们自己商量：大灰狼来了，一家人该怎么合作？第三次游戏开始了，还是那声"大灰狼来了"，"小兔"们又忙碌开了。"快，快躲到窝里来！"搭好窝的"爸妈"催促"宝宝"快进窝。"快，搭得高些！"为了让"宝宝"进窝更顺利，"爸妈"们互相提醒着。游戏温馨而有序地进行着……

分析：幼儿在游戏不熟练的情况下，教师特别要注意提醒幼儿遵守规则，而若是由于幼儿对规则没有完全理解，或是对规则不够重视造成的，则可以暂停游戏，帮助幼儿进一步明确规则并提出要求。可以看出，规则是为游戏服务的，是可以根据情况变通的。教师通过帮助幼儿明确游戏角色，不仅维护了幼儿游戏活动的顺利开展，还可以在游戏活动中促进幼儿的自主发展。

（2）各年龄班幼儿体育游戏的特点与指导要点。

①小班幼儿体育游戏的特点及其指导要点。

游戏特点：

A：小班幼儿体力和身体素质都比较薄弱，大肌肉群发育不太完善；

B：动作缺乏协调性和准确性，平衡能力差，活动不自如，注意力不易集中；

C：对游戏中的动作、角色、情节感兴趣，不注重游戏结果。

指导要点：

在组织小班幼儿进行体育游戏时，应选择动作内容和情节都比较简单、角色较少的游戏，便于幼儿模仿，同时，游戏规则也应简单，适应幼儿的游戏需要。如"老猫睡着了，小猫再出去玩；老猫醒了一叫，小猫就回来"，这既是游戏的内容，又是游戏的规则。

②中班幼儿体育游戏的特点及其指导要点。

游戏特点：

A：中班幼儿的体力有所发展，动作更加协调和灵活自如，平衡能力和独立生活能力也有所提高；

B：空间知觉能力明显增强，能辨别方向，注意力较易集中；

C：能比较自觉地遵守游戏规则，对游戏的结果有所注意。

指导要点：

组织中班幼儿体育游戏时，注意对幼儿游戏中无情节、只为完成某项任务的竞赛游戏的指导，由于游戏规则的复杂化，引导幼儿根据游戏规则学会灵活转化。

③大班幼儿体育游戏的特点及其指导要点。

游戏特点：

A：大班幼儿已能熟练地掌握各项基本动作，动作协调有力、灵活自如；

B：知识范围扩大，观察分析和理解能力有所提高；

C：具有一定的组织能力和控制注意的能力。

指导要点：

大班幼儿竞赛性游戏增多，游戏动作增多，难度加大，需要进一步培养和指导幼儿在游戏中应具有克服困难的耐心和毅力。

3. 音乐游戏

幼儿在音乐伴奏或歌曲伴唱下进行的游戏，主要作用是发展幼儿的音乐感知能力和动作，如"许多小鱼游来了""抢椅子"等，这种游戏生动有趣，深受幼儿欢迎。

（1）音乐游戏的类型。

①音乐听觉游戏。

发展音乐听觉的游戏应根据不同幼儿的年龄特点来开展。对小班幼儿，可多采用直观的教具，通过游戏让幼儿辨别各种人、物体以及简单打击乐器发出的声音，培养他们听辨声音的能力，如"小青蛙打呼噜"。对于中、大班幼儿，则多采用多种生动活泼的游戏形式，进一步培养幼儿辨别音量的大小、音乐的强弱、乐音的高低等音乐听觉能力，以及建立在音乐听觉基础上的感受音乐情绪、理解音乐的能力，如"谁的声音最好听"等。

②节奏游戏。

节拍感和节奏感是节奏能力的两个基本要素。稳定的节拍感是一种潜在的、起组织作用的基础，是构成节奏的基础。可以让幼儿边朗读儿歌，边伴随拍手、拍腿、踏脚等动作，也可用打击乐器做伴奏，游戏时只要求幼儿能正确感知即可，节奏游戏更强调身体动作的节奏体验。

③歌唱游戏。

歌唱游戏旨在通过游戏让幼儿享受唱歌的乐趣，培养音乐的感受力，发展幼儿运用嗓音进行艺术表现的能力。小班幼儿的音域一般在八度之内，不能要求幼儿用力大声歌唱，而要提醒他们用好听的声音来歌唱。注意幼儿连续唱歌的时间，小班不超过7分钟，中、大班不超过15分钟。

④舞蹈游戏。

舞蹈游戏更注重动作和表情的协调配合，具有想象力。可要求幼儿在模仿动作的基础上创造性地展开想象，用自己喜欢的方式来表达情感。

（2）音乐游戏的指导内容。

①自娱性音乐游戏的指导。

自娱性音乐游戏的特点是"自发性、趣味性、随机性"，这决定了教师的指导应当少之又少，基本上只提供游戏材料，或者间接指导，尽量不干涉幼儿游戏。教师应创设丰富的音乐环境，一般包括小舞台和音乐区，教师要用心布置该区域，调动幼儿参与游戏的积极性。

②教学性音乐游戏的指导。

教师要通过选择合适的、有趣的内容，通过自己的感染力来激发幼儿游戏的兴趣，注重游戏过程中的音乐体验，给幼儿充分表现自我的机会。

五、正确评价幼儿的游戏

评价游戏对幼儿发展的教育作用是否得以实现，或幼儿通过游戏是否得到教育，是评价幼儿游戏是否成功的关键。而评价游戏教育作用的大小或游戏是否成功的根本出发点就是幼儿是否为游戏的主人。对幼儿游戏的评价应该是正面评价，这样能保持幼儿在游戏过程中愉悦、成功的情绪体验，有利于激发幼儿再次游戏的愿望。如图7-15所示，教师在对幼儿开展的户外游戏活动进行讲评时可从以下几方面进行：

（1）幼儿按意愿选择玩具做游戏，幼儿在游戏中感到轻松、愉快，发挥了创造性；

（2）幼儿选择一种游戏很认真，能克服困难，遵守游戏规则，不依赖他人独立做游戏；

（3）会正确使用玩具、爱护玩具，会收放玩具；

（4）在游戏中对同伴友爱、谦让，能与同伴合作，愿意帮助别人、不妨碍别人；

（5）游戏内容健康，有益于幼儿的身心发展。

图7-15 教师在讲评游戏

六、使游戏成为幼儿园的基本活动

案例链接

> 下午五点，幼儿园放学了，妈妈来幼儿园接聪聪回家。可是聪聪却没有回家的意思，在幼儿园的大滑梯上乐此不疲地玩着。直到妈妈转身假装走向幼儿园的大门，聪聪才从滑梯上下来，跟着妈妈回家了。
>
> 在回家的路上，妈妈问聪聪："今天在幼儿园都做什么了？"聪聪连蹦带跳地说："我在积木区搭了一个特别特别高的房子。""聪聪这么棒呢！除了搭房子呢？""张老师还带我们到操场上玩'山沟里面有只狼'，对了，上午的时候王老师还教我们用彩色水玩了'颜色变变变'的游戏，可神奇了。用蓝色和黄色的颜色水就能变出绿色的，妈妈，您知道吗？"
>
> 就这样聪聪一边走一边兴奋地给妈妈讲着幼儿园里这一天的生活。

2001年教育部颁布的《纲要》总则明确规定，幼儿园应"以游戏为基本活动"。通过聪聪和妈妈的对话，可以看到幼儿眼中幼儿园里的一日生活——区域活动时玩积木，户外活动时玩"山沟里面有只狼"的游戏，集体教育活动时玩"颜色变变变"的游戏。可见，幼儿园的一日生活似乎都在做游戏，以游戏为基本活动是学前教育应当遵循的基本原理。

（一）重视幼儿的自发性游戏

自发性游戏是指幼儿自己想出来的、自己发起的游戏，这种游戏被认为是最能体现游戏本质的、最符合游戏特点的、最能表现幼儿天性的，也是幼儿最喜欢的游戏。有利于培养幼儿的自主性、独立性和创造性，有助于幼儿的心理健康和个性的和谐发展。因此，重视幼儿的自发性游戏应当成为落实"以游戏为基本活动"的一个着力点。作为幼儿教师，应当充分认识自发性游戏对幼儿的重要作用，应准许、支持并鼓励幼儿进行自发性游戏。如图7-16所示，幼儿在进行自发性游戏。

图7-16 "美丽的皇冠女王"游戏

(二)充分利用游戏组织幼儿园各类教育活动

为了达到幼儿园的保教目标,促进幼儿身心全面和谐发展,既保证教育的计划性,又保证游戏成为幼儿的基本活动,教师必须充分利用游戏组织各类教育教学活动,使原本的教学活动看起来像游戏一样。例如,开展游戏化教学,通过适宜的教学游戏来引导幼儿愉快、自主、创造性地学习。这样既能保证幼儿学到教学目标所要求的知识、技能,促进幼儿向目标方向发展,又能让幼儿得到游戏般的快乐体验。

(三)满足幼儿对多种游戏的需要

幼儿对游戏的需要是多种多样的,他们喜欢玩各种各样的游戏,任何一种游戏都具有其自身独特的作用。所以幼儿园应当创造丰富的游戏环境和多样化的游戏条件,提供自由的时间、空间和各种各样的游戏、玩具、材料等,以满足幼儿多样化的游戏需要,如创设不同的游戏区角,让幼儿能够自由选择游戏,自由取拿游戏材料,按自己的意愿玩自己喜欢的游戏,让不同的幼儿都能够得到满足。

思考与练习

一、选择题

1. 为了让幼儿在户外游戏活动中一物多玩,最适宜的做法是(   )。
   A. 教师集体示范   B. 幼儿自主探究   C. 教师分组讲解   D. 教师逐一训练

2. 当教师以"病人"身份进入小班"医院"时,有六位"小医生"同时上来询问病情,每个孩子都积极地为"病人"看病、打针,忙得不亦乐乎。结果,"病人"一共被打了六针。对小班幼儿这种游戏行为最恰当的理解是(   )。
   A. 过于重视教师的身份   B. 角色游戏呈现合作游戏的特点
   C. 在游戏角色的定位上出现混乱   D. 角色游戏呈现平行游戏的特点

3. 教师介入幼儿游戏的时机不包括(   )。
   A. 在幼儿游戏遇到困难时介入
   B. 在幼儿对游戏内容展开讨论时介入
   C. 在幼儿对游戏失去兴趣或准备放弃时介入
   D. 在幼儿游戏内容展开或技巧方面发生困难时介入

4. 小班幼儿在游戏时表现的主要特点有(   )。
   A. 目的性强   B. 兴趣稳定   C. 自己能分配角色   D. 重内容,轻规则

5. 游戏是否成功或游戏的教育作用是否得以充分实现,根本上取决于(   )。
   A. 游戏是否充分体现幼儿主人翁的地位   B. 游戏是否让幼儿愉快
   C. 游戏是否顺利进行   D. 幼儿在游戏中是否获得成长的经验

二、简答题

1. 简述中班幼儿的游戏特点。
2. 简述幼儿角色游戏的指导环节与要点。
3. 简述小班幼儿表演游戏的特点及其指导要点。

三、材料分析题

一个小班的男孩在建构区用积木搭"大高楼",但他把小积木放在下面,大积木放在上面,因此"大高楼"总也搭不高、"站不稳"。教师发现这种情况后,便坐到他身旁,但没有直接告诉他,而是拿一堆积木来"搭高楼",一边搭一边说:"我把大积木放在下面,小积木放在上面,这样我的'大高楼'就搭得高了。"

问题:请你用幼儿游戏的指导策略分析材料中教师所采用的介入方式和介入性质。

主题 8
幼儿园其他形式的教育活动

> "全部的课程包括全部的生活，一切课程都是生活，一切生活都是课程。"
>
> ——陶行知

主题导读

《纲要》明确指出，教育要寓于幼儿的生活中，教育要寓于幼儿的活动中，使幼儿通过丰富多彩的活动，满足多方面发展的需要，从而在快乐的童年生活中获得有益于身心发展的经验。

生活活动是贯穿幼儿园保教活动始终的活动，在幼儿园日常活动中具有举足轻重的地位。然而，生活活动的价值并非简单局限于生活自理能力的培养，它蕴含着丰富的教育契机。善于捕捉生活活动中的教育契机以及在生活活动中适时创设教育契机，将生活元素巧妙地融入保教活动，才能更加充分地发挥生活活动的价值，真正做到从生活中来、到生活中去。

学习目标

知识目标

1. 了解幼儿园日常生活活动的含义、教育作用、内容。
2. 了解幼儿劳动的教育作用。
3. 了解幼儿园各类节日和娱乐活动的内容和组织形式。
4. 理解幼儿劳动的特点、内容、形式和指导要求。
5. 掌握组织幼儿园日常生活活动应注意的问题。

能力目标

1. 能根据学前儿童的兴趣、经验和儿童的教育目标，设计和组织幼儿园教学、游戏、生活等活动。
2. 能运用家园合作的方法、原则，争取家长的理解、支持和主动参与，进行有效的家园合作。

素质目标

1. 树立从事学前教育工作的专业理想。
2. 养成终身学习的意识，形成良好的师德。
3. 养成主动了解幼儿园教育现状及新趋势的态度。

知识脉络

幼儿园其他形式的教育活动
- 幼儿园的日常生活活动
  - 幼儿园日常生活活动的含义
  - 幼儿园日常生活活动的教育作用
  - 幼儿园日常生活活动的主要环节
  - 幼儿园日常生活活动的组织与指导
- 幼儿园的劳动活动
  - 幼儿劳动的特点
  - 幼儿劳动的教育作用
  - 幼儿劳动的内容、形式与指导
  - 组织幼儿劳动应注意的问题
- 幼儿园的节日及娱乐活动
  - 幼儿园的节日活动
  - 幼儿园的娱乐活动

探寻1　幼儿园的日常生活活动

情境导入 QINGJING DAORU

饮水的时间到了，在张老师的组织下，中二班的幼儿正在排队接水，他们按照地面和墙面上的标记有序排队接水；另外几组幼儿则坐在自己的椅子上安静地饮水，整个班级井然有序。而隔壁的中三班，很多幼儿拥挤在饮水机前，有的幼儿无所事事地坐在小椅子上，还有的在教室里跑来跑去……班级一片混乱，张老师在旁边一会儿大声要求幼儿遵守排队接水的规则，一会儿又要制止乱跑的幼儿，然而似乎没有什么作用。

少成若天性，习惯如自然。幼儿期是培养良好行为习惯的关键时期。科学合理的一日生活安排能够保证幼儿合理的营养、充足的睡眠和适量的运动，帮助幼儿形成基本的生活能力、养成良好的生活习惯，促进幼儿身体健康发育。生活活动在幼儿一日生活中所占的时间长、比重大，内容烦琐。作为教师如何组织才能更好地发挥生活活动的教育效果呢？

知识精讲

一、幼儿园日常生活活动的含义

幼儿园日常生活活动是指幼儿在园一日活动中的各个生活环节和一些每天都要进行的日常活动，是幼儿为了生存和发展而进行的各种活动的总和，包括入园、晨检、早操、进餐、饮水、睡眠、盥洗、如厕、离园等基本生活活动和游戏、有组织的教学活动、散步、过渡和自由活动等日常活动。日常生活活动是满足幼儿基本生活需要，维持个体生存和发展的基本活动，具有基础性、重复性、琐碎性和情感性等特征。

二、幼儿园日常生活活动的教育作用

（一）保证幼儿生命和身体的健康

幼儿生长发育迅速、新陈代谢旺盛，科学合理的幼儿园日常生活活动能够保护和支持幼儿生命和生理活动的正常进行，可进一步促进幼儿身体各系统的健康发育。教师照顾幼儿的进餐、饮水、盥洗等日常活动，保证幼儿获得科学合理的营养和充足的睡眠，满足了幼儿基本的生理需求。

【教育箴言】

如果良好的习惯是一种道德资本，那么，在同样的程度上，坏习惯就是道德上无法偿清的债务了。

——乌申斯基

（二）培养幼儿的独立生活能力和养成良好的生活与卫生习惯

独立生活能力、良好的生活与卫生习惯有助于人一生的发展，幼儿阶段是形成各种习惯的关键时期。科学的生活活动有助于幼儿逐步形成健康的生活方式，掌握必要的生活技能，提高自理能力，养成良好的生活习惯与卫生习惯。幼儿在教师的指导下，经过长时间、持续、反复的练习，可以逐步养成良好的生活习惯与卫生习惯。

（三）促进幼儿智力的发展

日常生活活动是对幼儿实施智育的重要途径。幼儿在园一日生活中，各个环节都可渗入智力教育，如在进餐过程中，教师通过向幼儿介绍食物，帮助幼儿了解不同事物的名称、类别、营养价值等，丰富幼儿的认知；在饮水环节，让幼儿了解水的分类、状态等，拓展幼儿的科学经验。

三、幼儿园日常生活活动的主要环节

（一）入园和离园

入园是幼儿在园一日生活的开始，离园是幼儿在园一日生活的结束。入园和离园是教师开展家长工作和对幼儿进行个别教育的最佳时机。

1. 入园

在幼儿入园期间，教师的主要任务是：热情接待幼儿，安抚幼儿情绪，为幼儿愉快地参与班级有组织的活动做好准备。入园活动特别要加强对幼儿的个别教育和与家长之间的沟通、交流。

2. 离园

离园是幼儿从集体生活转入分散的家庭生活的过渡阶段。离园环节还是调整幼儿情绪、缓解分离焦虑、开展安全教育和家长工作的好时机。在此环节，教师的主要任务是：提醒幼儿做好相关离园准备，使幼儿愉快地离开集体，照顾好晚接幼儿的情绪和安全，同时还要与个别幼儿及其家长进行交流等。

> **拓展延伸**
>
> **教师与家长有效沟通技巧**
>
> （1）与家长沟通时要注意态度和语气；
> （2）要多途径与家长交流；
> （3）多征求家长的愿望、需求、意见；
> （4）可以经常更换信息栏；
> （5）用恰当的方式谈论幼儿的行为问题；
> （6）发生特殊事件时，应主动、坦诚与家长沟通；
> （7）保护家长的隐私；
> （8）冷静处理与家长、幼儿的关系。

（二）进餐、饮水、盥洗、如厕和睡眠活动

1. 进餐

进餐活动的组织与指导工作，对于保证幼儿获得合理的营养，养成良好的饮食习惯与文明进餐的方式，培养幼儿的生活自理能力有重要意义。

进餐前，教师组织幼儿进行相对安静的活动，介绍当日饭菜及相关的营养健康知识等。进餐时，教师要注意营造轻松、愉快的进餐环境，禁止在进餐前、进餐时斥责批评幼儿，也不要在进餐过程中催促幼儿吃饭。教师要培养幼儿与进餐有关的文明卫生习惯，及时纠正幼儿"挑食""偏食""边吃边说"等问题，帮助幼儿养成细嚼慢咽的良好习惯，不吃汤泡饭，爱惜粮食。对于食量小和有食物过敏史的幼儿应重点关注，保证充足的营养。进餐结束时，教会幼儿把餐具、椅子轻轻地放在指定的地方，养成饭后漱口、擦嘴的好习惯。

2. 饮水

饮水是重要的但往往被忽视的生活活动。幼儿生长发育迅速，新陈代谢旺盛，对水的需求量大，且幼儿年龄越小，对水的需求量则越大。年龄小的幼儿主动喝水的意识较为薄弱，因此需要成人提醒、指导他们每日引用足量的水，帮助他们养成良好的饮水习惯。教师可在活动室中，采用图片或图文结合等形式帮助幼儿理解饮水规则，建立有序的饮水常规。对于身体不适、不愿喝水的幼儿，教师要关注并鼓励幼儿多喝水。

3. 盥洗

盥洗活动是幼儿一日生活中必不可少的重要活动。幼儿园的盥洗活动包括洗手、洗脸、漱口、梳头等，贯穿于幼儿一日生活的环节。良好盥洗习惯及独立盥洗能力的培养，为促进幼儿的健康成长奠定良好基础。

教师要根据幼儿年龄制定班级盥洗要求，创设安全、整洁、舒适、美观的盥洗环境，帮助幼儿掌握正确的盥洗方法；关注幼儿盥洗过程，耐心协助暂时不能自理的幼儿顺利完成盥洗，如发现有打闹、玩水等情况，应及时给予提醒和引导，注意培养幼儿节约用水的意识；幼儿盥洗结束，应及时将地面擦干，防止幼儿摔倒。

4. 如厕

幼儿轻松如厕对于幼儿的身心健康至关重要。教师要营造安全、宽松、和谐的如厕氛围，根据幼儿实际需要和幼儿园实地条件，在适当的位置张贴图片或标记，引导幼儿正确、有序地如厕；为幼儿做好如厕的物质准备，纸巾放在幼儿容易拿到、固定的位置，关注幼儿如厕过程，教会幼儿使用纸巾、便器等方法，养成及时冲厕的习惯，及时提醒幼儿大小便，按需小便，定时大便，避免养成憋便、憋尿的不良习惯；关注幼儿大小便情况，如有异常及时与保健医生联系。

5. 睡眠

幼儿处于各方面生长发育的关键期，如果睡眠得不到保证，生长发育就会受到影响，一旦错过发育关键期，将来则难以弥补。教师要营造安静愉快的午睡氛围，准备安全、卫生、舒适、整洁的睡眠环境，提醒幼儿睡前排便；引导幼儿睡前自觉脱衣服、鞋袜等，并摆放整齐；全面关注幼儿睡眠情况，每隔15~20分钟巡视一次，纠正幼儿不良睡姿，观察幼儿脸色、体温是否正常，如有异常情况，及时处理，必要时通知保健老师；根据幼儿年龄特点，组织并指导幼儿做好起床整理工作，详细记录幼儿午睡的具体情况，并及时向家长反馈。

（三）过渡活动和自由活动

1. 过渡活动

过渡活动是幼儿从一个活动到另一个活动之间的转换活动，起着中转、衔接、调整、准备等重要作用。这种活动形式自由、时间短暂，一般安排在进餐前、午睡前后、如厕后和两次教学活动之间。

在幼儿园一日活动中，过渡活动是一个非常重要但容易被忽视的环节。教师在组织过渡活动时要具有计划性、灵活性和随机性。教师可根据幼儿的年龄特点，设置一些小游戏、讲述简短的故事、组织分享交流等活动，让等待的时间变得有意义；教师还要根据前后两个活动的区别，引导幼儿做好身心准备，引导其有序、平稳地过渡到下一个活动。只有通过有趣、有效的过渡环节，才能提升幼儿在园生活质量、促进幼儿身心健康发展。

2. 自由活动

自由活动是幼儿根据自己的爱好，自由地进行选择、自主地进行活动并自发地进行沟通、游戏的过程。在此活动中，幼儿可以随意选择活动的内容、方式，自己决定跟谁玩、玩什么、怎样玩，以达到快乐为最终目的。自由活动使幼儿本性得到自由体现，激发了幼儿的兴趣，满足了幼儿的需要，能发挥幼儿的积极参与性和主观能动性。幼儿自由活动如图8-1所示。

图8-1 幼儿自由活动

教师要明确自由活动的真正含义，为幼儿的自由活动创设条件，提供自由活动的时间、地点和充足、多样化的玩具材料。教师要充分挖掘和利用自由活动中的教育契机，参照幼儿的个性化特征，实施分层教育，对幼儿进行自由观察和自由解读，引导幼儿进行自由探索，使幼儿能够真正领悟到自由的乐趣，这样才能实现自由活动的价值。

（四）散步

散步是幼儿一日活动的环节之一，是他们接触、探索与发现、感知与体验大自然和社会生活环境的良好机会。散步活动多在园内或幼儿园附近的公园、社区等地方进行。散步能够促进消化和吸收，放松

身心，提高幼儿对环境的适应能力，促进其身心健康发展；在散步中能调动幼儿运用多种感官与周围环境互动，促进认知能力发展。教师要充分利用好散步活动，充分挖掘该环节的教育潜能，使幼儿有更多的机会接触社会和自然，开阔幼儿的视野。散步活动如图8-2所示。

图8-2 散步活动

四、幼儿园日常生活活动的组织与指导

案例链接

冬季，幼儿身上的衣服变得厚重起来。到了集体如厕的时间，有几个幼儿坐在座位上不动，保育王老师过来喊："美美、多多、睿睿，来上厕所了。"他们还是一动不动，王老师上前询问，他们也纷纷摇头说自己不需要上厕所。等到大部分幼儿都上完厕所后，王老师就带幼儿到室外开始了户外游戏。但是在游戏中，王老师发现睿睿的表情很不自然，站在旁边一动不动，手还捂着裤子。王老师意识到他可能尿裤子了，天气较冷，老师马上带他回班级换裤子。就在这期间，多多也尿裤子了……后来王老师问幼儿为什么不去上厕所，有的说是因为天冷了不想动，有的说因为衣服穿厚了，不容易脱下来。

分析：教师组织幼儿园生活活动的质量，将直接对幼儿的身心发展产生重大影响，因此，教师应明确、合理地安排各类生活活动，保证活动的有序进行。

（一）保教结合、教养并重

日常生活活动是对幼儿实施保育的途径，也是进行教育的机会。保中有教，教中有保，教养并重是教师的职责。

教师要注重保育的科学性，善于在保育过程中实施教育，发挥日常生活活动在幼儿全面发展教育中的作用，培养幼儿的独立性和生活自理能力。生活技能的习得需要多次的练习，即使对小班幼儿教师也应明确向幼儿提出要求，并组织、指导幼儿自主完成这一活动。教师发现幼儿有困难时，要耐心地结合讲解、动作示范，运用鼓励表扬的方式，让幼儿真正学会，而不能怕麻烦自己代劳。因此，在组织幼儿日常生活活动时，教师要保教结合，教养并重。

（二）制定合理的一日生活常规

常规是幼儿必须遵守的日常生活规则，是幼儿健康发展的重要保证。它把幼儿园一日活动环节固定化、规范化、制度化,让幼儿知道应该做什么,不应该做什么,什么时间可以做什么以及不可以做什么。

实践表明,教师在制定一日生活常规时,一要从幼儿年龄特点出发,考虑幼儿身体和心理的两重负担;二要考虑幼儿体、智、德、美的全面发展;三要与日常生活活动内容、幼儿独立性和自主性的培养、良好行为习惯的养成紧密结合;四要从实际出发,因地因园制宜,切忌操之过急和"一刀切"的偏向。

在贯彻常规时,教师要有计划、有步骤地进行,从少到多、从易到难逐步提出要求,通过简洁明了的语言、直观形象的动作、玩教具讲解等具体的行为方式,帮助幼儿掌握要领。在执行常规时,要持之以恒,对个别体质差、能力弱的幼儿要给予帮助。

(三)注重生活技能的练习

每一种生活技能都是在经常性要求和反复性的练习中形成的。在生活技能的练习中,幼儿调动自身的多种感官和身体动作参与进来,通过模仿和练习边学边做,逐步养成生活自理能力和良好行为卫生习惯。

生活技能的训练,也要从幼儿年龄特点、个别差异和班级实际情况出发,如对小班幼儿培养生活卫生习惯和独立生活能力时,要着眼于"教",教师要采取示范、讲解等多种形式,幼儿通过游戏进行练习,重点放在教幼儿学会技能。对中班幼儿,则较多利用语言进行督促、检查、表扬、批评等方法,着眼于"形成行为习惯"。对大班幼儿,则要在提高认识的基础上要求其"自觉"。

案例链接

幼儿生活技能的练习,教师也可以通过组织趣味游戏的形式巧妙开展与进行。例如,教师组织幼儿进行"今天认真刷牙了吗"的趣味角色游戏,在游戏中,有的幼儿要扮演牙医的角色,有的幼儿要扮演父母的角色,大家在各种有趣的情景对话中围绕"刷牙"这一主题开展游戏。"牙医"在检查小朋友牙齿的过程中会叮嘱他"要好好刷牙,吃完糖果也要刷牙,要不就会长蛀牙","父母"在家中督促小朋友要认真刷牙"好好刷牙,要不牙齿上会有留存的食物颗粒,不美观,也会腐蚀牙齿",而小朋友则认真、有模有样地刷起牙来。在这一趣味的角色扮演游戏中,幼儿懂得了刷牙的重要性,并能学会正确的刷牙方法,具备独立刷牙的生活自理能力。借助趣味游戏培养幼儿生活自理能力的价值由此得以充分凸显。

分析: 良好的生活自理能力是幼儿成长与发展的重要基础。为此,教师一定要立足实际,挖掘可用的资源,采取恰当的策略,以灵活而巧妙的方式对幼儿进行生活自理能力的培养与引导,以助力幼儿健康、茁壮地成长。

思考与练习

一、名词解释

1. 幼儿园日常生活活动。
2. 过渡活动。

二、简答题

1. 简述幼儿园日常生活活动的教育作用。
2. 简述幼儿园日常生活活动的组织与指导策略。

三、讨论题

有人说:"生活活动就让它生活化、自由化,不用特意安排",你认为正确吗?

探寻2　幼儿园的劳动活动

>>> 情境导入

某幼儿园每周五都要开展班级"劳动大扫除"活动，小朋友们兴致都很高，每到一个区域都会一拥而上。可是，有些幼儿进劳动区后似乎把"劳动"的事忘得一干二净，有的摆弄玩具，有的玩起了互动游戏。王老师一直在旁边观察着孩子们的表现。活动结束后她让孩子们说说"劳动"的感受，有的孩子说到了劳动的辛苦，有的说到了劳动的快乐，还有的说到了劳动有困难……而几个没参与劳动的孩子没有任何感受可以表达。王老师和孩子们讨论之后，征求了他们的意见，请他们说说希望有一个什么样的"劳动"活动。大家都根据自己的想法说了出来。于是在再次开展活动前，王老师提前询问小朋友的意见，例如，想去打扫的区域及需要几个人才能完成，还会一起推选每组的小组长，让小组长在劳动中发现最会劳动的小朋友。这不仅大大提高了孩子们的劳动热情，而且劳动的效果也特别明显。

劳动在生存与发展中具有举足轻重的地位，无论社会怎样进步、科学怎样发展，劳动永远是人们创造美好幸福生活的根源。只有热爱劳动、懂得劳动的孩子才有可能成为全面发展的社会有用之材。所以劳动教育是幼儿教育的一个重要组成部分。

>>> 知识精讲

幼儿劳动是根据幼儿身心发展的年龄特征和教育要求，有目的、有计划地进行的服务自己和他人、环境等所力所能及的活动。在劳动中，幼儿不仅认识了劳动工具，学会了劳动技能，发展了智力，打造了美的环境，而且锻炼了意志、培养了劳动的美德。可以说，劳动是促进幼儿全面发展的活动。

一、幼儿劳动的特点

幼儿劳动受幼儿身心发展水平限制，因此不同于成人的劳动，具有以下特点：

（一）生活性

开展劳动教育的主要目的是让幼儿更好地适应生活，将来有更好的生活；其主要内容是生活自理、家务劳动、集体服务等和日常生活紧密联系的生活性劳动；其主要实施途径和方法是借助幼儿生活，在其生活过程中进行的。因此，生活性是幼儿劳动教育最本质的特点。

（二）游戏性

幼儿的劳动有游戏的性质，一方面指的是幼儿劳动从个人兴趣出发，不在意劳动成果；另一方面指的是幼儿在劳动过程常常是边玩边做，有些游戏动作，如洗手绢时就要玩肥皂沫，擦桌子时就会玩水。随着幼儿年龄的增长，他们才能逐渐将劳动与游戏分开，劳动的责任感也会逐渐增强，能够抑制个人的兴趣去服从劳动任务的需要，甚至还会评价自己与他人的劳动。

> **拓展延伸**
>
> ### 幼儿"游戏化"的劳动
>
> 　　幼儿在劳动时会有边玩边做的表现，既有愉快的游戏体验，又能完成劳动任务。秋风萧瑟，一夜之间幼儿园操场内铺满了落叶，王老师带着孩子们来到室外清理落叶，并在操场四周分别摆了3个箱子，方便幼儿收集落叶。孩子们听清了劳动任务后，四散到操场的各个区域，开始行动。晨晨捧着落叶高高举起，一边让落叶缓缓落进大筐，一边大喊："下雪了，下雪了！"旁边的希希也这样做，说："小鸟飞，小鸟飞！"乐乐和丁丁则抬着箱子，边走边喊："收破烂啦，收破烂啦！"很多孩子纷纷将落叶投入他们的大筐中，乐此不疲。
>
> 　　可见，幼儿会主动赋予枯燥的打扫活动不同的游戏元素，从而让劳动转化为游戏。

（三）隐蔽性

　　幼儿劳动不同于成人劳动，成人劳动是直接指向劳动成果的，是为了创造某种社会财富而进行的。幼儿劳动的目的性却不是那么明确，幼儿参加劳动，主要是对劳动的材料、工具和动作过程感兴趣，对具体的劳动成果不大关心。幼儿劳动教育更具有隐蔽性，意味着让幼儿参与劳动不是追求劳动的经济、服务等社会价值，而是追求劳动的启蒙价值、体验价值，在于培养幼儿的劳动情感、自信心及基本生活能力等。同时，幼儿劳动教育在方式方法上，强调寓教于背景与环境中、寓教于游戏与活动中，做到润物无声。

二、幼儿劳动的教育作用

（一）劳动是促进幼儿全面发展的有效教育手段

　　劳动能增强幼儿的体力，发展幼儿的动作。劳动可以促进幼儿身体各系统、各组织的积极活动，不断增强幼儿肌肉的灵敏度及力量，有利于幼儿的生长发育和体质的增强。另外，劳动还经常伴随着四肢的活动，有利于幼儿动作的发展。在掌握初步的劳动技能的过程中，还提高了幼儿大脑的控制调节机能。

> 【教育箴言】
>
> 　　幼儿劳动的价值在于促进幼儿自身的内在成长和发展，与幼儿劳动相比，成人从事着具有显性的外在价值的社会性生产劳动。
>
> ——蒙台梭利

　　劳动是智育的手段。劳动教育对幼儿智力发展方面有着促进作用。在参与劳动的过程中，幼儿往往可以获得直接的经验，不仅需要动手完成相关的劳动活动，还需要运用自己所掌握的知识或经验。幼儿创造性的发展与劳动实践关系密不可分，劳动教育可以帮助幼儿掌握更多知识、掌握更多解决问题的能力，从而促进其"智"的发展。

　　劳动对形成幼儿良好的品德有着突出的作用。组织幼儿参加劳动是向幼儿进行爱劳动教育的最基本的途径。只有幼儿实际参加劳动，亲眼看到劳动前后事物的变化，看到劳动的成果，体验到劳动的愉快，才能逐渐产生对劳动的兴趣和爱劳动的情感，只有直接参加劳动才能养成劳动习惯，体会到劳动成果的来之不易，从而懂得爱护劳动成果和尊重别人的劳动。

　　劳动是幼儿美育的重要途径。幼儿劳动在美育上的作用，体现在使幼儿学会创造美，体验到创造美的愉快，认识到劳动是一种美德，是心灵美、行为美的体现，并能激发幼儿用自己的劳动去追求美的愿望。

（二）劳动对幼儿良好个性的形成有直接作用

　　在劳动教育中，教师会为幼儿分配任务，促使幼儿承担责任。幼儿在完成劳动任务的过程中，体验到自己的付出有了回报，获得了成就感，增强了自信心，这种责任感和自信心对幼儿个人发展有重要影响。他们会明白劳动是一种积极的行为，是实现目标和梦想的途径。这种积极向上的人生态度会伴随幼儿成长，对他们未来的学习和生活将起到积极的引导作用。

劳动活动涵盖了幼儿认知、语言、情感、审美和运动等多个方面能力的培养，幼儿在劳动活动中提高了观察力、思考力、创造力和解决问题的能力，全面提高了综合素质。

三、幼儿劳动的内容、形式与指导

（一）自我服务劳动

1. 自我服务劳动的含义

自我服务劳动是指在日常生活中幼儿独立地照料自己的简单劳动，包括独立进餐、盥洗、睡眠、如厕、饮水、穿脱衣服鞋袜、整理清洁物品等。自我服务劳动既能够使幼儿习得生活经验与劳动技能，又能够强化幼儿的劳动意识并且有意愿去在劳动中主动尝试、大胆思考和处理问题，还能够使幼儿养成勤劳、专注、自信、感恩等良好品格。

【教育箴言】

凡是孩子自己能做的，应该让他自己去做；凡是孩子能够想的，应该让他自己想。

——陈鹤琴

2. 自我服务劳动的指导要求

自我服务劳动虽然是一项简单、初级形式的劳动，受幼儿自身身心发展特点制约，特别是对小班幼儿来说，难度相当大，需要在教师耐心细致的照顾和教育下，经过反复长期地练习，才能逐步掌握相关技能，独立完成劳动任务。因此，教师既不能包办代替，也不能放任不管，应耐心地教幼儿学会劳动技能，并注意培养幼儿不依赖别人、自己的事情自己做的习惯。

拓展延伸

不同年龄班自我服务劳动具体指导要求

指导小班幼儿自我服务的劳动，首先要从培养其对劳动的兴趣入手，调动其劳动的积极性。教师可组织幼儿观察中、大班小朋友的具体做法，激发幼儿学习这项技能的兴趣；接着，教师要向幼儿示范讲解这项劳动的要求和具体的方法步骤，并在幼儿园环境中加入生活技能相关教育要素。

对中、大班幼儿自我服务劳动，可更多利用语言指导，同时对幼儿自我服务劳动提出更高的要求，并逐步扩大劳动的范围，除此之外，还可采用比赛的方法，如穿衣比赛、系鞋带比赛、整理床铺比赛等，让幼儿感受到"自己的事情自己做"带来的光荣感以及独立自主带来的愉悦感。

（二）集体服务劳动

1. 集体服务劳动的含义

幼儿集体服务劳动是在教师的组织和引导下，幼儿为班级、幼儿园或者社区等做一些力所能及的事。如可以在幼儿园内设置劳动角，让幼儿自主选择劳动内容，如整理图书馆、植树护花等；也可以组织幼儿参与社区活动，如清理环境等。

通过参与集体服务劳动，幼儿可以感受到自己为集体、为社会做出的贡献，培养社会责任感和公民意识，从小树立正确的价值观。

2. 集体服务劳动的形式和指导

幼儿为集体服务劳动有集体劳动、个别委托劳动和家务劳动几种形式。幼儿集体服务劳动教育的形式和内容可以根据幼儿的年龄特点和实际情况灵活安排。

（1）集体劳动。

集体劳动是指在教师组织指导下，全班幼儿或小组之间在同一时间内共同进行的劳动。由于参加的人数多，有的劳动内容也较复杂，因此在组织集体劳动时，教师一定要有周密计划，这样才能有条不紊地进行。大、中班应每两周安排一次集体劳动。

在组织幼儿集体劳动时，要求如下：

劳动前做好准备工作。教师首先要去劳动现场进行检查，保证环境的安全；考虑好组织劳动的步骤、方法以及劳动过程中可能出现的问题；根据幼儿的不同特点确定具体分工，特别是对能力差、体力弱和过分好动幼儿的照顾；准备足够的劳动用具和材料。

劳动开始时，首先要向幼儿说明劳动的目的要求，提出必须遵守的规则，然后宣布分工，大班也可由幼儿自己协商分工。然后教师示范和讲解劳动方法、技能和步骤，教给幼儿正确使用劳动工具的方法。示范讲解时，动作要准确，讲解要生动简明。

劳动进行中，教师要细致观察和照顾幼儿，了解幼儿的情况及个别幼儿的表现，适时给予指导和具体帮助。对个别怕困难和能力差的幼儿要给予帮助和鼓励，教育幼儿正确使用工具和爱护工具。

劳动结束时，教师应要求整理好工具，检查劳动成果，做简单的评价或总结，鼓励有进步的幼儿，指出存在的问题和努力的方向。

（2）个别委托劳动。

个别委托劳动是指教师根据幼儿的情况和教育的需要有意识地委派幼儿去完成某一项劳动任务，是为集体服务的一种常用形式。个别委托可以是临时的，也可以是一个阶段的；可以委派一个人去完成，也可委派两三个人同时去完成。

组织个别委托劳动时，教师应注意：第一，教师要立足于教育，不能仅仅着眼于劳动的结果，把幼儿当劳动力使用。第二，教师事先应提出具体明确的要求，讲清楚注意事项。第三，要求幼儿主动向教师报告任务完成情况，教师进行检查和评定。

（3）值日生劳动的指导。

值日生劳动是幼儿以轮流值日的形式为集体服务。值日生劳动对培养幼儿的劳动习惯、劳动能力、关心集体的责任感有显著的作用。幼儿园值日生劳动一般从中班开始，幼儿在小班通过个别委托的训练，初步获得了一些从事简单的劳动和独立完成任务的能力，这就为开展值日生劳动打下了基础。图8-3为值日生正在晨检。

值日生的工作应当是逐步开展起来的。教师要讲解具体的内容和要求，鼓励幼儿独立地完成任务，同时进行监督和检查，必要时予以帮助；可先指派能力强的幼儿担任值日生。对值日生劳动的评价，以表扬鼓励为主，引导幼儿对值日生表示感谢和尊敬，以增强幼儿的责任感和劳动的积极性。教师还要适当地变换劳动内容，以免幼儿感到乏味，不再认真对待，从而影响教育效果。

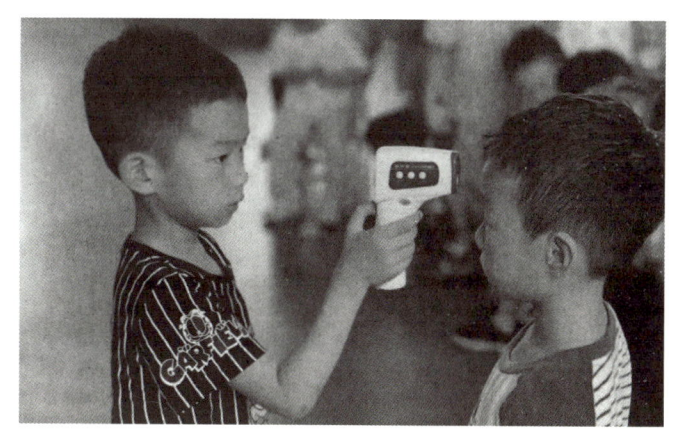

图8-3 值日生正在晨检

（4）家务劳动。

家庭是幼儿生活的第一个场所，家务劳动是家庭成员共同生活中必不可少的日常劳动。开展科学有效的家务劳动教育不仅能够尽早地树立幼儿的劳动观念、丰富幼儿的劳动情感与提升幼儿的劳动能力，还能够帮助幼儿形成健全的人格和正确的价值观念。

家务劳动的内容主要分为两个方面，分别是服务自我和服务家庭。其中，服务自我指的是幼儿自己的事情可以自己做，如自己穿脱衣服鞋袜、洗漱等；服务家庭指的是幼儿在家庭劳动中所做出的力所能及的劳动，如刷碗、扫地、擦桌子、倒垃圾等。

幼儿家务劳动主要依靠家长的指导，家长要重视家务劳动对幼儿成长的重要作用，鼓励幼儿参与家庭分工劳动，培养幼儿的劳动情感。教师要有针对性地对家长在家务劳动教育方面存在的问题进行解答，进行科学有效的指导。通过家园同步的教育，帮助幼儿树立正确的劳动观念，丰富幼儿的劳动情感，提

升幼儿良好的劳动能力与培养幼儿优良的劳动品质。

(三) 种植、养殖劳动

案例链接

> 每年春季，在教师的组织下，幼儿和教师共同播种、浇水、施肥、翻土，让农作物健康茁壮成长。为了照顾和观察，幼儿每天入园第一件事都是前去观察种子的变化，只要发现有一点点的变化，就会兴高采烈地分享和记录自己的发现成果。到了秋收季节，幼儿和教师一起收获果实，共享收获的喜悦，幼儿园开展"从土地到餐桌的"主题活动，采摘完蔬菜瓜果，幼儿也加入到美食制作的队伍中，和食堂的叔叔阿姨一起烹饪各种美食，如凉拌黄瓜、榨豆浆、制作拔丝地瓜和山楂干……幼儿在此过程中享受劳动之乐，品尝食物之美味。活动结束，幼儿在教师的指导下将果皮等厨余垃圾制成堆肥，再用来给种植区施肥，更好地促进植物的生长。

种植、养殖劳动是幼儿最喜爱的劳动形式。幼儿群体天然对动植物有亲近感，教师可以根据幼儿年龄特点，将劳动教育与幼儿的生活、兴趣需要密切结合在一起。

1. 种植、养殖劳动的含义

种植是指在幼儿园内开辟小园地或设置自然角，种植一些易于成活、易于管理、易于得到成果的农作物，如向日葵、草莓、玉米、白菜、瓜类等。图8-4为幼儿采摘白菜。

养殖是指在幼儿园内养殖一些小动物，如鸡、鸭、小鱼、蝌蚪、鸽子、兔子、蚕等。

图8-4 幼儿采摘白菜

种植和养殖活动可以在室外进行，也可以在室内进行。它是幼儿最喜爱的劳动，在种植和饲养的过程中，幼儿参与播种、管理和收获，看到植物开花、结果或动物的成长等过程，丰富了幼儿的感性知识、学习到简单的劳动技能，体验到生长和收获的乐趣；不仅发展了幼儿的智力，激发了幼儿对科学的兴趣，培养了幼儿热爱大自然的情感，而且能培养幼儿对他人劳动的尊重，对所有生命的尊重。

2. 种植、养殖劳动的指导要求

教师组织开展的种植与养殖活动，需要贴合幼儿现实生活。在组织开展活动过程中，要凸显幼儿主体地位，以幼儿的问题和兴趣为出发点。教师只有在充分掌握和深刻理解种植和养殖知识的基础上，才能够准确判断幼儿需要获得什么样的知识，因此教师要未雨绸缪，对植物成长规律进行充分了解，这样才能将幼儿兴趣充分激发出来，不断丰富幼儿经验。

(四) 手工劳动

1. 手工劳动的含义

手工劳动是幼儿运用各种材料进行手工制作的劳动，包括自制玩具和其他手工劳作，不仅可以培养

幼儿动手动脑的习惯，还可以发展幼儿的观察力、想象力、创造力和思维能力。

2. 手工劳动的形式和指导

（1）自制玩具。

自制玩具是教师和幼儿利用收集的自然材料、废旧物品和手工材料等制作简单的玩具的劳动形式，是一种简单的手工劳动。自制玩具不仅促进幼儿动手操作能力的发展，而且通过充分利用各种废旧物品再制作，也培养了幼儿的环保意识。

教师可采用以下步骤指导幼儿制作玩具：一是在制作玩具之前，教师和幼儿应明确玩具制作目的与意图；二是在设计与制作中，教师要及时对幼儿的构思和想法给予肯定，针对不完善的地方共同讨论，启发解决方法；三是在明确目标并有设计思路后，教师要考虑材料的安全性以及简便性；四是在制作过程中应充分发挥幼儿的主体作用，鼓励幼儿发挥自身的想象力和创造力，顺利完成制作；五是要指导幼儿对已完成的玩具进行简单的装饰，增加审美性。

（2）其他手工劳动。

除了自制玩具外，幼儿的手工劳动还有在教师的指导下制作简单的教具、室内外装饰物，活动用品等。教师在指导时，不仅要充分发挥幼儿的想象力和创造力，还要进行有价值的跟踪指导、记录，充分激发幼儿发现问题、解决问题的自主性，使手工劳动获得更好的学习效益。

四、组织幼儿劳动应注意的问题

（一）明确幼儿劳动的目的和要求

幼儿劳动是对幼儿进行全面发展教育的重要方法和途径。因此，教师要根据不同时期的教育任务和本班幼儿的实际情况，组织幼儿积极参加劳动。要明确的目的性和针对性，制定切合实际的要求、方法和步骤。要防止忽视幼儿劳动或把幼儿当劳动力使用的错误做法，严禁把劳动当作惩罚幼儿的手段。

（二）为幼儿劳动创设适宜的条件

为保障幼儿能经常性地参加劳动，必须为幼儿创设劳动的条件和充足的时间。例如，设置劳动场地，如动物角、植物小园地等；提供多种多样适合幼儿使用的劳动工具，如小铲子、小水桶、小剪刀等；收集适合幼儿劳动的安全无毒的材料，如花草种子、各种边角料、损坏的图书、玩具等。

（三）科学合理地安排幼儿的劳动内容

在组织幼儿劳动时，教师要考虑幼儿的体力、动作的发展水平。劳动的内容、强度既是幼儿力所能及，又是需要幼儿付出一定努力，克服一定困难才能完成的。过重的劳动负担、过长的劳动时间，会使幼儿丧失信心，降低兴趣；而劳动过于简单，则会降低幼儿的积极性。

（四）劳动形式多样化、趣味化

教师要结合幼儿自身特点及兴趣，创新劳动形式，提升劳动教育的价值。教师可以根据幼儿生活，进行劳动实践活动，比如根据幼儿爱好进行美食制作比赛，将幼儿分成几个小组，要求每个小组的幼儿分工合作，制作喜欢的美食，小班的幼儿可以做一些冷食蔬菜拼盘等，而中班、大班的幼儿可以蒸煮一些食物等。这种劳动形式，能够使幼儿切身感受到劳动的意义。此外，还可以结合讲故事、儿歌、角色扮演等方式，增强幼儿劳动的兴趣。

（五）重视幼儿劳动过程中的安全和卫生

受身心发展水平限制，幼儿缺乏自我保护的知识经验，缺乏对危险的预知能力，因此，组织幼儿劳动时，必须注意劳动的卫生和安全，慎重选择劳动环境，不能在严寒、酷暑、噪声、污染的环境中或危险地域进行；要注意幼儿劳动的姿势，不能对幼儿身体有所伤害；工具要适合幼儿使用，特别要告诫幼儿不能用工具嬉戏打闹；劳动的时间不宜过长，4~5岁幼儿以10~15分钟为宜，5~6岁幼儿也不得超过30分钟，在劳动过程中，教师要密切观察幼儿的反应，发现幼儿有脸红、气喘的现象出现，应立即休息，防止幼儿过于疲劳，危害身体的发展。

> **思考与练习**

一、名词解释

1. 幼儿劳动。
2. 自我服务劳动。
3. 幼儿集体服务劳动。

二、简答题

1. 简述幼儿劳动的特点。
2. 简述幼儿劳动的教育作用。
3. 简述幼儿劳动的内容和形式。
4. 简述组织幼儿劳动时应注意的问题。

探寻3　幼儿园的节日及娱乐活动

> **情境导入**
>
> 在元旦来临之际，某幼儿园中班开展了元旦游园活动，教师和幼儿共同装扮活动室和走廊，张灯结彩，热闹非凡。幼儿忙得不亦乐乎，悬挂彩灯、包饺子、观看爸爸妈妈的祝福视频、寻找新年礼物和DIY手绘日历。通过节日活动，幼儿既体验了动手制作的快乐，又了解了元旦的来历和习俗，更重要的是，加深了对我国传统文化节日的理解，增强了民族自信心和自豪感。

幼儿园活动种类繁多，形式多样，每一项活动在幼儿成长发展历程中都扮演着不同的角色。那么，为什么要开展节日、娱乐活动？作为教师应如何组织活动，才能更好地发挥教育影响呢？

> **知识精讲**

一、幼儿园的节日活动

（一）幼儿园节日活动的含义

幼儿园节日活动是指幼儿园为庆祝节日而组织幼儿开展的欢庆活动。它是幼儿生活中突出欢乐的事件，对幼儿有着深刻的教育影响。图8-5为幼儿喜迎新春活动。

图8-5　幼儿喜迎新春活动

幼儿园经常庆祝的节日活动有很多，大致可分为两类纪念性的节日，如"六一"国际儿童节、"十一"国庆节、"七一"党的生日、"八一"建军节、元旦、"三八"妇女节等；传统性节日如春节、元宵节、端午节、中秋节等。少数民族地区的幼儿园，还要庆祝自己本民族的节日。

> **案例链接**
>
> 重阳节来临之前，大班开展了一次"感谢有你"的主题活动。首先，刘老师组织幼儿完成了"我对爷爷奶奶知多少"的调查表。接着，幼儿绘出节日活动计划，想出了很多让爷爷奶奶、姥姥姥爷高兴、欢乐的方法。节日当天晚上，很多家长在班级交流群中反映孩子们令人感动的行为：有的一回家就嚷着要给爷爷奶奶捶捶背揉揉肩，有的送给姥姥一个大大的拥抱、香甜的吻，有的给奶奶端上一杯茶，有的给姥姥唱了一首歌，有的帮忙洗水果……家长的反馈让刘老师很欣慰。此次活动，幼儿感知到长辈平日的艰辛，通过实际行动对长辈的付出给予了回报。这就是教育的"魔力"，期待爱的种子在孩子们的心中生根、发芽。

（二）幼儿园节日活动的教育作用

节日活动对幼儿有着突出的教育作用，是对幼儿进行全面发展教育的有效手段。节日活动的开展，不仅使幼儿了解节日的由来和意义，增长见识，而且加深幼儿对国家、民族的传统习俗、风土人情的了解，增强幼儿的民族自尊心和自豪感，增进其对家乡和本民族的热爱。经历和体验节日活动，不仅会给幼儿留下深刻的印象，加深其对节日的认识，而且通过接待家长和客人，还培养了幼儿的文明行为、礼貌用语和交往能力，使幼儿的社会性得到进一步发展。

（三）幼儿园节日活动的组织形式

1. 全园庆祝活动

一些重大的节日，如"六一"国际儿童节和元旦，有条件的幼儿园可组织全园庆祝大会。全园规模的庆祝会，往往要邀请领导、来宾和家长参加，节目形式多样，活动内容丰富，会给幼儿留下深刻的印象。图8-6为"六一"文艺汇演。

图8-6 "六一"文艺汇演

全园庆祝会的程序，一般先由上级领导或来宾讲话，向幼儿表达美好的祝愿，然后在欢乐的气氛中，进行文艺节目的表演。在演出时，节目编排要紧凑，要注意不同形式节目的交替进行，教师和家长若能和幼儿共同演出，会给幼儿带来更大的欢乐。

全园庆祝会的时间，以不超过一小时为宜，小班幼儿如不能坚持，可以提前离场。

2. 联欢、游艺活动

重大的节日，除举行全园庆祝会外，还可组织联欢、游艺活动。全园可分别利用各班活动室开展各种游戏活动，如看木偶戏、电影、幻灯、玩玩做做、看图书或开展体育游戏、智力游戏。这种活动，可以只是幼儿参加，也可以家长与幼儿一起参加，凡答得对、做得好的都可以得到一个小奖品。游艺活动的进行，能给幼儿带来极大的快乐和满足，留下美好的印象。

3. 班级庆祝活动

班级庆祝活动的特点是形式简单灵活，易于组织，在没有条件召开全园大会时，可以以班为单位举行庆祝活动。

班级庆祝会一般是与家长联欢，主题应突出。庆祝会开始由教师或家长代表做简短讲话，然后由幼儿演出节目或搞小型的游艺活动。班级庆祝会一般应结合幼儿的作品展览，通常以合影留念宣告结束。

4. 慰问活动

幼儿园一般在"五一"国际劳动节、"八一"建军节和教师节时采用慰问的形式开展活动。慰问活动主题突出，为充分发挥慰问活动对幼儿的教育作用，从组织幼儿排练文艺表演节目到慰问活动的全过程，都要围绕该次慰问活动的主题进行。可从幼儿园的环境条件出发，采取幼儿到慰问对象的所在单位演出节目或邀请慰问对象到幼儿园参加活动的形式。

（四）幼儿园节日活动的基本要求

1. 注重节日活动的计划性

在制订学期园务工作计划时，幼儿园应对节日活动提前做出安排。各班在制订班务计划时，也要将节日活动纳入其中，使其与整个教育、教学工作融为一体。如可以利用美工活动和劳动时间美化环境、装点会场、制作礼物，利用音乐活动排练节目。这样既减轻了教师不必要的负担，又不致打乱保育工作的正常秩序，还能收到真正的教育效果。

2. 突出不同节日的特色

要按照不同节日的内容和意义，选择表现节日特色的、多样化的活动形式。如国庆节和儿童节，要开展一系列的全园性或班级的庆祝活动和教育活动。庆祝国庆的活动气氛要比较隆重而热烈；儿童节要充分体现成人对幼儿的关爱，让每个幼儿都能感受到节日的欢乐。

拓展延伸

不同节日活动安排建议

春节，组织幼儿学习舞狮、舞龙的律动和开展表演游戏，师幼互送礼物和祝福。

元宵节，组织幼儿吃元宵，并组织自制灯笼、挂灯笼的游艺活动。

端午节，向幼儿介绍吃粽子的民俗习惯和古代伟大诗人屈原的故事。

中秋节，围绕吃月饼、看月亮的民俗活动，向幼儿讲述中国古代神话故事等。

妇女节，可组织幼儿为妈妈制作节日礼物，开展爱妈妈、关心妈妈的教育活动。

"七一"建党节，可以讲述优秀共产党员的事迹和老一辈革命者奋斗人生的故事等；

"八一"建军节，可以访问附近的部队，讲述部队的英雄故事，或请指战员来幼儿园与幼儿联欢等。

3. 符合幼儿身心发展的需要

节日活动的内容，既要注意教育性，又要注意适合幼儿的年龄特点。庆祝会上园长的贺词，必须能为幼儿所理解；节目的选择，应从各年龄班实际出发；游艺活动的内容，也要考虑幼儿的智力与体力。

节日庆祝活动的时间，以不打乱幼儿平时的作息制度为原则。具体内容、顺序的安排，应注意劳逸结合，内容不宜过多，时间不宜过长，不能使幼儿过于劳累和紧张。

4. 使幼儿成为活动的主人

节日活动要面向全体幼儿，让所有幼儿参与到节日活动的准备及演出过程中。节日活动中的某些组织工作也可以让幼儿承担，如由中、大班的幼儿组成小服务队，在教师指导下，接待客人或家长、主持游艺、发放奖品、报告节目等，即使是小班幼儿也可采用临时委派任务的方式，让他们做些力所能及的工作，使他们感觉到自己是节日活动的小主人。

二、幼儿园的娱乐活动

（一）幼儿园娱乐活动的含义

幼儿园娱乐活动是指通过幼儿喜闻乐见的艺术形式或带有游戏性质的手段，以丰富幼儿生活内容，给幼儿带来欢乐为主要目的的活动。

（二）幼儿园娱乐活动的教育作用

幼儿园娱乐活动的开展不仅能给幼儿生活增添乐趣，各种艺术活动所表现的内容还能培养幼儿的道德情感，启迪幼儿的智慧，使幼儿开阔眼界、增长知识。特别是这些活动是以艺术的形式或游戏的方式出现，对幼儿更具有强烈的吸引力和感染力，使幼儿得到美的享受，在欢乐中，使其身心得到全面而和谐的发展。因此，娱乐活动是幼儿园不可忽视的教育手段之一。

（三）幼儿园娱乐活动的组织形式

1. 班级娱乐活动

班级娱乐活动的灵活性很大，可根据幼儿的年龄特点、教育任务有计划地进行。

小班娱乐活动的内容简单、短小，以成人表演让幼儿观看欣赏为主，可以组织幼儿看一些能理解、接受的动画、幻灯片、木偶戏等，让幼儿观看，使幼儿感到欢乐。还可以请中、大班的幼儿来班表演节目，或者到大、中班去参观他们的娱乐活动，活动时间应控制在 15~20 分钟。

中、大班的娱乐活动丰富多彩，可以增加竞赛的成分，发挥幼儿的积极性、创造性；活动还可适当增加知识性的内容，使幼儿在娱乐的同时，满足日益增长的求知欲望、自我表现欲望等，以实现幼儿快乐发展的目的。

2. 全园娱乐活动

全园性的娱乐活动，如看电影、电视、木偶戏、魔术表演或小朋友的歌舞表演，内容应该是各年龄班幼儿都能接受的，时间不宜过长，以免幼儿疲劳。幼儿的观看时间，分别控制在小班半小时，中、大班 1 小时左右。

（四）其他集体性的娱乐活动

1. 迎新活动

家长送孩子入园，是家庭生活中的大事，面对陌生的环境，幼儿以及家长有一个心理上的适应过程。迎新活动的目的是缓解幼儿入园焦虑，帮助幼儿适应新环境，也让家长增强对幼儿园的信任。面对来自不同家庭教养方式的幼儿，组织好迎新活动是幼儿园领导和班级教师重要的任务。

2. 毕业欢送活动

幼儿结束幼儿园生活进入小学前，可以组织全园或班级的毕业欢送活动，激发幼儿对小学生活的向往。因此，毕业欢送活动也是一种生动的入学教育。

全园性的毕业欢送会，可邀请家长和小学教师、小学生以及在园的幼儿参加，并由代表做很简短的讲话，对毕业的幼儿表示祝贺和提出期望。教师要安排每个毕业的幼儿都有参加表演的机会。欢送会结束前，由园长向毕业班幼儿颁发毕业证，向幼儿赠送学习用具等礼物。会后可安排家长与幼儿在幼儿园拍照留念等。毕业欢送会气氛要热烈，但时间不宜长，节目不宜多，主要是要让每个离园的幼儿都感到愉快，对幼儿园生活留下美好的记忆。图8-7为大班幼儿拍毕业照。

图 8-7 大班幼儿拍毕业照

3. 生日聚会

幼儿园中的生日聚会，使幼儿深切地感受到成人的爱抚和期望，体验到童年的幸福，带给幼儿快乐，是幼儿喜爱的活动。

生日聚会一般在班级内进行，可以为一个幼儿举行，或为多个同月份出生的幼儿集体举行。活动的内容和形式丰富多样，主要取决于教师的设计和组织。生日聚会前教师要和幼儿一起讨论活动的内容和形式，教师可为过生日的幼儿戴上花环或头饰，和其他幼儿一起为过生日的幼儿送上一句祝贺的话，班级中同一月份出生的幼儿集体过生日具有更丰富的内容和教育意义，不仅能增强热烈快乐的气氛，还能增进幼儿与同伴的友情。

4. 亲子活动

亲子活动是请家长到幼儿园与自己的孩子共同参与活动的形式。幼儿园可以结合幼儿园具体活动安排日程表，提前邀请家长到幼儿园参加活动，这种活动满足了幼儿依恋父母的情感需要和家长希望了解孩子在园生活情况的愿望，是进一步密切幼儿园与家长的关系，实行家园同步教育幼儿的好形式。

5. 郊游

幼儿园按照学年或学期计划，分别在春秋季组织全园幼儿到幼儿园周边的公园、社区游玩的活动，也是幼儿最喜爱的轻松愉快的活动。通过郊游，幼儿观赏风景，听乡土见闻和故事，粗浅地了解当地文化，可以增长幼儿的知识，发展观察力，是有益于幼儿身心健康的活动。郊游活动的内容要符合幼儿的年龄特点，避免幼儿疲劳，并要把安全放在首位，加强对幼儿的安全教育和管理。图8-8为幼儿春游。

图 8-8 幼儿春游

>>> 思考与练习

一、名词解释

1. 节日活动。
2. 亲子活动。

二、简答题

1. 简述幼儿园节日活动的组织形式。
2. 简述组织幼儿园节日活动的基本要求。
3. 简述幼儿园娱乐活动的组织形式。

主题 9
幼儿园与家庭、社区的合作

> "幼稚教育是一件很复杂的事情，不是家庭一方面可以单独胜任的，也不是幼稚园一方面能单独胜任的，必定要双方共同合作方能得到充分的功效。"
>
> ——陈鹤琴

主题导读

党的二十大报告确立了"健全学校家庭社会育人机制"的原则，2023年1月教育部等13部门联合印发《关于健全学校家庭社会协同育人机制的意见》(以下简称《意见》)。《意见》指出，健全学校家庭社会协同育人机制，要以习近平新时代中国特色社会主义思想为指导，认真贯彻落实习近平总书记关于教育和注重家庭家教家风建设的重要论述。学校积极主导、家庭主动尽责、社会有效支持的协同育人机制更加完善，促进学生全面发展健康成长的良好氛围更加浓厚。

幼儿园、家庭、社区是儿童发展中影响最大、最直接的微观环境，作为幼儿最早接触的社会文化环境，它对幼儿发展所起的作用，是其他任何因素所不可比拟的。《纲要》明确指出："家庭是幼儿园重要的合作伙伴。应本着尊重、平等、合作的原则，争取家长的理解、支持和主动参与，并积极支持、帮助家长提高教育能力。""充分利用自然环境和社区的教育资源，扩展幼儿生活和学习的空间。"因此，幼儿园与家长、社区需要共同努力，家长要成为教育的参与者，社区要成为教育资源的提供者，共同为孩子创造一个美好的童年！

学习目标

知识目标

1. 掌握幼儿园与家庭、社区合作的含义。
2. 了解幼儿园与家庭、社区合作的目的和意义。
3. 理解幼儿园与家庭、社区合作的内容和途径。

主题9 幼儿园与家庭、社区的合作

能力目标
1. 能够运用理论联系实际的方法学习学前教育基础知识。
2. 能够初步运用理论知识设计幼儿园与家庭、社区的合作方案。

素质目标
1. 萌生主动与家长、社区合作的意识,提高对幼儿教师职业的认同感。
2. 乐于主动探索和研究幼儿园与家庭、社区合作的相关理论与实践。

知识脉络

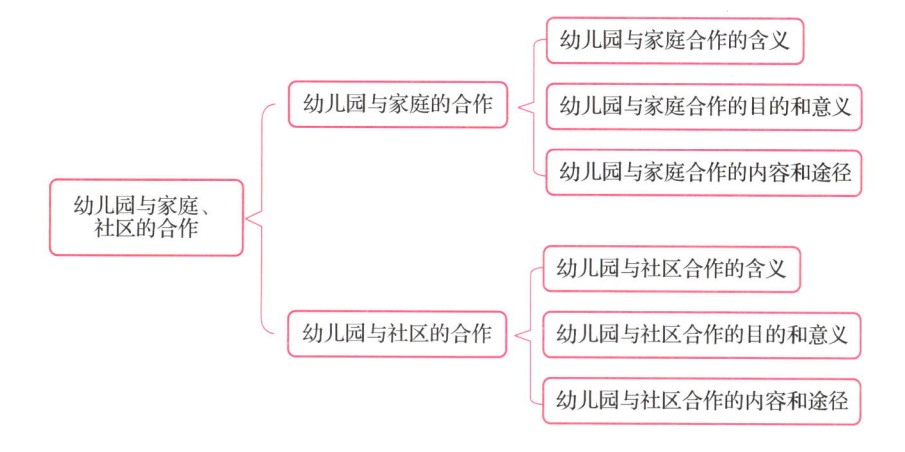

```
                              ┌─ 幼儿园与家庭合作的含义
               ┌─ 幼儿园与家庭的合作 ─┼─ 幼儿园与家庭合作的目的和意义
               │              └─ 幼儿园与家庭合作的内容和途径
幼儿园与家庭、 ─┤
社区的合作     │              ┌─ 幼儿园与社区合作的含义
               └─ 幼儿园与社区的合作 ─┼─ 幼儿园与社区合作的目的和意义
                              └─ 幼儿园与社区合作的内容和途径
```

探寻1 幼儿园与家庭的合作

情境导入 QINGJING DAORU

刘老师发现班里的奥宇小朋友表现得有些内向,平时不爱说话,也不爱和老师小朋友交流,很少举手回答问题。在和奥宇爸爸沟通之后发现,他是一名消防员,平时工作比较忙,跟孩子的沟通很少。于是,刘老师诚恳地邀请奥宇爸爸到班上给小朋友们讲解关于消防的相关知识。奥宇爸爸精心准备之后来到了幼儿园,结合图片和视频给小朋友们讲述如何预防火灾及火灾后如何逃生自救。爸爸的到来使奥宇特别高兴,他自豪地对小伙伴们说:"看,那是我爸爸!给我们上课的是我爸爸!"之后,刘老师发现奥宇话多了起来,性格也开朗了一些,上课时也能经常举手回答问题了。看到孩子的表现和变化,奥宇爸爸很感激,并表示以后若还有类似活动,自己还会积极参加。

本次活动有效促进了幼儿、教师、家长三方的互助、互利、互赢。对于幼儿而言,自己或同伴父母来到幼儿园"当老师",会使他们感到亲切且新鲜有趣,进而提高了幼儿参与活动的积极性。对教师而言,家长的很多知识是自己所欠缺的,跟幼儿一起学习,对自身也是一种成长。另外,家长参与幼儿园教育教学活动中,在帮助教师更好地组织教育教学的同时,也学会逐步感知幼儿的心理,走进幼儿的世界。

知识精讲

一、幼儿园与家庭合作的含义

（一）幼儿园与家庭合作的定义

幼儿园与家庭合作（简称家园合作）是指幼儿园和家庭双方积极主动地相互了解、支持、配合，共同促进幼儿身心和谐发展的活动。家庭和幼儿园是影响幼儿发展的两大环境，都有着丰富的教育内容，需要双方以幼儿为核心，整合教育资源。在家园合作中，幼儿园和家长可以共同制定教育目标、规划教学活动、评估幼儿发展等，实现幼儿园和家庭的有机结合。

（二）家庭教育的特点

1. 启蒙性

家庭教育最突出的特点表现在它的启蒙性。这一特征可以从两方面来理解：一是"启"，即具有打开、开始的意思，也就是说家庭教育是从孩子诞生之日起就已经开始实施。用现代科学的观念看，孩子在胎儿期就接受了父母的胎教。二是"蒙"，即最简单粗浅的入门知识的影响。所谓启蒙性，就是指孩子对客观世界万事万物的认识和人格品德的形成是从家庭开始的，以后的各种教育就是在这个生长点上形成和发展起来的。

【教育箴言】

教人要从小教起。幼儿比如幼苗，培养得宜，方能发芽滋长，否则幼年受了损伤，即不夭折，也难成材。

——陶行知

2. 针对性

相对社会与学校而言，家庭教育更具有针对性。父母无时无刻不陪伴着孩子的出生、成长，与孩子接触的机会最多、相处的时间最长。由于父母与子女的特殊关系，孩子在与父母的朝夕相处中，有什么想法都愿意向父母诉说，在父母面前更能毫无保留地表达个性。所谓"知子莫过父，知女莫过母"，一般来说，父母对子女的秉性、脾气摸得十分透彻。这可以帮助父母更全面地了解孩子，在教育上也更有针对性。

3. 生活性

家庭教育的本质属性就是生活教育。生活性是指家庭教育寓于家庭生活之中，结合生活活动的各个方面来进行教育。相对学校教育有目的、有计划、有组织地进行而言，一般情况下，家长不需要给孩子编写固定的教材和计划，可以说生活的方方面面均是教材，均是孩子学习的内容。

4. 随机性

随机性是从家庭教育的生活中派生出来的一种特征。所谓随机性，就是随着时间、地点、条件、环境和生活事件的性质不同以及孩子的年龄、性别、心理状态而采用不同的内容和灵活多样的方式方法。因此，家长对子女的教育不受时间和地点的限制，发现任何问题都可以及时纠正，方式可以因人而异灵活运用。

5. 隐潜性

所谓隐潜性，是指家庭教育在许多情况下对孩子的影响是潜移默化的。家庭教育的隐潜性主要表现在：家长自身的言行举止、家庭文化氛围、父母生活方式、环境设施的布置及家庭人际关系所形成的心理氛围等。

6. 权威性

家庭教育的权威性是指父母长辈在孩子身上所体现出的权力和威力。家长是家庭生活的领导者和组织者，儿童身心各方面的需求都依赖家长，家长在家庭教育中的这种独特的地位和作用，决定了他们在孩子心目中的威望和信用。基于这一特性，家长更要严格要求自己，以身作则，维护自己的权威。

二、幼儿园与家庭合作的目的和意义

（一）幼儿方面

1. 促进幼儿身心全面发展

幼儿园教育是一种能影响幼儿身体成长和认知、情感、性格等方面发展的活动，通过幼儿园有目的和有计划的教育，可以促进幼儿身体生长、智力和个性的发展以及想象力和创造性的发展，让幼儿获得关于体、智、德、美方面的知识经验。幼儿园与家庭合作，可以帮助家长进一步了解幼儿的兴趣、需求和能力，可以更好地指导和支持幼儿的学习和发展。同时，家长也可以在家庭中创造更好的环境和条件，促进幼儿的发展。这些经验知识如果在家庭中得到延续和发展，将会事半功倍，通过双方的努力实现教育合力最大化。这样不仅能够提升幼儿教育的效果，还能保证幼儿在家、在幼儿园都能保持同样的状态，为幼儿一生的发展奠定基础。

2. 促进幼儿养成良好的行为习惯

著名教育家陈鹤琴先生说："人类的动作十之八九是习惯，而这种习惯有大部分是在幼年养成的……习惯养得好，终身受其福，习惯养不好，则终身受其害。"良好行为习惯的养成不是一次性的努力，而是一个长期的持续坚持的过程。家庭教育既是奠基性教育，又是长久性教育，对于幼儿的影响深远，幼儿的行为习惯不仅仅是在幼儿园养成的，父母的言行举止更会成为幼儿模仿的榜样。在家园合作过程中，家长可以与教师沟通，共同对幼儿的行为习惯进行引导教育。

（二）家长方面

1. 帮助父母形成正确的教育观念

"家庭是孩子的第一所学校，父母是孩子的第一任教师""耳濡目染""言传身教"等都说明家庭教育对幼儿来说是最为直接的教育方式。孩子在家长的关爱中认识世界，在孩子的世界里，家长的行为潜移默化地影响着幼儿，这种影响可能会伴随孩子一生。家长的脾气性格、文化修养、道德观念、个性特点对孩子的健康成长起着举足轻重的作用。有部分家长忙于工作，忽视对孩子的家庭教育，将教育的责任完全交给幼儿园，家园合作可以使家长逐步意识到自己也是孩子教育过程中的主体，自己有这份责任与教师、幼儿园合作，共同促进孩子的发展。幼儿园应加强与家长的情感沟通与信息交流，了解家长对孩子教育的需要，从而激发他们参与教育的兴趣和热情。

【教育箴言】

儿童应该受到良好的教育，这是一般做父母的人的责任，也是他们关心的事，而且国家的幸福与繁荣也靠儿童具有良好的教育。

——洛克

鲍姆令德的父母教养方式实验

2. 提高家庭教育成效

家庭教育是幼儿教育当中的重要环节，其对于幼儿的发展能够产生关键性影响。不同的家庭有不同的教育方法，有的是教育有方，有的则是无计可施；有的是灵活多变，有的则是呆板教条；有的是放任自流，有的则是步步监督。有部分家长不重视家庭教育或家庭教育方式不科学，使家庭教育很难发挥出实际效果，家庭教育的优势也因此很难体现。在开展家园合作模式后，家庭能够通过与幼儿园的有效联合，汲取和吸收幼儿园的科学教育观和教育方法，使幼儿园的教育行为能够为家庭教育提供支持，幼儿教师能够通过与家长的沟通，给予家长正确的幼儿教育指导和帮助，使家庭教育的优势、效果都能够展现出来，为幼儿的健康发展提供基础保障。

（三）幼儿园方面

1. 加强幼儿园保教管理质量

好的幼儿园管理，必然是教师、幼儿、家长、社会共同参与的结果。幼儿园所进行的每一项保教活动，都离不开家长的理解和支持。幼儿园与家长作为教育者，都是对幼儿实施教育、促进发展的教育主

体，密切教师与家长的联系，在合作中不断更新教育观念，在沟通中相互切磋教育方法，形成教育合力，逐步实现家园目标的一致、环境的一致、方法的一致，从而使幼儿健康快乐成长。

2. 提高幼儿园声誉

家长工作的首要任务就是引起家长的共鸣，让家长与教师在育儿问题上的理念达成一致，使家庭与幼儿园形成教育合力，确保幼儿在幼儿园与家庭中都能获得协同一致的教育，达到教育的最佳效果。久而久之，家长之间口口相传，自然就提升了幼儿园的声誉和知名度。

（四）教师方面

1. 有利于教师因材施教

家园合作是教师全面了解幼儿的有力保证。作为幼儿教师，虽然掌握着特定年龄段幼儿的发展规律，但想要全方位了解一个幼儿就必须通过和家长建立有效沟通，从家庭状况、教育背景等方面入手更好地了解每一位幼儿。通过家园合作，幼儿教师可以及时了解到家庭教育中的教育方式和相关教育信息，更有针对性地对自己的教育方法、教学活动等及时进行调整，使自己的保教工作更加得心应手。

2. 有利于提升教师专业能力

作为一名优秀的幼儿教师，不仅需要具有高尚的道德品质，还要掌握先进的教育方法，具有现代化教育理念。随着家长对于幼儿园和幼儿教师的诉求越来越高，也就意味着对教师的专业能力提出了更高的要求。这就需要幼儿教师不断提升自身的专业能力，更好地满足当前社会和家庭对幼儿教师的要求。在家园合作过程中，与家长良好的沟通可以增强合作意愿，也能够获得家长的正面评价，教师会因此产生职业幸福感，对自己所从事的教育事业也会更有责任心。

> **拓展延伸**
>
> **家园合作的原则**
>
> 尊重平等：家园合作的参与者应当以平等的态度相互尊重，尊重彼此的观点和建议，尊重彼此的文化背景和价值观，共同探索解决孩子学习和发展问题的有效途径；
>
> 共同责任：家园合作的参与者应当共同承担责任，共同分担孩子学习和发展过程中的责任，共同为孩子创造有利的学习环境；
>
> 互利互惠：家园合作的参与者应当以互利互惠的态度，建立良好的沟通渠道，让双方都能从中受益；
>
> 合作务实：家园合作的参与者应当以务实的态度，共同制定可行的解决方案，共同落实有效的教育措施，共同推动孩子的学习和发展。

三、幼儿园与家庭合作的内容和途径

（一）家园合作的内容

1. 主动向家长了解孩子出生、成长的情况和个性特征

主动向家长了解孩子出生、成长的情况和个性特征是家园合作的基础内容。每名幼儿自其出生时起，受其先天气质和后天家庭教育的影响，就会表现出一定的个性差异。家庭是幼儿获得生活经验、行为习惯、生活方式的最初场所，幼儿入园时并不是一张白纸，而是带有各自家庭背景、成长特征的个体。幼儿园应该通过家园合作，了解每个幼儿的基本情况，如性格特征、身体状况、亲子关系、教养方式等，做到因材施教、有所侧重，为幼儿园有效教育奠定基础。

2. 让家长了解孩子在园的一日生活和具体表现

在幼儿园向家长尽可能全面介绍孩子情况的同时，家长也很希望了解幼儿园的教育情况及其孩子在幼儿园生活和学习的状况。对家长来说，每天接孩子离园时往往会问"今天吃了什么？""今天学到了什么？"可见，家长对幼儿在园的一日生活及其具体表现十分关心。因此，家园合作的一项重要内容就是

使家长了解幼儿的一日生活，包括生活活动、教学活动、游戏活动等多方面。

3. 让家长参与幼儿园的管理决策与监督

随着社会发展趋势的变革，以及幼儿家长知识水平的提高，家长对幼儿园的管理提出了更新更高的要求，对子女的教育也提出了很多有意义的见解和认识。因此，让家长参与到幼儿园的管理中，如成立家长委员会，以这样的形式吸纳家长作为幼儿园园务工作的决策者和监督者已成为大势所趋。鼓励家长成为幼儿园的主人，参与园本管理和决策，发挥家园共育作用既是《纲要》的要求，又是幼儿园发展的要求，更是社会发展的必然趋势。

4. 充分利用家长的教育资源

首先，家长本身对孩子来说就是一大教育资源，家长待人处事的态度、言行、风格等，都会对幼儿产生潜移默化的影响。其次，幼儿园课程在实施过程中，需要有一定的物质、人力的支持与准备，仅靠班级教师准备和收集是十分有限的。此时，家长可以多方面支持幼儿的主题活动，奉献出自己及家庭中的各种资源。最后，利用家长职业资源的优势，为幼儿教育服务，并增强家长参与活动的主动性。在现代家庭中，不少家长都是某行某业的专业人士，拥有较为深厚的学科知识和专业技能。教师向家长请教，既可以弥补自身在学科专业知识上的不足，又可以调动家长参与幼儿园课程的兴趣，激发家长的参与热情。

5. 向家长传递科学的教育理念和方法

教育部《关于加强家庭教育工作的指导意见》明确指出，"家长要不断更新家庭教育观念，提高自身素质，为孩子树立良好的榜样形象。"随着经济社会的发展，使得家庭教育、幼儿教育受到的关注度不断增长，社会内卷、二胎高峰期、新生儿骤降等现象，都在不同程度地影响家庭教育。幼儿教师作为家长教育路上的同行者，应积极主动的与家长交流，营造良好的交流氛围，帮助家长形成更为科学的教育观念，让家园共育落到实处。家长还要了解幼儿园教育的理念、园所班级特色和遵循的基本原则，与幼儿园教育达成共识。

> **案例链接**
>
> 开学初，老师需要布置班级区域环境，列举了各个区域需要的材料内容，发动家长帮忙一起收集。几天过去了，只有少数家长带来材料，还有许多带来的材料不符合要求，老师感叹："现在的家长怎么一点都不配合，区域布置好了是给孩子们玩的呀！"老师闷闷不乐的同时，也有家长这样吐槽："现在的幼儿园怎么都舍不得花钱给孩子买玩具，老让我们带东西，是孩子上幼儿园还是家长上幼儿园啊？"
>
> **分析**：幼儿园与家庭之间是合作的关系，家长和老师之间要公平友善，老师不能以高高在上的姿态，频繁给家长"布置任务"，而应当和家长一起讨论沟通教育孩子的方式方法，将家长参加的热忱调动起来。案例中的家长根本不知道区域游戏是什么，不了解孩子在区域游戏中能发展什么能力，加上老师对所需材料的要求没有详细规定，因而导致家长带来的材料不符合要求甚至不带材料。

（二）家园合作的途径

1. 集体形式

（1）家长会。

家长会一般在每个学期期初或期末举行，如图9-1所示。通过家长会，教师向家长介绍幼儿园的办园思想、教育目标、教育观点和汇报本学期的工作等。平时还根据实际情况和家长要求举行定期的专题家长会，例如，请有关专家讲幼儿卫生保健知识、幼儿心理学、如何重视幼儿非智力因素培养、幼小衔接等。

> **【教育箴言】**
>
> 教育的效果取决于学校和家庭教育影响的一致性。如果没有这种一致性，那么学校教育就像纸做的房子一样倒塌下来。
>
> ——苏霍姆林斯基

图 9-1 家长会

（2）家长学校。

家长学校是指以幼儿家长为主要对象，以传授家庭教育的科学知识和方法为主要内容的一种业余教育形式。家长学校是普及家教知识的有效渠道，可以促进家庭教育观念的更新，配合学校教育的实施，帮助家长掌握家庭教育的现代科学知识和方法，为子女的成长营造一个适宜的家庭教育环境。

（3）家长开放日。

家长开放日是指幼儿园定期或不定期的向家长开放，邀请家长来园观摩和参观幼儿园的活动。家长可以从中了解幼儿园教育工作的具体内容、方法，可亲眼看到自己孩子在各方面的表现，特别是可以看到自己的孩子在与同龄幼儿相比较中显示出的优势与不足，从而有助于家长深入了解孩子，与教师合作有针对性地教育孩子。家长开放日活动不仅是向家长展示办园理念、展示幼儿生活、展示教师才能的机会，也是更新家长教育观念的机会。

（4）家长接待日。

家长接待日由园所安排一个固定的时间，园长或主要管理者接待家长的来访，解答家长对园所及班级保育教育、管理等方面工作的疑问，听取家长的意见建议。认真回答家长提出的问题，同时向家长了解幼儿在家的学习、生活情况，以便相互交流、沟通，从而更好地改进和完善园所工作，拉近家园之间的距离。

（5）家长志愿者活动。

家长志愿者一般分安全后勤岗和保教活动岗。家长志愿者活动（图 9-2）为家长客观深入地了解孩子在园生活、了解幼儿园及教师的工作提供了良好的平台，为教师扩充教育资源，寻求有力支持提供了便利条件，同时家长志愿者活动可以提高家长的教育水平，使家园合作更加深入细化。

图 9-2 家长志愿者活动

（6）家长委员会。

家长委员会（简称家委会），是"在幼儿园指导下，由家长代表组成的代表全体家长和幼儿利益的常设性群众组织"，家长以合作者的身份，参与和协助幼儿园的教育和管理。幼儿园家长委员会既是联系幼儿园与家庭、社区的桥梁和纽带，也是家长直接参与幼儿园教育和管理的组织形式，更是家园共育的有效途径。教育部下发了《关于建立中小学幼儿园家长委员会的指导意见》，明确要求有条件的公办和民办中小学幼儿园都应建立家长委员会。

（7）家园联系栏。

家园联系栏（图9-3）是幼儿园公共区域中的一个板块，作为每个班级必备的一个栏目，一般设置在班级教室门口。幼儿园通过家园联系栏，向家长宣传某一阶段的保育教育计划及告知园内要开展的活动等，为家长更好地了解幼儿在园的情况提供了一个良好的途径。

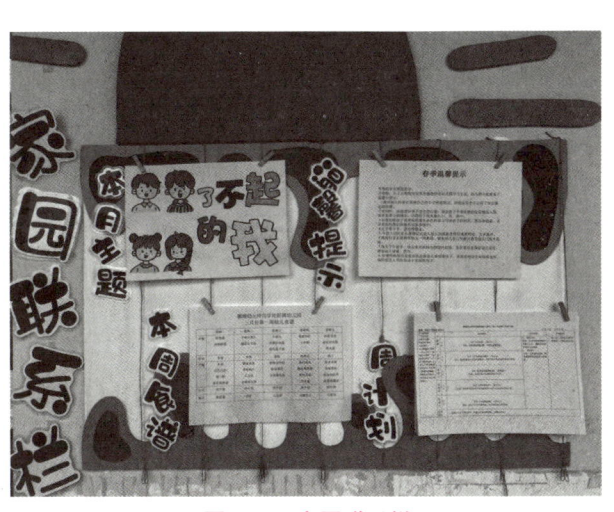

图9-3 家园联系栏

2. 个别形式

（1）家访。

家庭访问（简称家访）是家园联系常用的一种重要方式。家庭访问的目的在于深入了解幼儿在家中的真实情况，家长对幼儿教育的认识态度和方法，家庭及其周围环境对幼儿身心发展的影响，针对个别幼儿的具体表现，与家长共同商讨教育幼儿的措施，以及介绍幼儿在幼儿园的表现、进步与存在的问题，争取家长与幼儿园的密切合作。常见的形式有新生家访、定期家访、情感性家访、问题儿童的重点家访等。

拓展延伸

家访的意义不在于讨论幼儿的过去，而在于通过家园沟通改进幼儿的教育方法，让幼儿拥有更灿烂的明天。家访前，教师应做大量的准备工作，通过各种途径了解幼儿近一段时间的情况，充分收集、整理信息，发现问题，并尝试分析存在的原因。在家访过程中，老师们与家长交流了解幼儿在家的生活状况，并结合幼儿在园情况，与家长一起探讨个性化的成长指导方案，做到"一把钥匙开一把锁"。家访后，老师们及时归纳总结，完成家访记录和家访感悟，形成自己的教育思考。

（2）个别谈话。

个别谈话是最简便、最经常、最及时的方法。老师根据每个孩子的不同，有针对性地与家长进行融洽的沟通，根据家长的回答、幼儿的具体情况给出切实可行的教育策略。在沟通交流中，家长不仅能够了解孩子在园的生活学习情况，还能够了解幼儿园的工作安排以及老师以后的教育教学计划，有利于促进家园教育目标达成一致。教师可以利用家长到园接送孩子的时间与家长交谈有关教育孩子的情况，向家长反映问题、提出建议、商谈解决的办法。在交谈时教师不仅态度要诚恳，还应该设法营造宽松的氛围，使家长消除思想顾虑，轻松真实地参与交谈。

（3）家园联系册。

家园联系册是教师与家长围绕孩子的发展与教育进行书面联系与交流的形式，用于教师与家长经常性的联系，简便易行，传递信息及时。家长可从联系册中看到孩子近来的表现、存在的问题及幼儿园对家庭在配合教育方面的具体要求；教师则可从联系册中获得幼儿园教育效果的反馈信息，了解幼儿在家中的表现，得知家长的意见和要求。

（4）园长信箱。

园长信箱是园领导倾听家长心声的重要平台，一般设置在幼儿园大门口或教学楼大厅内。随着网络的普及，有些幼儿园开通了"网上园长信箱"，充分运用现代信息技术手段为管理服务，方便家长通过发送邮件的方式提出宝贵意见和建议。

（5）电话。

电话联系最快捷，最能及时与家长沟通幼儿在园所的情况，迅速处理一些应急事件。通过电话联系，

教师可简短地向家长反映幼儿在园所的表现及生活情况，使家长放心和安心。

（6）网络。

如今网络是人们必不可少的一种交流方式。教师通过QQ或者微信群聊，建立家长群，分享幼儿在园活动的视频或者照片、发布重要通知；家长也可以通过家长群一起讨论孩子在家的情况，有疑问时也会在家长群上与教师沟通，这就为家园共育新模式带来了契机。

SIKAO YU LIANXI
思考与练习

一、简答题

1. 简述幼儿园与家庭合作的内容。
2. 简述幼儿园与家庭合作的方式。

二、论述题

结合实际论述幼儿园与家庭合作的意义。

探寻2　幼儿园与社区的合作

QINGJING DAORU
情境导入

大班年级组正在进行"好忙的市场"主题活动，其中很多内容涉及幼儿对周围环境的观察和体验，如"参观菜场""跳蚤市场"等。为了能让幼儿到真实的场所进行实践活动，增强社会实践能力，体验社会生活，大一班老师们组织全班幼儿带着零花钱走出幼儿园小教室，高兴地走进了社会大课堂——超市。

进入超市后，老师先引导幼儿参观超市，了解超市物品的种类、摆放规律、商品的价格等常识。接着，老师还告诉小朋友购物的过程中不能大声喧哗、不买的东西放回原处、付款时要有序排队等注意事项，然后让孩子们自行购物。在购物过程中，孩子们认真地查看商品的价格和保质期，计算着自己购买物品的总金额。最后，在老师和导购员的帮助下，孩子们顺利地买到了自己喜爱的物品。图9-4为"超市大挑战"活动。

图9-4　"超市大挑战"活动

通过走进超市活动，幼儿能更加直观地了解超市的构造以及服务社区的职能；认识超市的服务人员（理货员、导购员、保安、收银员），了解他们的工作特点；学习购物，并能够在超市工作人员的提醒下，尝试独立购物，从而提高自主能力以及解决问题的能力。

知识精讲

一、幼儿园与社区合作的含义

（一）幼儿园与社区合作的定义

幼儿园与社区合作，即幼儿园和社区作为幼儿教育过程中的重要影响因素，通过对教育资源的充分利用，优势互补，协调相关的社会群体力量整合各方资源，形成教育合力，促进幼儿全面发展。

幼儿园与社区合作是多元的互动的。一方面，社区中蕴含着丰富的人力、物力、自然及组织等资源，幼儿园要充分利用这些资源，开阔幼儿视野，开展幼儿教育活动，从大自然、大社会中汲取营养；另一方面，幼儿园所具备的物质、人力、设备等资源，也为社区的发展提供了有力的支持，可以提升社区的教育质量和文明水平。

国外社区学前教育

（二）社区教育的特点

1. 开放性

教育要与社会全面结合，就必须广泛吸收社区各种教育力量积极参与、介入、融合其中。只有高度的开放性，才能为各种因素全方位参与教育打通立体多样的渠道。因此，社区教育要广开门路，不拘形式地建立各种畅通便利的渠道，从而使各种社区机构的各种教育资源、能量和信息及时有效地转化到社区教育系统中来，同时也把教育服务尽快地输送到社区的方方面面。

2. 广泛性

社区教育是面向社区内所有居民的教育活动。社区教育不像学校那样具有众多限制，它没有年龄、时间、地域的限制，随时随地地可以接受教育，不同文化程度的人都可以到社区接受教育。社区教育可以培养居民终身学习的理念和生活方式，让居民享受随时接受教育的权利，面向社区内所有居民打造实用性强、广泛参与且便利的学习平台。

3. 补偿性

社区作为一个生产功能、生活功能、文化功能兼备的社会小区，能为幼儿园提供教育所需要的人力、物力、财力、教育场所等多方面的支持，可以补偿家庭教育和学校教育的不足。

【教育箴言】
　　大自然、大社会是知识的宝库，是我们的活教材、活教师，我们应该向它请教，向它探讨。
　　　　　　　　　　——陈鹤琴

4. 融合性

社区教育内容的选择不为学历服务，它着眼于帮助人们解决工作生活中的问题，更能适应人们生活的需要。社区教育往往和生产生活、娱乐生活、政治生活融为一体，它把教育与社会有机地融合，满足全民学习、终身学习的需求，具有融合性。

拓展延伸

社区学前教育是当地社会经济、文化、教育事业发展的产物。它具有以下特点：地域性，在城市以街道或居委会、在农村以乡或村为基地，发展幼儿教育机构，以解决本地群众的迫切需求；实用性，教育设备和内容就地取材，因地制宜；综合性，社区学前教育事业一般由当地党组织和政府牵头，由妇联和教育部门具体负责组织工作和教育辅导、师资培训等；双向性，学前教育机构要适应社区建设的需要和变化，经常接受家长与当地群众的意见。

二、幼儿园与社区合作的目的和意义

(一) 有利于增进幼儿对社会的认识

社区的自然景观、名胜古迹、公园、游乐园、图书馆等人文设施，是幼儿游览、游玩、参观、开拓视野、增进身心健康的好去处。社区内的商店、超市、银行、邮电局、敬老院、电影院、学校是幼儿丰富社会认知、积累社会经验、进行社会性教育的重要资源。社区内各行各业的工作人员都具有一定的专业、职业优势，是学前教育机构教育活动的人力和智力支持。作为一个居住、生活、文化等功能兼备的社会小区，作为与学前教育机构紧密联系的社会环境，社区能为幼儿园提供教育所需的人力、物力、财力、教育场所、教育信息、教育智力等多方面的支持与服务。图9-5为亲子远足活动。

图9-5 亲子远足活动

(二) 有利于扩大幼儿园的教育资源与教育空间

当今幼儿园具有许多优势，比如完善的硬件设施和环境，专业的师资力量、有计划有组织的教育内容和活动等。充分的社区资源，有助于打破传统幼儿园的封闭式教育，实现开放办学。带领幼儿走进社区、接触社会，也可以把社区的人员请到幼儿园来，引导幼儿与社区内丰富的环境、人员充分相互作用，扩大视野、扩展认知、锻炼身心、陶冶情操，获得身心全面发展。

(三) 有利于幼儿园在社区中树立良好形象

幼儿园在与社区合作的过程中，能够增强与该社区的联系，既使社区了解幼儿园的情况，也使幼儿园对社区的需求有所了解。社区家庭是幼儿园的主要服务对象，是最重要的"客户"，幼儿园与社区建立紧密关系，可以使教师掌握更多在园幼儿的全面情况，有针对性地与家长沟通，有利于教师与家长建立良好关系。对于孩子还未入园的家长，教师则可以为其入园准备提供指导，向家长宣传正确的早教观念，并与幼儿建立联系，以减轻幼儿初入园的不适应感。通过各种活动，幼儿园在社区能够树立良好口碑，保证其生源数量以及质量。

三、幼儿园与社区合作的内容和途径

(一) 园社合作的内容

1. 主动向社区居民宣传科学的早期教育知识

幼儿教师具备专业的幼教知识，是系统学习过学前教育的专门保教人员，她们掌握了科学的幼儿教育观念和方法。幼儿教师可以利用自己的这一专长，在社区内宣传正确的幼儿教育方法，为社区的幼儿教育、早期教育提供指导，帮助广大家长更好地关心下一代的成长，关心教育和文化事业发展。

2. 主动向社区居民宣传本园的教育理念和方法

幼儿园的教育理念和方法对于幼儿的成长和发展具有至关重要的作用。为了获得社区居民的支持，幼儿园应该积极、主动地宣传自己的教育理念和方法。例如，定期举办幼儿园开放日，邀请社区居民、家长及潜在的幼儿家长来园参观，开展家长教育讲座。还可以通过在社区中设立宣传栏、张贴海报、举办社区亲子活动等形式，使社区内的所有家长都能受益，都能树立良好的教育观念，并运用正确的方式方法养育和教育孩子。

3. 充分利用社区的丰富资源

社区是幼儿园教育的背景，也是幼儿园取之不尽、用之不竭的教育资源。幼儿园在与社区的合作中，可直接利用社区丰富的资源，让幼儿走进社会的大课堂，既节约教育经费又可以资源共享；还可邀请社区内的劳动模范、解放军战士、医务人员、警察叔叔，听听他们的先进事迹；为了拓宽幼儿的视野和知识面，可以带领幼儿参观敬老院，帮助老人做一些力所能及的事，从小培养敬老尊老的好风尚、好品质；还可以利用社区的历史、风俗革命传统作为幼儿园的乡土教材，成为幼儿教育的宝贵资源。

4. 积极参加社区文化建设工作

幼儿园作为社会专门的教育机构，拥有丰富的教育资源，应主动发挥自身优势，带动社区教育和文化的传承发展，促进社区的文明建设。例如，幼儿园可以为社区居民提供教育资源和服务，如开设家长学校、举办教育讲座等，提高居民的教育水平和文化素养；幼儿园中的娱乐设施场地等资源可以在周末及假期对外开放，满足社区中广大居民的健身活动需求；可以组织各种文化活动，如文艺演出、美术展览、亲子阅读等，为社区居民提供丰富多彩的文化体验；还可以通过开展传统节日活动、民间游戏等方式，向幼儿和社区居民宣传传统文化，增强其文化自信和归属感。

拓展延伸

幼儿园与社区合作应注意的问题

（1）社区可用资源很多，但是，在选用时不能盲目，要首先考虑对幼儿是否健康有益、是否安全。在利用社区有利资源时，教师要注意情感渗透和各种能力培养的有机结合，有效整合社区各种资源用于学前教育活动，使之有益于幼儿，促进幼儿发展。

（2）在利用社区资源时，要加强与社区和家长的联系，让社区、家长了解学前教育机构的意图、具体内容和要求，以得到他们的理解、支持和帮助，实现真正意义上的合作。

（3）要增强社区意识和构建和谐社会的责任意识，更新办学理念，实施开放办学，力所能及地为社区教育实现园社共育做出努力、为构建和谐社区出力。

（二）园社合作的途径

1. 走出去

（1）组织幼儿走出去。

社区有幼儿最熟悉的生活环境，如医院、药店、超市、学校、银行、书店、公园、居委会、文化中心等，社区内的方方面面都可能激起幼儿探索的兴趣，可用于幼儿园课程开发的社区资源可谓是五花八门、包罗万象。教师可以带幼儿到社区去开展教育活动，例如，散步与玩耍、感受社区文化、认识和关心周围的人、参加社会实践等。

（2）鼓励教师走出去。

教师可发挥自己的专业特长，利用业余时间参与社区实践活动，如担任社区教育志愿者、参与社区文化建设等，通过实践增强与社区的联系。还可以为社区群众举办教育讲座，撰写有关学前教育、早期教育等各种宣传专栏的内容。节假日可以帮助社区排练节目，协助开展文娱活动，如协助社区组织幼儿慰问社区内军属、劳动模范等。通过这些措施，可以有效地鼓励教师走进社区，发挥他们的专业优势，为社区的发展贡献教育力量，同时也有助于提升教师的社会责任感和使命感。

2. 请进来

（1）社区人力资源进幼儿园。

邀请社区中的专业人士，如艺术家、音乐家、体育教练等，来幼儿园进行专业指导。他们可以组织各种艺术、音乐、体育等活动，激发幼儿的兴趣和潜能，提高他们的综合素质。邀请社区中的医生、警察、消防员等职业人士来幼儿园进行职业分享，他们可以作为幼儿主题教育活动的协助者，帮助幼儿了解各种职业的特点和责任，培养他们的社会责任感和尊重各种职业的意识。还可以招募社区志愿者，经过培训后参与幼儿园的辅助教学工作，与幼儿互动，分享生活经验和知识。

案例链接

为加强幼儿交通安全教育，向师幼普及交通安全知识，提高幼儿的交通安全意识。提倡文明出行，交警大队宣传部和铁骑队的叔叔阿姨们来到幼儿园，为孩子们送上了一堂生动有趣的交通安全宣传课，如图9-6所示。

交警阿姨利用交通安全挂图、红绿灯道具、交警头盔等讲述了"一盔一带"、出行注意事项等交通安全知识，帮助孩子们养成良好的出行习惯。交警叔叔还给孩子们展示了警用装备，讲解了常见装备的作用。孩子们对这些警用器材充满了兴趣，向交警叔叔表达了内心的疑问，这些疑问也一一得到了交警叔叔的细心解答。

图9-6 交警进校园活动

分析：通过交通安全宣传活动，孩子们了解了交通安全标志与人们生活的密切关系，养成自觉遵守交通规则的意识，提高自我安全防护能力，在提高幼儿安全意识的同时也增强了社区与幼儿园的互动，是一次很有意义教育活动。

（2）社区物质资源进幼儿园。

社区物质资源进入幼儿园，实际上是一种资源的有效整合与利用，可以为幼儿园的教育活动提供丰富多样的素材和场景。幼儿园可以利用社区内的公共设施（如公园、图书馆、博物馆、艺术中心等）进行实地教学，利用社区捐赠的物资或设施，在幼儿园内建立互动学习区，还可以与社区合作建立资源共享平台，幼儿园则可以根据需要选择使用平台上的资源。

（3）社区精神资源进幼儿园。

社区精神资源无形地影响着幼儿园教育，这种资源主要涉及社区的文化、价值观、传统、故事、艺术等方面，可以为幼儿园提供丰富的教育素材和体验。可以邀请社区中的老人、艺术家、手工艺者等来幼儿园讲述社区的历史、传统、文化习俗等，让幼儿了解并感受到社区的丰富性和独特性；可以与社区合作举办文化活动，如社区艺术节、音乐会、戏剧表演等，邀请幼儿参与观看或表演，感受社区的文化氛围和艺术魅力；还可以在课程中将社区的历史、风俗、革命传统等作为乡土教材来利用，使幼儿园教育内容丰富且有特色。应根据社区的文化特色，创设相应的主题环境。

SIKAO YU LIANXI
思考与练习

一、简答题

1. 简述幼儿园与社区合作的内容。
2. 简述幼儿园与社区合作的方式。

二、论述题

结合实际论述幼儿园与社区合作的意义。

主题 10
幼儿园与小学的衔接

"幼儿园到小学，不是翻山越岭，不是跳跃大沟深壑，也不是进入天壤之别的生活，而是童年生活的一种自然延伸和过渡。"

——虞永平

主题导读

《纲要》指出："幼儿园与家庭、社区密切合作，与小学相互衔接，合理利用各种教育资源，共同为幼儿的发展创造良好的条件。"

处于幼儿园与小学阶段的幼儿具有不尽相同的身心发展特征，幼儿园与小学衔接旨在帮助幼儿顺利从幼儿园过渡到小学阶段的学习和生活，缓解他们进入小学后的焦虑感和适应困难，更好地适应新的学习环境和要求。解决好幼儿教育与小学教育的衔接问题，对于促进人的可持续发展、提高教育质量都具有重要意义。

学习目标

知识目标
1. 理解幼儿园与小学衔接的含义。
2. 了解幼儿园与小学衔接的意义与任务。
3. 理解幼小衔接工作的指导思想。
4. 掌握幼小衔接工作的内容和方法。

能力目标
1. 能够初步运用理论知识分析幼小衔接工作中的实际问题。
2. 能够运用幼小衔接工作的指导思想指导实践。

素质目标

1. 明确幼小衔接工作的重要性和紧迫性，树立正确的儿童观和幼儿教育观。
2. 乐于主动探索和研究学前教育相关的理论与实践。

知识脉络

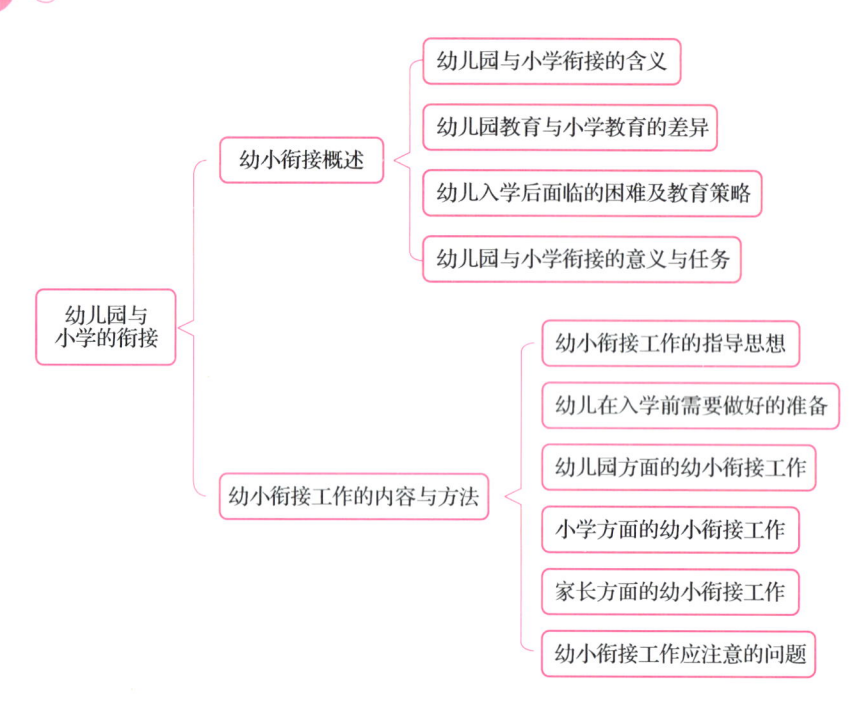

- 幼儿园与小学的衔接
  - 幼小衔接概述
    - 幼儿园与小学衔接的含义
    - 幼儿园教育与小学教育的差异
    - 幼儿入学后面临的困难及教育策略
    - 幼儿园与小学衔接的意义与任务
  - 幼小衔接工作的内容与方法
    - 幼小衔接工作的指导思想
    - 幼儿在入学前需要做好的准备
    - 幼儿园方面的幼小衔接工作
    - 小学方面的幼小衔接工作
    - 家长方面的幼小衔接工作
    - 幼小衔接工作应注意的问题

探寻1　幼小衔接概述

情境导入

进入大班下学期，家长们普遍对孩子上小学之后的学习有些担忧。一天离园后，朵朵妈妈和刘老师聊了起来。朵朵妈妈跟刘老师说："朵朵参加了一个幼小衔接班，主要内容是从1写到100，还有些拼音、算术等，每天都有好几本作业要拿回家写。"听到这些，刘老师问："写这么多东西朵朵不会感到吃力吗？""没办法，要读小学了，现在不好好学以后跟不上。"于是，刘老师问朵朵："你喜欢写作业吗？"她沮丧着脸，显然她的表情已经说明了她不喜欢写这么多的作业。

朵朵妈妈虽然比较重视孩子的成长，但走入了一个误区，不符合幼儿身心发展特点的超前学习会影响孩子今后的学习兴趣。孩子入学后产生厌学情绪、注意力不集中、做事拖沓、粗心大意等问题，大多是由于幼小衔接不当导致的。那么，什么是幼小衔接？我们又该如何做好幼小衔接工作呢？

教育部关于…的指导意见

知识精讲

一、幼儿园与小学衔接的含义

幼儿园与小学衔接，简称幼小衔接，指的是幼儿教育与小学教育的衔接，即两个教育阶段之间的一种教育过渡。幼小衔接工作是如今幼儿园、家长乃至全社会普遍关注却一直没有得到很好解决的难题。2021年3月20日，教育部发布《关于大力推进幼儿园与小学科学衔接的指导意见》，针对长期以来存在的幼儿园和小学教育分离、衔接意识薄弱、过度重视知识准备、衔接机制不健全等问题，提出了一系列有针对性的重要举措。2021年秋季学期启动幼小衔接试点，2022年秋季学期全面铺开。

拓展延伸

全国学前教育宣传月是教育部举行的面向公众宣传学前教育的活动，旨在面向全社会普及科学育儿知识，营造有利于幼儿健康成长的良好社会环境，推进学前教育科学发展。2022年5月20日—6月20日，是全国第11个学前教育宣传月，活动主题是：幼小衔接，我们在行动！活动旨在引导幼儿园、小学和家庭树立科学衔接教育观念，做好入学准备和入学适应教育，自觉抵制违背幼儿身心发展规律的行为，在全社会营造良好的社会氛围，帮助幼儿从幼儿园到小学平稳过渡。

二、幼儿园教育与小学教育的差异

幼儿园到小学是儿童的首次学段转换，意味着儿童从以游戏为基本活动的学前教育阶段向以课堂学习为主要方式的学校教育阶段过渡。幼儿园教育与小学教育的差异主要体现在以下几方面：

（一）教育教学任务、主导活动及学习方式不同

在教育教学任务方面，幼儿园教育的主要任务是促进幼儿身心全面和谐发展，注重培养幼儿的基本生活技能、社交技能以及良好的学习习惯。而小学教育则开始注重学科知识的传授，培养学生的学科素养和学习能力。

在主导活动方面，幼儿园教育以游戏为主导活动，游戏灵活、自由、趣味性强，通过游戏可以培养幼儿的各种能力，如动手能力、观察力、思维能力等。而小学教育则以课堂教学为主导活动，学生需要在课堂上听讲、思考、练习，以掌握学科知识和技能。

在学习方式方面，幼儿园教育注重幼儿的自主学习和探究学习，鼓励幼儿通过亲身体验、实践操作来学习。而小学教育则开始注重学生的学习方法和策略，培养学生的自主学习能力和合作学习能力，同时注重知识的系统性和连贯性。

（二）作息制度及生活管理方式不同

在作息制度方面，幼儿园的生活节奏相对宽松和自由。幼儿在园的时间比较灵活，入园离园时间没有硬性的要求，每天上午有1次左右的集体教育活动时间，其他全是游戏活动、生活活动时间等。相比之下，小学的作息制度则较为严格和规律。学生有规定的入校时间，每天的上课时间较长，每节课的时间及课程安排也相对固定。

在生活管理方式方面，幼儿园施行的是"保教结合"的教育方式。幼儿园会尽量满足幼儿的生活需要，幼儿可以根据自己的需要自由如厕、喝水，教师会更多地关注幼儿的情感需求和生活照料。而在小学阶段，教师对学生的生活照料相对较少。学生需要更加独立地管理自己的生活，例如，自己整理书包、打水喝、如厕等。同时，小学的纪律要求也更加严格，学生需要遵守学校的各项规定，学会自我约束和自我管理。

（三）师生关系不同

在角色定位上，幼儿园教师与幼儿朝夕相处，关系比较平等亲密，幼儿对教师有心理、生理上的安全感与依恋感。教师通常被视为幼儿的伙伴和引导者，与幼儿一起探索世界、发现新知。而在小学，每个班级有一名固定的班主任和几名任课教师，教师的角色更多地转变为知识传授者和纪律维护者，需要更加注重学生的学习成果和行为规范。

在互动方式上，幼儿园师幼之间的互动通常更加个性化，教师更多地采用游戏、音乐、舞蹈等方式与幼儿互动，创造一个温馨、自由、有趣的学习环境。而在小学，虽然也有互动，但更多地侧重于知识的传授和学习方法的指导，师生之间的互动相对更为正式和规范。

（四）环境布置不同

在空间布局上，幼儿园的空间布局更注重游戏和活动区域，以满足幼儿玩耍和探索的需求。而小学则更注重学习区域的设置，如教室、图书馆、实验室等，以满足学生系统学习和课外活动的需要。在色彩与装饰上，幼儿园的环境通常色彩鲜艳，装饰充满童趣，如卡通图案、动物形象等，以吸引幼儿的注意力并激发他们的好奇心。相比之下，小学的环境布置更加简洁明了，更注重实用性和功能性。

（五）社会及成人的要求和期望不同

社会及成人对幼儿园幼儿的要求和期望相对较为宽松，主要关注幼儿的身心健康、快乐成长以及良好习惯的养成。成人更多地以游戏、活动等方式引导幼儿探索、学习和交往。社会及成人对学生的要求和期望相对较高，期望他们能够在学科学习上有所表现，掌握一定的知识和技能。成人对学生的要求也更加具体和严格，需要他们遵守学校纪律，完成课后作业，为将来的学习打下基础。

三、幼儿入学后面临的困难及教育策略

（一）身体适应方面

1. 常见困难

首先，是作息时间的改变。小学的学习生活比幼儿园更为规律，需要孩子按时起床、上课、午休和放学。这种作息时间的改变可能会让孩子感到不适应，导致疲劳或精神不集中。其次，学习强度的增大。相比于幼儿园，小学的学习内容更为丰富和深入，需要孩子长时间保持专注，这可能会对孩子的身体造成一定的负担。

【教育箴言】

儿童能力初期萌芽是尤其可贵的，我们引导儿童初期自然趋向的途径能固定儿童的基本习惯，能确定后来能力的趋向。

——杜威

2. 教育策略

首先，家长可以帮助孩子逐步调整作息时间，确保他们能在规定的时间内起床、入睡，并适当安排午休时间，保证孩子有充足的休息。其次，鼓励孩子多参与户外活动，进行体育锻炼，增强身体素质，提高抵抗力。最后，家长和教师可以根据孩子的实际情况，合理安排学习任务，避免让孩子长时间处于紧张的学习状态中。同时，也要关注孩子的情绪变化，及时给予关爱和支持。培养良好的生活习惯，教育孩子养成良好的卫生习惯，如勤洗手、合理饮食等，这有助于预防疾病，保持身体健康。

（二）社会适应方面

1. 常见困难

首先，环境适应困难。幼儿初入学校，面对陌生的环境和设施，可能会感到不安和困惑。其次，规则适应困难。学校的规则和要求与幼儿园和家庭环境不同，幼儿需要时间来理解和遵守这些新规则。最后，人际交往困难。幼儿需要与新的同伴和老师建立关系，但可能会因为害羞、不自信等而遇到困难。

2. 教育策略

首先，家长和教师要提前准备。在入学前，向幼儿介绍学校的基本情况和规则，帮助他们提前适应。其次，家长和教师要逐步引导。可以根据幼儿的具体情况，逐步引导他们适应学校生活，例如，从简单

的任务开始，逐渐增加难度。再次，学校可以创设良好环境，营造温馨、舒适的氛围，减轻幼儿的紧张感。同时，教师可以通过讲解、示范等方式，帮助幼儿理解并遵守学校的规则，当幼儿遵守规则时，家长和教师要及时表扬，为其他幼儿树立榜样。最后，家长可以教孩子一些基本的社交技巧，同时，鼓励孩子参加集体活动，与新同学建立友谊。此外，家长需要与教师保持沟通，了解孩子在学校的适应情况，并给予孩子足够的支持和鼓励。在家庭中，继续培养孩子的规则意识和社交能力，与学校教育形成合力。

（三）心理适应方面

1. 常见困难

首先，幼儿离开熟悉的家庭环境，进入陌生的学校，可能会感到不安、害怕等，出现分离焦虑现象。其次，幼儿需要适应新的学习方式和要求，这可能会给他们带来一定的压力，甚至导致焦虑或厌学情绪。最后，面对新环境和新同学，幼儿可能会因为自己的不足而感到自卑，从而影响他们的自信心和积极性。

2. 教育策略

首先，教师和家长应给予幼儿足够的关爱和支持，让他们感受到温暖和安全感。例如，教师可以组织一些亲子活动，帮助幼儿尽快熟悉学校环境；家长则可以在孩子放学后给予他们温暖的拥抱和鼓励。其次，教师和家长应关注幼儿的优点和进步，及时给予肯定和表扬，增强他们的自信心。同时，可以组织一些团队活动或游戏，让幼儿在参与中展示自己的能力和才华。最后，注重情感支持。家长要关注孩子的情感需求，给予足够的关爱和支持。当孩子遇到困难和挫折时，要及时鼓励和帮助他们克服。

（四）学习适应方面

1. 常见困难

首先，学习环境与方式的改变。幼儿园的学习环境较为宽松，以游戏和活动为主，而小学则更加规范和系统化，需要孩子长时间坐在教室里听讲、学习。其次，学科知识的增加。小学开始接触更系统的学科知识，如数学、语文、英语等，需要孩子有一定的记忆和理解能力。最后，时间管理和自律能力的培养。小学的学习任务更加繁重，需要孩子合理安排时间，培养自律意识。

2. 教育策略

首先，逐步过渡，做好铺垫。在入学前，家长可以通过带孩子参观小学、观看视频、图书等方式，让孩子提前了解小学的学习环境和生活方式，减轻入学时的焦虑感。其次，激发学习兴趣。家长和教师可以通过生动有趣的教学方式，激发孩子对学科知识的兴趣。例如，利用故事、游戏等方式教授新知识，让孩子在轻松愉快的氛围中学习。再次，缓解学习压力。家长和教师可以共同制订合理的学习计划，提出合理的期望，避免给孩子过大的压力。为孩子提供安静的学习环境，合理安排作息时间，培养孩子按时完成作业的习惯。最后，加强家校合作。家长要与教师保持密切联系，了解孩子在学校的表现和进步情况，共同协作帮助孩子更好地适应小学生活。

四、幼儿园与小学衔接的意义与任务

（一）帮助幼儿更好地适应入学生活

幼儿园教育与小学教育是两个不同的学段，幼儿园与小学属于不同的教育主体，在教学内容、教学方法、教育目标等方面都存在着显著的差异。幼小衔接时期是幼儿成长中所面临的一个重大的转折期，在这一阶段，幼儿需要从以游戏为主的幼儿园环境逐渐过渡到以学习为主的小学环境，适应新的学习生活方式和社交环境。如果衔接不当，可能会导致幼儿在心理、情感、行为等方面出现问题，如焦虑、自卑、适应不良等，处理不恰当会对幼儿的发展带来不利的影响。

虽然幼儿园和小学分属两个不同的学段，但是儿童的身心发展既有阶段性又有连续性，在这个连续的过程中，各个阶段之间存在相互交织和过渡。因此，幼儿园和小学教师需要在考虑阶段性的同时兼顾连续性，为幼儿创造一个既有趣又有挑战性的学习环境，让他们能够在游戏中学习、在探索中成长，逐渐适应并胜任小学的学习任务，确保幼儿能够在身心上得到顺利的发展。

（二）为幼儿终身发展奠定基础

幼小衔接是幼儿终身发展的重要基础，是幼儿从幼儿园过渡到小学的关键阶段。这一阶段的顺利过渡不仅影响着幼儿当前的学习和生活，更对他们未来的成长和发展具有深远的影响。

首先，幼小衔接有助于培养幼儿的适应能力。其次，幼小衔接有助于培养幼儿的学习兴趣和习惯。此外，幼小衔接还有助于培养幼儿的社交能力和情感发展。最后，幼小衔接时期也是幼儿个性形成的关键时期。教育者需要关注每名幼儿的身心特点和发展需求，为他们提供个性化的支持和帮助，促进他们健康、和谐地成长。

>>> 思考与练习

一、简答题

1. 简述幼儿园教育与小学教育的差异。
2. 简述幼儿园与小学衔接的意义与任务。

二、论述题

结合实际论述幼儿入学后面临的困难及教育策略。

探寻2　幼小衔接工作的内容和方法

>>> 情境导入

琪琪刚上一年级，最近妈妈发现她自理能力比较弱，学习用具总是丢三落四的。于是，琪琪妈妈向班主任李老师反映了心中的困惑："为什么孩子上了小学还没有在幼儿园时表现好呢？"经过和李老师沟通，才知道琪琪的表现是幼儿园向小学过渡这一特殊时期引起的不适应症状。琪琪妈妈通过向老师请教、查阅相关资料，了解到造成这种不适应的原因，很快调整了自己的教育方式。她和女儿进行了耐心沟通，和女儿一起编制了一份作息时间表，帮助琪琪养成早睡早起、按时完成作业的好习惯。经过近半年的努力，琪琪慢慢适应了紧张的小学生活。

琪琪妈妈以自己的经验告诉广大家长，要根据孩子的实际情况进行有针对性的训练，教会孩子该如何适应新环境，遇到问题该如何面对和解决。当孩子遇到问题时，家长要及时和老师沟通，家庭、学校两方面共同对孩子进行有效的辅导帮助，家长和教师的密切配合会让孩子顺利度过幼小衔接期。

一、幼小衔接工作的指导思想

（一）长期性而非突击性

"长期性而非突击性"强调幼小衔接工作应该是一个持续、渐进的过程，而不是在幼儿即将升入小学时进行突击性的教育。在实践中，要实现幼小衔接工作的长期性，需要教育者从幼儿入园开始就为他们的小学学习做好准备，而不是等到幼儿即将升入小学时才进行突击性的教育。这包括逐步引导幼儿适应小学的学习和生活环境，培养他们的学习兴趣和习惯，提高他们的社交能力，促进他们的情感发展等。

同时，教育者还需要与小学保持密切的沟通与合作，共同制订幼小衔接的计划和方案，确保两个阶段的教育能够顺畅衔接。

（二）整体性而非单向性

"整体性而非单向性"，意味着在幼儿从幼儿园过渡到小学的过程中，需要全面考虑和整合各个方面的因素，而不是仅仅关注某一方面或单一的教育内容。

首先，幼儿的身心发展具有整体性。幼儿的身体和心理发展是相互关联的，因此在幼小衔接工作中，需要综合考虑幼儿的身体和心理发展，确保他们在过渡过程中身心都得到充分的发展和适应。其次，教育内容具有整体性。虽然幼儿园和小学的教育内容各有特点，但在幼小衔接工作中，需要将两者的教育内容有机结合起来，形成一个整体的教育体系，确保幼儿能够平稳过渡。最后，合作主体具有整体性。幼小衔接工作需要家长、幼儿园和小学三方密切合作，共同为幼儿的过渡提供支持和帮助。因此，需要建立家园校合作的整体机制，确保各方之间的沟通和协作。

（三）培养入学适应性而非小学化

"培养入学适应性而非小学化"，意味着在幼儿园和小学之间的过渡阶段，应当注重培养孩子的入学适应性，帮助他们逐步适应小学的学习和生活，而不是过早地让他们接触和学习小学的知识和教学方式。入学适应性包括孩子对学校环境的适应、对学习方式的适应、对社交能力的适应等方面。通过培养孩子的这些适应能力，可以帮助他们更好地适应学校生活，减轻他们的学习压力，提高他们的学习兴趣和积极性。

> **拓展延伸**
>
> **幼儿园阶段"超前教育"对幼儿有何不良影响？**
>
> 华东师范大学资深心理咨询师陈默曾指出："超前教育的优势只是一种暂时性的，到了某个阶段就会消失，这种状况就犹如揠苗助长。超前教育虽然可以让幼儿抢先学到更多的知识，但治标不治本。同时，提前灌输小学知识可能对以后幼儿在课堂上的注意力、专注性有所影响。"

（四）家、园、校的一致性而非孤立化的原则

"家、园、校的一致性而非孤立化的原则"，意味着在幼儿教育中，家庭、幼儿园和学校应该保持一致的教育理念和方向，而不是各自为政地进行教育。家长、幼儿园和学校应该加强沟通和协作，共同制订教育计划，明确教育目标和方法。同时，三方在尊重彼此的独立性和特殊性，保持各自的优势和特色的同时，也要保持教育方向和目标的一致性。此外，为了实现家、园、校的一致性，幼儿园和学校也应该加强对家庭教育的支持和指导，形成教育合力，共同促进孩子们的健康成长。

二、幼儿在入学前需要做好的准备

（一）身心准备

向往入学方面：

（1）初步了解小学，对小学生活充满期待。

（2）希望成为一名小学生，愿意为入学做准备。

情绪良好方面：

（1）能经常保持积极、稳定的情绪。

（2）遇到困难和不开心的事情，不乱发脾气，不迁怒于他人。

喜欢运动方面：

（1）积极参加多种形式的户外活动。

（2）能连续参加体育活动半小时以上。

《幼儿园入学准备教育指导要点》

动作协调方面：手部动作协调，能使用简单的工具和材料。

（二）生活准备

生活习惯方面：

（1）保持规律作息，坚持早睡早起、睡眠充足。

（2）保持良好的个人卫生，有自觉洗手的习惯，有保护视力的意识。

生活自理方面：

（1）能按需喝水、如厕、增减衣服。

（2）坚持自己的事情自己做，能分类整理和保管好自己的物品。

（3）有初步的时间观念，做事不拖沓。

安全防护方面：

（1）能自觉遵守基本的安全规则和交通规则，有自我保护意识。

（2）知道基本的安全知识，遇到危险会求助。

参与劳动方面：

（1）能主动承担并完成分餐、清洁、整理等班级劳动。

（2）能做一些力所能及的家务劳动。

（三）社会准备

交往合作方面：

（1）能和同伴友好相处，乐于结交新朋友。

（2）能与同伴分工合作共同完成任务，遇到困难互帮互助，发生冲突时尝试协商解决。

（3）能主动向教师表达自己的想法和需求。

诚实守规方面：

（1）能遵守游戏和日常生活中的规则。

（2）知道要做诚实的人，说话算数。

任务意识方面：

（1）理解教师的任务要求，能向家长清晰地转述并主动去做。

（2）能自觉、独立完成教师安排的任务。

热爱集体方面：

（1）喜爱自己的班级和幼儿园。

（2）愿意为集体出主意、想办法、做事情。

（3）初步形成爱家乡、爱祖国的情感。

（四）学习准备

好奇好问方面：

（1）对身边的新事物感兴趣，有好奇心和探究欲。

（2）喜欢刨根问底，乐于动手动脑。

学习习惯方面：

（1）能专注地做事，分心时能在成人提醒下调整注意力。

（2）能坚持做完一件事，遇到困难不放弃。

（3）乐于独立思考并敢于表达。

（4）做事有一定的计划性。

学习兴趣方面：

（1）对大自然和身边的事物有广泛的兴趣，努力寻找答案。

（2）喜欢阅读，乐于和他人一起看书讲故事，遇到问题经常通过图书寻找答案。

（3）对生活情境中的文字符号感兴趣，愿意用图画、符号等方式记录自己的想法和发现。

（4）愿意用数学的方法尝试解决生活和游戏中的问题，体验解决问题的乐趣。

学习能力方面：

（1）在集体情境中能认真听并能听懂他人说话，有疑问时能主动提问。

（2）能较清楚地讲述一件事情。

（3）能说出图画书的主要情节，并有自己的理解和想法。

（4）在绘画、拼图等活动中，能识别上下、左右等方位。

（5）能认识并书写自己的名字。

（6）能在教师指导下，尝试运用数数、排序、简单的统计和测量等数学方法解决日常生活中的问题。

三、幼儿园方面的幼小衔接工作

（一）培养幼儿对小学生活的热爱和向往

幼儿园应注意培养幼儿对小学生活的热爱和向往，从而激发幼儿对学习的兴趣和动力。当幼儿对小学生活充满期待和好奇时，他们会更加积极地参与学习活动，主动探索知识，从而形成良好的学习习惯和自主学习的能力。

首先，幼儿园可以通过组织各种主题活动，如"我要上小学了"系列主题教育，来激发幼儿对小学的好奇心。其次，还可以邀请小学生来幼儿园与幼儿进行互动交流，让幼儿与小学生面对面交流，感受小学生的生活和学习状态，激发他们对小学生活的期待和向往。此外，幼儿园还可以通过布置模拟小学教室的环境，让幼儿提前体验小学的学习氛围。最后，幼儿园可以与家长合作，积极发挥家长的参与作用，共同为幼儿营造一个积极向上的氛围。图10-1为"毕业生返园"活动。

图10-1 "毕业生返园"活动

（二）培养幼儿对小学生活的适应性

1. 培养幼儿的主动性

首先，教师可以提供丰富的材料和资源，鼓励幼儿主动尝试、探索和发现，培养他们的好奇心和求知欲。其次，在适当的时候可以让幼儿参与决策和选择，例如，选择玩具、图书或活动，增强他们的主动性和自我决策能力。再次，教师还可以通过与幼儿沟通、了解他们的需求和兴趣，引导他们主动参与各种活动，培养他们的主动性和责任感。最后，当幼儿表现出主动性时，教师应及时给予肯定和鼓励，增强他们的自信心和积极性。

2. 培养幼儿的独立性

首先，教师应鼓励幼儿独立完成力所能及的事。例如，自己整理图书、玩具，收拾小书包和生活用品等，并设定相关奖惩，使幼儿积极愉快地投入到学校生活中。其次，教师应培养幼儿的时间观念并让幼儿自己支配自己的时间，使幼儿知道什么时间该做什么事情，增强独立意识。再次，当幼儿遇到问题

时，不要急于给予帮助和指导，而是要鼓励幼儿独立思考和解决问题。最后，教师可以在活动过程中注重培养幼儿的独立性。为幼儿的自主、独立发展创造宽松、愉快的气氛。让他们在活动过程感受独立做事的乐趣，以此来培养他们的独立意识。对他们做出的努力给予充分的肯定，鼓励和要求他们去克服困难，坚持自己独立做事。

3. 发展幼儿的人际交往能力

首先，教师可以组织一些小组活动或集体活动，鼓励幼儿与同伴一起完成任务、分享经验。其次，教师要注重培养幼儿的沟通技能，教导幼儿学会使用文明礼貌用语，学会表达自己的想法和感受，学会倾听他人的意见。再次，家长和教师还可以通过角色扮演、故事讲解等方式，帮助幼儿理解社交规则和情境，学会在不同情境下与人交往。同时，教师应以身作则，展示出良好的人际交往能力，成为幼儿学习的榜样。最后，家长和教师还可以合作，根据幼儿的个性和特点，制定个性化的培养方案。

4. 培养幼儿的规则意识和任务意识

培养规则意识方面，教师可以与孩子一起制定活动规则，并引导孩子理解并遵守这些规则。可以有意识地安排幼儿在规定时间内完成一些事情，如固定时间如厕、喝水等。还可以将规则教育融入游戏中，如把玩具筐摆放整齐、将游戏材料分类放置、按序排列活动器械等，让孩子在游戏中体验和感知规则。

培养任务意识方面，可以有针对性地给幼儿布置明确的任务，如收拾玩具、整理书包等，让幼儿了解并承担自己的责任。还可以引导幼儿主动承担一些班级任务，如浇花、扫地、擦桌子等，在幼儿完成任务后，教师要及时给予反馈，肯定幼儿的努力和成果，同时指出不足之处，引导幼儿改进。

案例链接

在对时钟有了初步的了解，知道时间是以秒、分、时为计算单位后，大三班的孩子们对时间越来越感兴趣，对时间的探索也越来越深入，于是"做时间的小主人"活动（图10-2）也就应运而生了。在老师的带领下，小朋友们制作了"我们的一天"流程图，合理安排自己的一日活动；开展"一分钟有多长"活动，幼儿尝试了一分钟能跳几下绳、拍几下球、搭几块积木等，通过亲身体验来感知时间的长短；接着，对时间的把握从入园签到就开始了，孩子们每天都记录自己的来园时间，一段时间下来，迟到的孩子几乎没有了，大家做事更有计划性、更有目的性，同时也提高了做事效率。后来，孩子们不仅在幼儿园里对时间进行了规划，在家里、在生活的方方面面都学会了规划时间和遵守时间。"做时间的小主人"活动的结果并不意味着对时间探索的结束，更为孩子在未来的人生道路上遵时、守时、合理规划时间奠定了基础。

图10-2 "做时间的小主人"活动

（三）帮助幼儿做好入学前的学习准备

1. 培养良好的学习习惯

首先，教师应引导幼儿树立正确的学习态度。让他们明白学习是一种乐趣，是获取知识、提升自我的过程，让他感受到学习的成就感，从而激发他们主动学习的意愿。其次，可以帮助幼儿调整作息时间，与幼儿一起制订学习计划，合理安排学习和娱乐时间，为幼儿提供适当的学习资源，帮助幼儿形成良好的学习习惯，提高学习效率。再次，教师要引导幼儿养成专注学习的好习惯。在幼儿进行学习活动时，教师要为他们创造一个安静、舒适的学习环境，避免过多的干扰和刺激。最后，鼓励幼儿多思考、多提问，引导他们主动思考和解决问题，在培养幼儿的独立思考能力和创新精神的同时，为将来的学习打下坚实基础。

2. 培养良好的非智力品质

在从幼儿园向小学过渡的过程中，非智力品质，如情感、态度、习惯、意志力、自信心等，对于幼儿适应新环境、新挑战，以及未来的学习和生活都具有至关重要的作用。教师可以鼓励幼儿积极参与各种活动，让他们在实践中体验成功和失败，从而培养其自信心和毅力；还可以通过一些团队协作活动，让幼儿学会与他人沟通、分享和协作，培养幼儿的合作精神；让他们参与一些幼儿园的任务，明确自己的责任和义务，增强责任感；还可以引导幼儿积极面对困难，鼓励他们尝试不同的解决方法，培养他们的抗挫能力等。

3. 适当调整课程结构和内容

首先，课程结构和内容应该注重培养幼儿的综合能力和素质。除了传统的学科知识，还应加强幼儿社交能力、表现力、创造性思维等方面的培养。其次，在课程结构上，可以借鉴小学的教学模式，增加一些集体教学活动的时间，减少一些游戏和自由活动的时间。再次，考虑到幼小衔接阶段幼儿们的身心发展特点，课程内容和形式应更加生动有趣。可以利用故事、音乐、绘画等多种形式进行教学，激发幼儿们的学习兴趣和积极性。最后，课程安排还应注重培养幼儿的自主性和独立性，可以适当增加一些让幼儿们自主选择、自由探索的活动，让他们学会独立思考和解决问题。

> **拓展延伸**
>
> 上海市自2008年起在示范性幼儿园中试行了幼小衔接。幼小衔接活动从大班下学期开始，重点是幼儿园毕业前两个月，通过增加1~2节集体教学活动的形式，让幼儿感受小学生活。同时，逐渐缩短每天的午睡时间，加强对课间休息和自由活动的引导，让幼儿开始有意识地学会自主安排和管理自己的生活。上海市教委还明确指出，幼小衔接活动必须注重趣味性和游戏性，切忌教学内容的小学化，知识技能要求的超前化。

（四）加强幼儿园教师业务能力的培养

首先，幼儿教师应深入理解幼小衔接的重要性，认识到这一阶段对幼儿未来发展的关键作用，通过有效的教育策略来帮助他们顺利过渡。其次，教师应深入了解幼小衔接的理论和实践，认识到它不仅仅是知识的传递，更是幼儿心理、行为、学习习惯等多方面的适应过程。通过阅读相关书籍、参加专业研讨会等方式，不断提升自己对幼小衔接的认识和理解。最后，教师应不断学习和更新自己的教育理念和方法，关注最新的教育动态和研究成果，以便更好地应对幼小衔接过程中的挑战和问题。

（五）建立和健全幼儿园与小学的联系

首先，幼儿园和小学可以定期组织交流会议，分享各自的教育理念、教学方法和课程设置等，加强沟通与协作。其次，根据幼儿园和小学的教育目标，共同制订幼小衔接的具体计划和方案，确保两个阶段的教育能够顺利衔接。最后，建立信息共享机制。利用现代信息技术手段，建立幼儿园和小学之间的信息共享平台，方便双方及时传递信息、交流经验和分享资源。

案例链接

对大班幼儿来说，小学是一个陌生而又富有诱惑力的地方，为帮助孩子们全面、直观地了解小学的学习生活环境，以积极心态迎接小学生活，幼儿园开展了"走进小学、感悟成长"主题活动（如图10-3所示）。怀着对小学的美好憧憬，孩子们排着整齐的队伍向小学出发啦！升旗时间到了，小朋友们和哥哥姐姐们一同参加了升旗仪式。上课铃响了，小朋友们在宽敞明亮的教室里，看着哥哥姐姐端正的坐姿，认真上课积极回答问题的样子，他们做小学生的愿望更加强烈了。回到幼儿园后，小朋友们把一天的经历画了下来，并和好朋友分享了参观小学时的美好时刻……

图10-3 "参观小学"活动

通过走进小学活动，激发了幼儿们对小学生活及学习的美好向往，同时也为幼儿们适应小学生活做好了充分的心理准备，更为他们未来的小学生活打下了良好的基础。

四、小学方面的幼小衔接工作

（一）合理调节低年级儿童的作息时间

首先，小学应充分了解幼儿园阶段的作息时间，确保小学低年级的作息时间安排与幼儿园阶段有一定的衔接性。其次，小学低年级的作息时间应充分考虑儿童的身心发展特点，以确保儿童在精力充沛的时段进行高效学习，同时也要有足够的休息和娱乐时间。再次，小学应设置合理的课间休息时间和午休时间。同时，小学还可以通过开展一些有趣的活动，帮助儿童更好地适应作息时间。最后，小学还需要与家长密切合作，共同关注儿童的作息时间。

《小学入学适应教育指导要点》

（二）深化教育改革，推进素质教育

在幼儿刚读小学一年级时，教师可以布置一个充满童趣又能体现小学生学习生活的环境，减少幼儿离开幼儿园的心理反差。同时学校应尽量给幼儿更多的自由空间，适当调整课堂节奏，在学习上暂时降低难度，以减轻新生的压力，缩短幼儿到小学后焦虑的时间，从而让他们尽快适应小学的学习节奏和方式。同时，还要注意为幼儿创设一个良好的心理氛围，融洽的师生关系，宽松、愉快的学习气氛，让幼儿感到在一个文明、安全、和谐、愉快，充满爱与尊重的良好精神环境中生活。

拓展延伸

深圳市龙园外语实验学校实施了"幼小衔接体验营"项目。"幼小衔接体验营"有自己专门的教室，校方在教室环境布置方面也花了一番心思，连教室课桌椅都和传统小学教室排列整齐的方式不同，让6名幼儿为一组，分6小组上课，"这种设计延续了幼儿园的环境特点，能减少幼儿进入小学班级里产生的陌生感"。另外该学校还让14名教师参与体验营的一线教学，围绕"我们的学校"课程主题组织语文、英语、数学、美术、音乐等趣味教学活动，引导幼儿在"小组合作式学习"中体验小学学习生活。

（三）多研究学前教育学及心理学，顺应幼儿的发展需要

通过研究学前教育学及心理学，小学教师可以更好地了解幼儿的身心发展规律和特点，注意关爱每位学生，尊重理解他们学习、生活上的个性化要求，为他们的学习和成长提供更有针对性的指导和支持。

（四）加强幼儿园和小学教师的互访活动

幼小衔接是双向衔接，不是单方责任、单向行动，幼儿园和小学都是责任主体，任何一方都不能袖手旁观。推行幼小科学衔接，幼儿园和小学既要树立责任意识，也要有合作精神。幼儿园不仅要把孩子"扶上马"，还要"送一程"。小学则要负责引导孩子"坐得稳"，防止摔下来。加强幼儿园和小学教师之间的互访活动，是幼小衔接工作中的一项重要举措，它有助于促进两个阶段教育的紧密衔接，提升教育质量，更好地满足孩子的成长需求。

五、家长方面的幼小衔接工作

（一）增强幼儿的信心

对于即将进入小学的幼儿来说，学习和社会适应困难是客观存在的，父母需要让孩子知道，自己马上要成为一名小学生了，从内心感到自豪。可以说一些欣赏与鼓励的话，比如，"你真的长大了""你越来越像小学生了"，这样会让孩子觉得，上小学很光荣、很自豪，有助于孩子建立起积极的自我认知。家长要引导他们以积极的心态去面对批评和失败，鼓励他们从失败中汲取经验，让幼儿在解决难题中感到乐趣而非压力，从而更有自信地面对新的挑战。

【教育箴言】

对于儿童，做父母，做教师的责任，便是如何教导他们，使之成为健康活泼，有丰富知识，有觉悟和良好体现的现代中国儿童，现代中国人。

——陈鹤琴

（二）发展幼儿的语言表达能力

首先，在日常交流中，建立良好的语言环境。家长应鼓励孩子表达，不要打断或纠正孩子，让他们能够自由地表达自己的思想。其次，提供丰富的语言学习资源。例如，选择适合孩子年龄的、内容有趣、语言简单的绘本、故事书和多媒体资源，与孩子一起阅读，并引导他们复述故事或描述书中的情节。最后，设置小学情境，引导孩子表达。例如，家长可以询问孩子："宝贝，今天在学校过得怎么样？有没有什么有趣的事情想和我们分享？"家长通过创造轻松氛围、具体描述情境、结合孩子兴趣以及耐心倾听等方式，可以有效地引导孩子表达，促进孩子的语言发展和沟通能力提升。

（三）调整好幼儿的生活规律

幼小衔接阶段是一个需要家长细心引导和陪伴的时期。可以通过调整幼儿的生活规律，给幼儿建立稳定的作息制度，让幼儿有时间概念，形成有张有弛的生活节奏，帮助孩子更好地适应小学生活，为未来的学习和成长打下坚实的基础。首先，家长可以与孩子一起制定一个合理的作息时间表，确保孩子每晚都能按时入睡，并保证足够的睡眠时间。其次，家长可以制订一个健康的饮食计划，包括定时定量的三餐，以及适量的水果和零食，帮助孩子建立起规律的饮食习惯。最后，家长还要逐渐培养孩子的学习习惯，激发孩子的学习兴趣，让他们感受到学习的乐趣和成就感。

（四）培养幼儿的自理能力

首先，家长应充分发挥榜样作用，以身作则展现自理能力强的一面，如自己整理房间、按时作息等，让孩子在模仿中学会自理。其次，家长还可以教孩子一些简单的生活技能，让他们掌握基本的生活自理能力。再次，家长还应为幼儿提供自己动手的机会，让孩子能做和应该做的事情自己去做。比如可以给孩子一些简单的任务，如收拾玩具、整理图书、收拾小书包和生活用品等，让他们在实际操作中学会自理。

（五）为幼儿准备家庭学习环境，营造良好的学习氛围

首先，为孩子提供一个安静、整洁、舒适的学习空间。其次，根据孩子的兴趣和年龄，提供适合的

学习材料，如书籍、益智玩具等。再次，与孩子一起制订每天的学习计划，确保计划既不过于紧张也不过于松散，让孩子在轻松愉快的氛围中学习。此外，在孩子学习过程中，给予他们足够的自由和空间，让他们能够独立思考和解决问题。及时给予孩子肯定和鼓励，激发他们的学习兴趣和自信心。最后，家长要积极参与孩子的学习生活，与他们一起阅读、讨论问题，共同分享学习的乐趣，及时给予关爱和支持，让他们感受到家庭的温暖和关爱。

（六）对幼儿进行安全教育，增强幼儿的自我保护意识

在幼小衔接阶段，家长对幼儿进行安全教育，增强他们的自我保护意识，不仅能确保孩子们在成长过程中可以规避各种风险，还能让他们更加自信、独立地面对未来的学习和生活。首先，家长要告诉孩子一些基本的安全常识，如不与陌生人随意交谈、不接受陌生人的礼物和食品、在公共场所不离开家长的视线等。同时，家长还要教会孩子一些紧急情况下的应对方法，如遇到火灾、地震等自然灾害时如何逃生，以及遇到危险时如何寻求帮助。其次，家长可以通过故事、动画或游戏等形式，向孩子传授安全知识。再次，家长还可以与孩子一起讨论生活中、学校中可能存在的安全问题，引导孩子主动思考、分析问题，从而增强他们的自我保护意识。最后，家长要关注孩子的日常行为，及时发现并纠正可能存在的安全隐患。

六、幼小衔接工作应注意的问题

（一）幼小衔接工作应贯穿于整个幼儿期

幼小衔接工作是一个持续的过程，理想的幼小衔接，应从幼儿入园时就开始培养，贯穿于整个学前教育。在这个过程中，教育者需要关注幼儿的认知、情感、社会适应和身体发展情况等，通过科学的教育方法和手段，培养幼儿扎实的综合能力和良好的生活、学习和行为习惯，以及对事物的探究学习兴趣等，帮助他们逐步适应小学的学习和生活环境。

（二）全面培养幼儿素质

幼小衔接工作是一个系统工程，其核心目标是确保幼儿能够顺利过渡到小学阶段，同时在这个过程中全面培养幼儿的素质。首先，关注幼儿的身心健康发展，为他们提供足够的关爱和支持，帮助他们建立积极的心态和情绪管理能力。其次，重视幼儿的学习兴趣和学习习惯的培养，为将来的小学学习打下坚实的基础。再次，还需关注幼儿的社会性发展，培养幼儿的社交能力、合作精神和团队意识。最后，提供丰富的艺术教育资源，促进幼儿审美能力和创造力的发展。

（三）纠正幼儿园教育中的小学化倾向

"小学化"片面强调向幼儿"灌输"知识，这种做法超越了幼儿的身心发展水平，违背了幼儿的认知规律，易使幼儿形成不良的学习习惯，甚至产生厌学、畏惧等不良情绪，严重影响幼儿身体的正常发育和心理的正常发展。幼儿教育"小学化"也误导了社会教育风气。一方面，部分家长为使孩子赢在起跑线上而"拔苗助长"，要求幼儿园实行"小学化"教育；另一方面，幼儿园迫于招生和生存压力，一味地迎合家长的需求，违背教育目的和内容规定，偏离了幼儿教育的正确轨道。除此之外，幼儿教育"小学化"也会扰乱小学正常的教学秩序。由于一年级新生有一部分学过拼音、写字，有的甚至还会加减乘除，导致班上学生学习进度参差不齐，严重影响了教学计划。

拓展延伸

2024年11月8日，《中华人民共和国学前教育法》在第十四届全国人大常委会第十二次会议上通过。其中就提到，幼儿园不得采用小学化的教育方式，不得教授小学阶段的课程内容，也即我们通常所说的严禁幼儿园"小学化"。近年来，从教育部门到各地，针对该现象都开展了专门的治理，将相关禁令在法律层面进一步确定下来，无疑传递出更强的治理信号。

（四）协调幼儿园、小学、家庭和社区的关系

幼小衔接是孩子成长过程中的一个重要阶段，需要幼儿园、小学、家庭和社区相互支持、相互理解、紧密合作与协调。首先，幼儿园和小学应该建立稳定的沟通机制，双方可以定期召开座谈会或研讨会，互相参观交流，分享教育理念和教学方法，共享教育资源，共同制订幼小衔接的教育计划，确保教育内容的连贯性和互补性。其次，家长应与幼儿园和小学教师保持密切联系，了解孩子在不同阶段的发展需求和教育重点，帮助孩子顺利适应小学的学习生活。最后，社区可以组织家长和孩子一起参加亲子活动，在增进彼此感情的同时，也为孩子提供一个展示和学习的平台。社区还可以与幼儿园和小学合作，共同开展一些社会实践活动或志愿服务活动，让孩子在实践中学习和成长。

思考与练习

一、简答题

1. 简述幼小衔接工作的指导思想。
2. 简述幼小衔接工作应注意的问题。

二、论述题

结合实际论述幼儿园如何开展幼小衔接工作。

参考文献

(一)专著类

[1] 陈帼眉. 幼儿教育评价丛书[M]. 北京：北京师范大学出版社，1994.

[2] 陈幸军. 幼儿教育学[M]. 3版. 北京：人民教育出版社，2010.

[3] 冯婉桢. 学前教育基础知识[M]. 北京：高等教育出版社，2016.

[4] 傅建明，虞伟庚. 学前教育原理[M]. 上海：复旦大学出版社，2016.

[5] 韩映红. 学前教育原理[M]. 北京：高等教育出版社，2014.

[6] 黄人颂. 学前教育学[M]. 北京：人民教育出版社，2015.

[7] 黄爽，霍力岩，姜珊珊，等. 学前教育学理论与实践[M]. 上海：华东师范大学出版社，2017.

[8] 霍力岩. 学前教育评价[M]. 北京：北京师范大学出版社，2000.

[9] 姜椿芳，梅益. 中国大百科全书：教育[M]. 北京：中国大百科全书出版社，1994.

[10] 教育部基础教育司.《幼儿园教育指导纲要（试行）》[M]. 南京：江苏人民出版社，2002.

[11] 教育部基础教育司组织.《幼儿园教育指导纲要（试行）》解读[M]. 南京：江苏教育出版社，2002.

[12] 李季梅，冯晓霞.《3~6岁儿童学习与发展指南》解读[M]. 北京：人民教育出版社，2013.

[13] 李季湄. 幼儿教育学基础[M]. 北京：北京师范大学出版社，2007.

[14] 李生兰. 学前儿童家庭教育[M]. 上海：华东师范大学出版社，2006.

[15] 李生兰. 幼儿园与家庭、社区合作共育的研究[M]. 上海：华东师范大学出版社，2003.

[16] 刘焱. 学前教育原理[M]. 大连：辽宁师范大学出版社，2002.

[17] 柳海民. 教育学原理[M]. 北京：高等教育出版社，2011.

[18] 柳阳辉. 幼儿教育学[M]. 郑州：郑州大学出版社，2008.

[19] 唐淑，虞永平. 幼儿园班级管理[M]. 南京：南京师范大学出版社，2004.

[20] 涂艳国. 教育评价[M]. 北京：高等教育出版社，2007.

[21] 万超林. 学前教育学[M]. 南京：南京师范大学出版社，2017.

[22] 王雪萍. 幼儿教育学[M]. 北京：中国人民大学出版社，2014.

[23] 王宜鹏，夏如波. 中外学前教育史[M]. 南京：南京大学出版社，2018.

[24] 肖咏捷. 蒙台梭利儿童教育手册[M]. 北京：中国发展出版社，2010.

[25] 虞永平. 中国幼教之父[M]. 南京：南京大学出版社，2019.

[26] 赵祥麟，王承绪. 杜威教育论著选[M]. 上海：华东师范大学出版社，1981.

[27] 中华人民共和国教育部. 3~6岁儿童学习与发展指南[M]. 北京：首都师范大学出版社，2012.

[28] 周子莉. 幼儿游戏与指导[M]. 北京：首都师范大学出版社，2019.

（二）期刊类

[1] 卞红梅."学前教育学"教学实践改革的反思[J]. 扬州教育学院学报，2017，35（4）：75-77.

[2] 曹奕. 幼儿园班级环境创设的策略探讨[J]. 教育进展，2023，13（5）：2991-2995.

[3] 陈桂生."学前教育"辨析[J]. 学前教育研究，2002（6）：5-8.

[4] 邓祎，罗岚，杜红春. 蒙台梭利教育本土化的探索[J]. 学前教育研究，2016（7）：3.

[5] 冯国荣. 初探幼儿园与家庭合作的意义[J]. 中国科教创新导刊，2011（18）：193.

[6] 何添锦. 对高职课程建设与课程评价有关问题的思考[J]. 教育与职业，2004（12）：50-51.

[7] 黄海珍，黄海燕. 幼儿园一日生活中渗透劳动教育的研究探析[J]. 教育，2024（3）：10-12.

[8] 黄书光. 回归人本：教育本土化办学的价值共识——陈鹤琴、陶行知办学实践探索[J]. 教育研究，2016，37（2）：134-140.

[9] 霍力岩. 试论蒙台梭利的儿童观[J]. 比较教育研究，2000（6）：6.

[10] 李梦琪，李姗泽. 陈鹤琴教育思想研究40年：回溯与展望[J]. 学前教育研究，2020（8）：42-59.

[11] 李晓利，张洋. 幼儿园生活活动中教育契机的捕捉与创设[J]. 儿童与健康，2023（9）：45-47.

[12] 庞丽娟，胡娟，洪秀敏. 当前我国学前教育事业发展的问题与建议[J]. 学前教育研究，2002，（1）：40-42.

[13] 王春燕. 张雪门幼稚园行为课程及其现代意义[J]. 华东师范大学学报：教育科学版，2008（4）：73-78.

[14] 吴莉莉.《指南》背景下如何开展幼儿园劳动教育[J]. 管理教研，2023（12）：55-56.

[15] 冼林荧. 幼儿园一日生活活动过渡环节的利用[J]. 管理视野，2024（3）：75-77.

[16] 邢琴. 幼儿园开展劳动教育的多元价值及实践策略[J]. 智力，2024，（2）：102-103.

[17] 郑三元. 作业教学、作业课[J]. 学前教育研究，2003（10）：62-63.

（三）学位论文类

[1] 冷雪. 张雪门幼儿教育思想研究[D]. 哈尔滨：哈尔滨师范大学，2016.

[2] 梁惠燕. 过程性学习评价行动研究[D]. 广州：华南师范大学，2004.

[3] 路奇.《幼儿教育学》参与式教学模式的研究[D]. 长沙：湖南师范大学，2011.

[4] 谭玉梅. 当前我国幼儿教育发展的问题与对策[D]. 武汉：华中师范大学，2006.

[5] 王丽萍. 专业化背景下幼儿园教师资格考试内容的研究[D]. 重庆：西南大学，2012.

[6] 王梦潇."我"理想的幼儿园节庆活动[D]. 南充：西南师范大学，2023.

[7] 朱智红. 幼儿教育学教材评价研究[D]. 苏州：苏州大学，2008.

（四）网络文章类

[1] 梧山. 幼儿园班级管理中问题及对策[EB/OL].（2018-07-15）[2024-06-01］. https://zhuanlan.zhihu.com/p/39805497.

[2] 诺贝尔奖得主卡皮察：人生中最重要的东西，是在幼儿园里学的！[EB/OL].（2018-04-22）[2024-06-01］. https://jianshu.com/p/88d9257f194e.

[3] 全球教育. 幼儿园环境的含义和类型[EB/OL].（2022-06-27）[2024-06-01］. https://zhihu.com/p/534266384.

[4] 你听，树叶的"悄悄话"——阳光幼儿园大二班班本课程活动[EB/OL].（2020-12-29）[2024-06-01］. https://www.sohu.com/a/441207330_815651.

后 记

  人生百年，立于幼学。为了使未来的幼儿教师能在自己的工作岗位上较好地认识幼儿园教育发展的规律，树立教育的新观念、新思想，熟练掌握幼儿教育的理论知识，学前教育基础知识应运而生，作为学前教育专业的核心课程，具有不可替代的作用。

  本书在写作、编辑过程中，深刻把握学前教育学科的发展趋势，更为清晰地认识到，多元化是学前教育应有的样态，也是这个行业的魅力和生命力所在，好的学前教育不应只体现在结构方面的数量统计上，更应该有一个丰富多元、秩序缤纷、生生不息的学前教育生态。本书充分考虑学生的实际需要，深入挖掘学前教育实践中的成功经验，由知识脉络、学习目标、思考与练习等板块构成，对学前教育专业学科知识进行了模块化整合，集课内教育理论与课外拓展知识熏陶、专业能力培养与职业素质训练为一体，突出基础性和实用性，多种方式呈现教学内容，达到提纲挈领、重点突出、激发兴趣、导读导学的目的，便于学生学习，助力学生成长。

  在本书编写完成之际，向关心、支持本书编辑出版的所有人员的辛苦耕耘致以最恳切的感谢。由于编者水平有限，如有遗漏之处，敬请学界前辈和同人不吝赐教，多多批评指正。